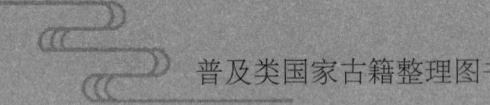
普及类国家古籍整理图书专项资助项目

中华传统价值观丛书

奉公守法

方铭 许欣 胡宏哲 编注

人民文学出版社

图书在版编目(CIP)数据

奉公守法/方铭,许欣,胡宏哲编注.—北京:人民文学出版社,2018
(中华传统价值观丛书)
ISBN 978-7-02-013702-2

I.①奉… Ⅱ.①方…②许…③胡… Ⅲ.①社会主义建设—价值论—中国—通俗读物 Ⅳ.①D616-49

中国版本图书馆CIP数据核字(2018)第013664号

责任编辑	胡文骏　葛云波
装帧设计	黄云香
责任印制	徐　冉

出版发行	人民文学出版社
社　　址	北京市朝内大街166号
邮政编码	100705
网　　址	http://www.rw-cn.com
印　　刷	三河市鑫金马印装有限公司
经　　销	全国新华书店等
字　　数	344千字
开　　本	880毫米×1230毫米　1/32
印　　张	12.625　插页3
印　　数	1—5000
版　　次	2019年2月北京第1版
印　　次	2019年2月第1次印刷
书　　号	978-7-02-013702-2
定　　价	40.00元

如有印装质量问题,请与本社图书销售中心调换。电话:010-65233595

目　录

前言 …………………………………………………………… 1

法律精神

明刑弼教 ………………………………………	《尚书》3
人代天工 ………………………………………	《尚书》6
伊尹制官刑 ……………………………………	《尚书》8
惟圣时宪 ………………………………………	《尚书》10
永弼彝宪 ………………………………………	《尚书》12
宽法慎刑 ………………………………………	《尚书》14
五戎之禁 ………………………………………	《逸周书》19
纳民于轨物 ……………………………………	《左传》21
臧哀伯谏纳郜鼎 ………………………………	《左传》23
刑书之争 ………………………………………	《左传》26
晋人铸刑鼎 ……………………………………	《左传》28
廉不蔽恶 ………………………………………	《管子》30
法禁 ……………………………………………	《管子》31
重令为本 ………………………………………	《管子》37
法法 ……………………………………………	《管子》41
任法 ……………………………………………	《管子》49
以礼御民 ………………………………………	《晏子春秋》55

1

薄身厚民,约身广世	《晏子春秋》	56
进不失廉,退不失行	《晏子春秋》	58
不持利以伤廉	《晏子春秋》	60
以礼节之	《论语》	61
齐之以礼	《论语》	62
见利思义	《论语》	63
修权	《商君书》	64
刑不善而不赏善	《商君书》	68
缘法而治	《商君书》	70
法任而国治	《商君书》	72
法为民之本	《商君书》	74
法仪	《墨子》	76
议法	《荀子》	78
有度	《韩非子》	80
智法之士	《韩非子》	85
法术致治	《韩非子》	86
彰明法度	《韩非子》	88
刑罚不必,禁令不行	《韩非子》	90
行法不听左右	《韩非子》	94
赏罚必信	《韩非子》	95
立法以废私	《韩非子》	98
法平而国治	《韩非子》	99
植法退邪	《吕氏春秋》	101
制节谨度	《孝经》	103
知礼明法	《新语》	104
法正民悫	《史记》	106
晁错论法	《汉书》	108

法度制令，各因其宜	《淮南子》	110
德主刑辅	《汉书》	113
省法制，宽刑罚	《汉书》	118
王吉论刑法之弊	《汉书》	122
至公	《说苑》	123
刑法志	《汉书》	125
政平讼理	《汉书》	146
刑罚明惧	《白虎通》	147
六条问事	颜师古《汉书注》	148
明慎刑罚	《后汉纪》	150
刑罚在衷	《后汉书》	152
桓谭论法	《后汉书》	155
罪刑宜平	《后汉书》	157
述赦	《潜夫论》	159
衰制	《潜夫论》	165
奉公之福	《后汉书》	169
书法还须行事	《中论》	171
刑礼论	《艺文类聚》	172
法以德为本	《三国志》	174
礼长于刑	《三国志》	176
案制迁代者	《魏书》	178
法为天下共	《资治通鉴》	180
良法须良吏	白居易	181
厉法禁	苏　轼	184
有治法而后有治人	黄宗羲	187

守法人物

鬻拳自刑	《左传》	193

保申谏楚文王	《说苑》	195
子文责廷理	《说苑》	197
鬬子文逃禄	《国语》	199
不以私害公	《说苑》	201
虞邱子荐才	《说苑》	202
为法伏剑	《韩诗外传》	204
叔向刑不隐亲	《左传》	206
去私	《吕氏春秋》	208
魏献子拒女乐	《左传》	210
魏绛以刑佐民	《左传》	212
季文子居官清廉	《左传》	214
公仪休嗜鱼	《韩非子》	215
晏子不受封邑	《晏子春秋》	216
善为吏者	《说苑》	217
田稷母	《列女传》	219
赵奢为田部吏	《史记》	221
申屠嘉刚毅守节	《史记》	222
张释之执法	《史记》	224
桐乡啬夫朱邑	《汉书》	226
鲍宣忠直	《汉书》	228
祭遵布被	《后汉书》	232
孔奋奉公爱民	《后汉书》	235
强项令董宣	《后汉书》	237
苏章公私分明	《后汉书》	239
第五伦奉公尽节	《后汉书》	241
张禹执法严明	《后汉书》	246
张磐不肯出狱	《后汉书》	249

篇目	出处	页码
杨震暮夜却金	《后汉书》	251
张陵申公宪以报私恩	《资治通鉴》	258
不畏强御陈仲举	《后汉书》	259
天下模楷李元礼	《后汉书》	265
范滂别母	《后汉书》	268
国之司直毛玠	《三国志》	271
刘毅直法不挠	《晋书》	274
张辅不畏豪强	《晋书》	279
苟晞执法不徇私情	《晋书》	281
刘娥上表	《晋书》	283
江秉之御繁以简	《宋书》	285
范述曾励志清白	《梁书》	287
孙谦清廉奉公	《梁书》	290
何远正身率职	《梁书》	293
魏显祖重刑罚	《资治通鉴》	295
郦道元执法清刻	《北史》	296
高道穆整肃法纪	《北史》	298
羊敦奉法清约	《魏书》	302
直绳褚玠	《陈书》	304
赵绰执法不敢惜死	《隋书》	306
刘行本切谏方直	《隋书》	308
赵轨清廉若水	《隋书》	311
库狄士文执法严猛	《隋书》	313
魏徵论刑	《新唐书》	315
徐有功卓然守法	《旧唐书》	317
狄仁杰奉公明法	《旧唐书》	321
姚崇贬黜奸邪	《新唐书》	325

宋璟公事公言	《旧唐书》	328
钱徽无愧于心	《新唐书》	332
薛存诚毅然不可夺	《新唐书》	334
范质廉慎守法	《宋史》	336
曹彬仁厚执法	《宋史》	338
寇准论刑法不公	《宋史》	341
"水晶灯笼"刘随	《宋史》	343
包拯执法如山	《宋史》	346
马默刚严疾恶	《宋史》	350
石公弼正直廉洁	《宋史》	353
盛德清风崔与之	《宋史》	356
耶律楚材辅仁胜杀	《元史》	360
杨惟中一相负任天下	《元史》	365
曹伯启奉身清约	《元史》	367
"冰壶玉尺"黄溍	《元史》	370
宋本高抗不屈	《元史》	372
"冷面寒铁"周新	《明史》	375
林俊持正不避嫌	《明史》	378
青天海瑞	《明史》	381
陈瑸清介公慎	《清史稿》	384
施世纶聪强果决	《清史稿》	387

关 键 词 ……………………………………………… 390

前　言

中国传统文化是以人为中心,构建为人服务的社会价值体系的文化。如果按照今天流行的西方学科体系,则往往会认为中国文化中各种观念性社会现象,诸如法律、道德、宗教等往往混淆融通,难以明确区分。这不能说是中国文化体系的缺陷,而应该看作是特点和优点。道德与法律的结合,正是这种优点的体现。人类文明发展到今天,符合人道的道德总是体现在法律条文中,而善法也必然符合良俗和人道。道德和法律作为两大基本社会规范系统,他们仿佛同一根树干长出的两条分枝,不仅仅表现为内容上的趋同,更表现为内在导向上的统一,即朝向正义和善调整的基本倾向。因此,在探讨法律思想,尤其是道德化特征极为明显的中国传统法律思想与价值观的时候,道德是我们无法越过的一个重要概念。正如我们在探讨中华传统价值观时所论及的"奉公守法",就绝不仅仅是一个法律命题,更是一个道德命题。

"奉公守法"一词最早出现在《史记·廉颇蔺相如列传》:"以君之贵,奉公如法则上下平,上下平则国强,国强则赵固,而君为贵戚,岂轻于天下邪?"此处"如"作依照、遵守讲。仅就简单的词意而言,这个并列结构的词语,表达了两个层面的意思:奉行公事、遵守法令。但实际上"公"是儒家思想中一个极为重要的概念,具有丰富的内涵指涉,不仅仅指涉所谓公共事务,更指涉天下众生,与"私"相对,代表全体或最普遍的存在,成为社会行为规范合理化的依据所在,是天理与正义的体现。在儒家的视域中,道德与法律相一致的上德,所代表的就是"公"——这是一个裹挟着巨大道德强力的概念。由此,"奉公守法"所蕴含的价值观,提倡的是道德上的善与法律上的善兼而有之。将"奉公守法"置于传统文化价值体系之中考察,所体现的主要是儒家注重个人道德修养,并最终指向群体关怀的价值取向。道德是基本出发点,而法律作为一种超个人的、集体主义本位的意志存在,是将个人完善的道德修养由己及人,普及推广于社会治理和社会秩序的方式与途径。二者具有相同的目的意蕴。

中国法律文化深受中国传统儒家思想的影响,儒家重视道德教化的积极作用,因此中国法律文化从观念形态、价值体系到行为模式上均体现出明显的道德化倾向。此外先秦时期的墨家、道家、法家的法律思想也从不同侧面构成了中华法系的文化基因,溶入我国古代法律制度、法律思想、法律观念中。

本书共选取来自我国古代典籍中的一百四十余篇具体篇目,选目既有对法律思想、道德修养的抽象论述,亦有体现法律精神与严格道德自律的具体的人物事例,分为思想与人物两部分。我们希望能够通过所选篇目,体现出我国传统文化对于道德与法律二者关系的思辨与整体性考量,体现出我国传统法律思想的内在精神,从而帮助读者了解传统文化价值观中的相关内容。

在注重学习与传承优秀传统文化的当下,对于传统文化价值观进行系统的阐述与梳理,无疑是具有积极意义的。浩如烟海的典籍作为传统文化的载体,是我们正确理解传统文化价值观的重要工具。对其进行持之以恒的认真研读,细加琢磨,真正浸润其中,才能帮助我们由表及里地触摸到传统文化的核心,感悟传统文化真谛之所在。寄望此书能为舟楫,助力读者了解学习中华传统价值观。另附关键词6个,略加诠释,希望能够帮助读者把握和理解"奉公守法"这一命题。

法 律 精 神

明刑弼教

[解题] 题目系选注者所拟。《尚书》又称《书》或《书经》,意为上古之书,是中国上古历史文献和部分追述古代事迹著作的汇编。因秦代焚书之故,汉初出现今文、古文两种《尚书》传本,后又因战乱失传。东晋时豫章内史梅赜献《尚书》59篇,今古文夹杂,后世所传均以此为底本。明清以降,学者大多以其中的古文《尚书》为梅赜所伪造。近年来考古发现了新的简书,证明尚有未曾收入世传《尚书》的佚文存在。虽然《尚书》今古文之真伪一时难以定论,但无论今文古文,在今天都有其重要的文献价值。《大禹谟》是《尚书·虞书》的一篇,记载了帝舜与伯益、大禹、皋陶(yáo尧)等人谋划政事的言语。此处节选的是帝舜与皋陶的对话。皋陶,又作咎陶、咎繇,传说是上古虞舜时期掌管刑法的"理官",他制定了刑法,被奉为中国司法的鼻祖。"明刑弼教"是指严明刑罚来辅佐教化,使用刑罚的目的是消灭刑罚,体现出"德治"为主,"法治"为辅的治国方略。"明刑弼教"影响了后世"德主刑辅"、"德体刑用"、"明德慎罚"等主张宽刑轻典的立法原则。本处选文所谈到的管理方式宽简、刑罚不牵连子嗣、区分过失犯罪与故意犯罪、疑罪从轻等观点是到今天仍有重要价值的法学观点。

帝曰:"皋陶,惟兹臣庶[1],罔或干予正[2]。汝作士[3],明于五刑[4],以弼五教[5],期于予治[6],刑期于无刑,民协于中[7],时乃功[8],懋哉[9]!"皋陶曰:"帝德罔愆[10],临下以简,御众以宽[11];罚弗及嗣[12],赏延于世[13]。宥过无大,刑故无小[14];罪疑惟轻,功疑惟重[15];与其杀不辜,宁失不经[16];好生之德,洽于民心[17],兹用不犯于有司[18]。"帝曰:"俾予从欲以治[19],四方风动,惟乃之休[20]。"

——《尚书·大禹谟》

[1] 惟:发语词。兹:这,此。臣庶:臣民。

[2] 罔:无,没有。或:有。干:触犯,冒犯。正:同"政",政事,政治。

[3] 士:此处指掌管刑罚的官,司法官。

[4] 明:明确,严明。五刑:指劓、墨、剕、宫、大辟五种肉刑。劓(yì忆):指割去鼻子的刑罚。墨:指在额头刻字并用墨涂黑的刑罚。剕(fèi费):指砍掉脚的刑罚。宫:指割掉男子生殖器、破坏女子生殖机能的刑罚。大辟:死刑。

[5] 弼:辅佐。五教:五常之教,即人与人之间的五种法则,指父义、母慈、兄友、弟恭和子孝。

[6] 期:当,合。治:政治安定。

[7] 协:和,协调。中:平,公平。

[8] 时:到那时。

[9] 懋(mào冒):通"茂",大,美好。

[10] 愆:过失,过错。

[11] "临下"二句:意为统治臣下简要,管理众人宽容。

[12] 弗:不。嗣:子嗣。

[13] 世:后代,后嗣。

[14] "宥过"二句:意为对于过失,无论多大都可以原宥;对于明知故犯的,无论多小都要处以刑罚。

[15] "罪疑"二句:意为对于罪行有疑问的,要从轻处理;对于功劳有疑问的,要从重奖励。

[16] "与其"二句:意为与其杀无罪的人,宁可犯不合常法的过失。不

经,不合常法。

[17] 洽:融洽,和谐。

[18] "兹用"句:意为这样施行民众就不会违犯法纪。

[19] 俾(bǐ比):使。

[20] 休:美好,美善。

人 代 天 工

〔解题〕题目系选注者所拟。《皋陶谟》是《尚书·虞书》中的一篇,记录了皋陶、大禹及舜讨论政事的对话。此处选文体现了皋陶天人合一的法律思想,告诫人们要遵循天道、自然之理,反映了在中国早期司法实践中,"刑"与"礼"虽是法治的重要手段与依据,但皋陶认为人乃代天行事,依天理方为不悖之道。

无教逸欲,有邦兢兢业业,一日二日万几[1]。无旷庶官[2],天工,人其代之[3]。天叙有典,敕我五典五惇哉[4]!天秩有礼,自我五礼有庸哉[5]!同寅协恭和衷哉[6]!天命有德,五服五章哉[7]!天讨有罪,五刑五用哉[8]!政事懋哉懋哉[9]!

——《尚书·皋陶谟》

[1]"无教"三句:意为不要(贪图)安逸与(放纵)欲望,治国的诸侯要小心谨慎、敬畏踏实,每天处理各种细微之事。无教,不要。逸,安逸,安闲。欲,欲望,私欲。邦,封国。有邦即有封国的诸侯。兢兢,小心谨慎的样子。业业,危惧的样子,忧虑恐惧。一日二日,一天两天,即每天。几(jī挤),微,万几指各种细微之事。

[2]旷:空缺。庶官:百官。

[3]"天工"二句:意为上天的职事,由人来代替完成。言下之意是人代天行事,不得有私心。

[4]"天叙"二句:意为上天规定了人与人之间的法则,告诫人们要父

义、母慈、兄友、弟恭、子孝,并使这五种伦理日趋敦厚!叙,秩序,次序。典,法则,准则。敕,告诫,吩咐。五典,即"五常",父义、母慈、兄友、弟恭和子孝。《尚书·舜典》:"慎徽五典,五典克从。"惇(dūn 敦),敦厚,淳厚。五惇,使五典惇厚。

[5]"天秩"二句:意为上天规定了人与人之间的等级,用天子、诸侯、卿大夫、士、庶人五种礼制,并使其成为常法!秩,次第,等级。礼,礼节,礼制。自,用。五礼,指天子、诸侯、卿大夫、士、庶人五等之礼,一说为公、侯、伯、子、男五等之礼;一说为古代的五种礼制,即吉礼、凶礼、军礼、宾礼、嘉礼。庸,常,经常。

[6]"同寅"句:意为(上下之间)同敬、同恭、和善相处。寅,敬。衷,善。

[7]"天命"二句:意为上天任命有德之人,用天子、诸侯、卿、大夫、士的礼服以及衣服上不同的花纹来显示尊卑。命,任命。五服,指天子、诸侯、卿、大夫、士的礼服。章,花纹,花饰。

[8]"天讨"二句:意为上天惩罚有罪之人,用劓、墨、剕、宫、大辟五种刑罚处置不同的罪行。讨,惩罚。

[9]懋:勤勉,努力。

伊尹制官刑

[解题] 题目系选注者所拟。选自《尚书·伊训》,为古文《尚书》篇目。伊尹,名挚,商朝初年名臣,辅佐成汤灭夏,历事汤、外丙、仲壬、太甲、沃丁五代君主。太甲即位后,伊尹以成汤功业训导太甲,《尚书》录作《伊训》。伊尹在其中所提之"官刑",历来被认为是商代的刑书。伊尹认为,三风十愆是丧家亡国的根源,因此制官刑,用刑罚来约束君臣,他要求执政者应从自身做起,树立仁爱之心,克明克忠;杜绝三风十愆,推行仁政。

惟元祀十有二月乙丑[1],伊尹祠于先王。奉嗣王祇见厥祖[2],侯、甸群后咸在[3],百官总己以听冢宰[4]。伊尹乃明言烈祖之成德[5],以训于王。曰:"呜呼!古有夏先后[6],方懋厥德,罔有天灾。山川鬼神,亦莫不宁,暨鸟兽鱼鳖咸若。于其子孙弗率[7],皇天降灾,假手于我有命,造攻自鸣条[8],朕哉自亳[9]。惟我商王,布昭圣武,代虐以宽,兆民允怀[10]。今王嗣厥德,罔不在初,立爱惟亲,立敬惟长,始于家邦,终于四海。呜呼!先王肇修人纪[11],从谏弗咈[12],先民时若。居上克明,为下克忠,与人不求备,检身若不及,以至于有万邦,兹惟艰哉!敷求哲人[13],俾辅于尔后嗣,制官刑,儆于有位[14]。曰:'敢有恒舞于宫,酣歌于室,时谓巫风。敢有殉于货色,恒于游畋[15],时谓淫风。敢有侮圣言,逆忠直,远耆德[16],比顽童[17],时谓乱风。惟兹三风十愆[18],卿士有一于身,家必丧;邦君有一于身,国必亡。臣下不匡[19],其刑墨,具训于蒙士。'呜呼!嗣王祗厥身,念哉!圣谟洋洋[20],嘉言孔彰。惟上帝不常,作善降之百祥,作不善降之百殃。尔惟德罔小,万邦惟庆;尔惟不德罔大,坠厥宗。"

——《尚书·伊训》

[1] 元祀:元年。乙丑:用天干、地支计日。

[2] 祗(zhī芝)见:敬见。祗,敬。

[3] 侯甸:谓侯服、甸服。群后:诸侯。

[4] 总己:总摄己职。冢宰:商代设置官名,即太宰,六卿之首。伊尹曾任此职。

[5] 烈祖:对祖先的敬称。

[6] 先后:先君。后,君。

[7] 弗率:不循(祖道)。

[8] 造:始。鸣条:古地名,今山西运城境内,相传商汤伐夏桀于此。

[9] 哉:始,开始。亳:古地名,今河南商丘一带,汤始居于亳。

[10] 允怀:信而怀之。

[11] 人纪:人伦之道。纪,道。

[12] 咈(fú服):违背。

[13] 敷:广。

[14] 儆:戒。

[15] 游畋(tián田):游荡田猎。

[16] 耆(qí奇)德:年高德劭之人。

[17] 比:亲近,结党。顽童:愚钝无知之人。

[18] 三风:即上文所说"巫风"、"淫风"、"乱风"。十愆(qiān遣):舞、歌、货、色、游、畋、侮圣言、逆忠直、远耆德、比顽童。愆,恶疾,过,罪。

[19] 匡:正。

[20] 圣谟:圣人之谋。谟:谋划,计策。

惟圣时宪

[解题] 题目系选注者所拟。选自《尚书·说命》。《说命》是古文《尚书》篇目,分为三篇,记录了商王武丁与傅说的故事。本处所选为中篇,是傅说对商王的进谏,他谏言商王要奉天道,依据天道来设立法令,臣民能听从法令,就能治理好国家了。

惟说命总百官[1],乃进于王曰:"呜呼!明王奉若天道,建邦设都,树后王君公[2],承以大夫师长,不惟逸豫,惟以乱民[3]。惟天聪明,惟圣时宪[4],惟臣钦若[5],惟民从乂[6]。惟口起羞[7],惟甲胄起戎[8],惟衣裳在笥[9],惟干戈省厥躬[10]。王惟戒兹,允兹克明,乃罔不休[11]。惟治乱在庶官。官不及私昵,惟其能;爵罔及恶德,惟其贤。虑善以动,动惟厥时。有其善[12],丧厥善;矜其能,丧厥功。惟事事[13],乃其有备,有备无患。无启宠纳侮[14],无耻过作非[15]。惟厥攸居,政事惟醇。黩于祭祀[16],时谓弗钦。礼烦则乱,事神则难。"

王曰:"旨哉[17]!说。乃言惟服。乃不良于言,予罔闻于行。"说拜稽首曰:"非知之艰,行之惟艰。王忱不艰[18],允协于先王成德,惟说不言有厥咎。"

——《尚书·说命中》

[1] 说(yuè 悦):指傅说,商王武丁时期的贤臣。传说武丁在梦中见

到一个贤人,醒来后就画出贤人的形象在全国寻找,后来在傅岩这个地方找到一个名叫"说"的囚徒,武丁与他交谈,发现他果然很贤明,就以他为相。因在傅岩发现的他,称之为傅说。命:受命。总:统领,统管。

[2] 后王:君主。君公:诸侯。

[3] 乱民:治理人民。

[4] 时:当时。宪:法律,法令。

[5] 钦:敬。

[6] 乂(yì 义):治理。

[7] 口起羞:口出令不善,则起羞辱。

[8] 甲胄起戎:用兵若不得当,则易起兵戎之事。甲,铠甲;胄,头盔。

[9] 衣裳在笥:谓衣裳在箧笥,观其足称职者赐之。笥(sì 四),竹箱。

[10] 干戈省厥躬:干戈之任,须省察身堪将帅者授之。厥,代词,其。躬,身体。

[11] 罔:无,没有。休:吉庆,祥福。

[12] 有:多,此处指夸耀。

[13] 事事:第一个"事"作动词,从事。第二个"事"作名词,事情,特指戎事、战事。

[14] 启宠纳侮:指开启宠幸之路从而承受侮辱。

[15] 耻过作非:指以改过为耻从而形成大错误。

[16] 黩:轻慢,亵渎。

[17] 旨:好,美好。

[18] 忱:果真,如果。

永弼彝宪

[解题] 题目系选注者所拟。选自《尚书·冏命》，为古文《尚书》篇目。周穆王元年，任命伯冏为太仆正，作此诰命。周穆王告诫伯冏，要尽心辅佐自己，同时也要选任贤人，杜绝行贿，而最后他再次强调要用常法来辅佐自己。从中可以看出周穆王重视法度，吏治严格，这也是其统治期间西周国力兴盛的原因。

王若曰："伯冏[1]！惟予弗克于德[2]，嗣先人宅丕后[3]。怵惕惟厉[4]，中夜以兴，思免厥愆。昔在文、武，聪明齐圣[5]，小大之臣，咸怀忠良。其侍御仆从，罔匪正人，以旦夕承弼厥辟[6]，出入起居，罔有不钦，发号施令，罔有不臧[7]，下民祗若，万邦咸休。惟予一人无良，实赖左右前后有位之士，匡其不及。绳愆纠谬[8]，格其非心，俾克绍先烈[9]。今予命汝作大正，正于群仆侍御之臣，懋乃后德[10]，交修不逮[11]；慎简乃僚[12]，无以巧言令色，便辟侧媚[13]，其惟吉士。仆臣正，厥后克正；仆臣谀，厥后自圣[14]。后德惟臣，不德惟臣。尔无昵于憸人[15]，充耳目之官，迪上以非先王之典[16]；非人其吉，惟货其吉；若时瘝厥官[17]；惟尔大弗克只厥辟[18]，惟予汝辜[19]。"

王曰："呜呼！钦哉！永弼乃后于彝宪[20]。"

——《尚书·冏命》

[1] 冏(jiǒng 炯):指伯冏,周穆王的大臣。
[2] 克:能。
[3] 嗣:承续。宅:居。丕:大。后:君主。
[4] 怵:恐惧。惕:敬,惧。厉:危。
[5] 齐圣:与圣人并列。
[6] 弼:辅佐。辟(bì 必):君主。
[7] 臧(zāng 脏):善,好。
[8] 绳:按标准纠正。
[9] 俾:使。绍:继承,接续。
[10] 懋:盛大。
[11] 交:彼此相合。修:整治。逮:及。
[12] 简:选择,挑选。
[13] 便辟(piánbì 骈必):善于迎合他人。
[14] 自圣:自以为圣人。
[15] 憸(xiān 先)人:奸险、邪佞之人。
[16] 迪:引导。
[17] 瘝(guān 官):旷,旷废。
[18] 惟尔大弗克只厥辟:意为你大不能尊敬你的君主。
[19] 辜:罪。
[20] 彝宪:常法。

宽法慎刑

〔解题〕题目系选注者所拟。本节录自《尚书·吕刑》。吕侯,《史记》称甫侯,是周穆王时大臣,因诸侯不睦,吕侯主持修订了当时的刑罚,被称为《吕刑》或《甫刑》。《尚书·吕刑》通常被认为是这次修订刑罚的记录,也被认为是中国第一篇刑法专论,其法律思想对后世产生了很大的影响。《尚书·吕刑》意在论述执政者执法者要勤政慎罚,在处理狱讼之时要秉持谨慎,疑罪惟轻的原则,要注重德政。其中讲到了法律与教化的关系,如提出"惟敬五刑,以成三德"、"折民惟刑",可以理解为在尊重法律的基础上才能够使民众知理,形成道德教化;还提出"刑罚世轻世重",意即不同的时代应该采取不同的法律措施。

惟吕命[1],王享国百年,耄荒[2],度作刑[3],以诘四方。王曰:"若古有训,蚩尤惟始作乱,延及于平民,罔不寇贼[4],鸱义奸宄[5],夺攘矫虔[6]。苗民弗用灵,制以刑,惟作五虐之刑曰法。杀戮无辜,爰始淫为劓、刵、椓、黥[7]。越兹丽刑并制[8],罔差有辞。民兴胥渐[9],泯泯棼棼[10],罔中于信,以覆诅盟[11]。虐威庶戮,方告无辜于上。上帝监民,罔有馨香德,刑发闻惟腥。皇帝哀矜庶戮之不辜,报虐以威,遏绝苗民,无世在下。乃命重、黎[12],绝地天通[13],罔有降格。群后之逮在下,明明棐常[14],鳏寡无盖[15]。皇帝清问下民鳏寡有辞于苗[16]。德威惟畏,德明惟明。乃命三后[17]，恤功于民。伯夷降典，折民惟刑[18]；禹平水土，主名山川；稷降播种，农殖嘉谷。三后成功，惟殷于民。士制百姓于刑之中[19]，以教祗德。穆穆在上，明明在下，灼于四方，罔不惟德之勤，故乃明于刑之中[20]，率乂于民棐彝[21]。典狱非讫于威，惟讫于富。敬忌，罔有择言在身。惟克天德，自作元命，配享在下。"

王曰："嗟！四方司政典狱，非尔惟作天牧[22]？今尔何监？非时伯夷播刑之迪[23]？其今尔何惩？惟时苗民匪察于狱之丽，罔择吉人，观于五刑之中；惟时庶威夺货[24]，断制五刑，以乱无辜，上帝不蠲[25]，降咎于苗，苗民无辞于罚，乃绝厥世。"

王曰："呜呼！念之哉。伯父、伯兄、仲叔、季弟、幼子、童孙，皆听朕言，庶有格命[26]。今尔罔不由慰曰勤，尔罔或戒不勤。天齐于民，俾我一日，非终惟终，在人。尔尚敬逆天命，以奉我一人！虽畏勿畏，虽休勿休。惟敬五刑，以成三德。一人有庆[27]，兆民赖之，其宁惟永。"

王曰："吁！来，有邦有土，告尔祥刑。在今尔安百姓，何择，非人？何敬，非刑？何度，非及？两造具备，师听五辞[28]。五辞简孚[29]，正于五刑[30]。五刑不简，正于五罚[31]；五罚不服[32]，正于五过。五过之疵：惟官，惟反，惟内，惟货，惟来[33]。其罪惟均，其审克之！五刑之疑有赦，五罚之疑有赦，其审克之！简孚有众[34]，惟貌有稽。无简不听，具严天威。墨辟疑赦[35]，其罚百锾[36]，阅实其罪。劓辟疑赦，其罚惟倍[37]，阅实其罪。剕辟疑赦，其罚倍差[38]，阅实其罪。宫辟疑赦，其罚六百锾，阅实其罪。大辟疑赦[39]，其罚千锾，阅实其罪。墨罚之属千，劓罚之属千，剕罚之属五百，宫罚之属三百，大辟之罚其属二百。五刑之属三千。

上下比罪,无僭乱辞,勿用不行,惟察惟法,其审克之!上刑适轻,下服[40];下刑适重,上服。轻重诸罚有权。刑罚世轻世重[41],惟齐非齐,有伦有要。罚惩非死,人极于病。非佞折狱,惟良折狱,罔非在中。察辞于差,非从惟从。哀敬折狱,明启刑书胥占,咸庶中正。其刑其罚,其审克之。狱成而孚,输而孚。其刑上备,有并两刑。"

王曰:"呜呼!敬之哉!官伯族姓[42],朕言多惧。朕敬于刑,有德惟刑。今天相民,作配在下。明清于单辞[43],民之乱,罔不中听狱之两辞[44],无或私家于狱之两辞!狱货非宝,惟府辜功,报以庶尤[45]。永畏惟罚,非天不中,惟人在命。天罚不极,庶民罔有令政在于天下。"

王曰:"呜呼!嗣孙,今往何监,非德?于民之中,尚明听之哉!哲人惟刑,无疆之辞,属于五极,咸中有庆。受王嘉师,监于兹祥刑。"

——《尚书·吕刑》

[1] 吕命:吕侯受命。命,受命。

[2] 耄:老而昏乱。荒:治。

[3] 度:谋划。

[4] 寇:攻击,侵占。贼:为害。

[5] 鸱(chī 吃):即鸱鸮。传说中一种无义的恶鸟。鸱义,即无义。奸宄(guǐ 鬼):犯法作乱的人。

[6] 矫虔:矫,假传君命;虔,斩杀,劫掠。矫虔意即称诈强取,假传君命以强夺财物。

[7] 淫:过度、滥用。劓:割鼻。刵(èr 二):割耳。椓(zhuó 灼):宫刑。黥:在脸部刺青,作为标记。此四者均在五刑之列。

[8] 越兹:于是。丽:施行。

[9] 胥:互相。渐(jiān尖):奸诈,欺诈。

[10] 泯泯棼(fén坟)棼:纷乱貌。

[11] 覆:反覆。诅盟:盟誓,誓约。

[12] 重、黎:即羲、和,尧命其为掌天地四时之官。

[13] 绝地天通:使民众无法直接与天沟通。

[14] 棐常:辅行常法。棐(fěi翡),辅助。

[15] 盖:遮盖,盖蔽。

[16] 清问:虚心而问。有辞:有怨言。

[17] 后:君主,此处三后即指后文所说的伯夷、禹、稷。

[18] 折:通"哲",明智。

[19] 士:主刑狱之官。

[20] 刑之中:用刑适度。

[21] 义:治理。彝:常,常理。

[22] 牧:治理民众。

[23] 播:散布。迪:道理。

[24] 庶威:众暴虐之人。夺货:掠夺财物。

[25] 蠲(juān娟):赦免。

[26] 庶:庶几。格命:天命。

[27] 一人:指君主。庆:善。

[28] 两造:原告和被告。师:刑官。五辞:即五听,《周礼·秋官·小司寇》:"以五声听狱讼,求民情:一曰辞听,二曰色听,三曰气听,四曰耳听,五曰目听。"

[29] 孚:信。

[30] 正于五刑:按照五刑的律法来处理。

[31] 五罚:五等罚金。

[32] 五罚不服:没有达到五罚的程度。

[33] 疵:弊端。官:倚仗权势之意。反:挟私报怨。内:不能秉公。货:收受财物。来:行贿贪赃。

[34] 简孚有众:经过检验而有诚信于民。简,检查。

[35] 墨辟疑赦:律犯墨刑者若有可疑,就减罪赦免。墨,墨刑,即上文

所说黦。

[36] 锾(huán 环):古代重量单位,一锾等于六两。

[37] 其罚惟倍:较之墨刑的罚金加倍。

[38] 倍差:一倍半。

[39] 大辟:死刑。

[40] 上刑:重罪。下服:以下刑即较轻的刑罚处置。

[41] 世轻世重:根据当时的社会情况来决定刑罚的轻重。

[42] 官伯族姓:掌管政典的诸侯的同族之人。

[43] 单辞:一面之辞。

[44] 两辞:讼辩双方之辞。

[45] 庶尤:众之过失。

五戎之禁

〔**解题**〕题目系选注者所拟。《逸周书》，本名《周书》，晋以后称今名，后世一般以为是先秦典籍，内容主要记载从周文王到景王年间的时事。本处所选，是周武王即位之后，对周公所申讲的治国方略，提出必须要禁止"五戎"，并强调以德为本，重视纪纲，从而可以不动用武力而怀柔四方。

维王元祀一月，既生魄[1]，王召周公旦曰[2]："呜呼，维在王考之绪功[3]，维周禁五戎，五戎不禁，厥民乃淫。一曰土观幸时[4]，政匮不疑；二曰狱雠刑蔽[5]，奸吏济贷；三曰声乐□□，饰女灭德；四曰维势是辅，维祷是怙[6]；五曰盘游安居，枝叶维落。五者不距，自生戎旅。

"故必以德为本，以义为术，以信为动，以成为新，以决为计，以节为胜。务在审时，纪纲为序。和均□里，以匡辛苦。见寇□戚，靡适无□。胜国若化，不动金鼓。善战不斗，故曰柔武。四方无拂[7]，奄有天下[8]。"

——《逸周书·柔武解》

［1］既生魄：指月亮从上弦到满月之间这段时间。王国维认为是农历八九日至十四五日。魄，指月亮初生时的光亮部分。

［2］周公旦：姬旦，周文王第四子，武王同母弟。辅助武王灭商，后辅佐成王，平定"三监之乱"，制礼作乐，为儒家思想奠基人。

［3］ 考:死去的父亲。绪功:未完成的功业,遗业。

［4］ 土:从事土功,土建。观:游览。

［5］ 雠(chóu 愁):仇人。蔽:蔽罪,判罪。

［6］ 怙(hù 户):依靠,依仗。

［7］ 拂:违,逆。

［8］ 奄:覆盖,包括。

纳民于轨物[1]

〔解题〕本篇内容选自《左传》,题目系选注者所拟。《左传》即《春秋左氏传》,儒家十三经之一;是中国第一部叙事详细的编年史著作,配合《春秋》编年史,记叙年代自鲁隐公元年至鲁哀公二十七年,主要记载了东周前期二百五十四年间各国政治、经济、军事、外交和文化方面的重要事件和重要人物。此处所选,是臧僖伯指出国君是将人民纳入法度行事的人,他劝诫鲁隐公不要做出有违法度的事,并在鲁隐公不听劝诫的情况下称疾不从。

五年春,公将如棠观鱼者[2]。臧僖伯谏曰[3]:"凡物不足以讲大事,其材不足以备器用,则君不举焉。君将纳民于轨物者也。故讲事以度轨量谓之轨,取材以章物采谓之物,不轨不物谓之乱政。乱政亟行,所以败也。故春蒐、夏苗、秋狝、冬狩[4],皆于农隙以讲事也。三年而治兵,入而振旅,归而饮至,以数军实[5]。昭文章,明贵贱,辨等列,顺少长,习威仪也。鸟兽之肉不登于俎,皮革齿牙、骨角毛羽不登于器,则公不射,古之制也。若夫山林川泽之实,器用之资,皂隶之事,官司之守,非君所及也。"公曰:"吾将略地焉[6]。"遂往,陈鱼而观之。僖伯称疾,不从。书曰"公矢鱼于棠"[7],非礼也,且言远地也。

——《左传·隐公五年》

［1］轨物:轨范;准则。

［2］公:指鲁隐公,名息姑,鲁国第十四代国君,前722—前711年在位,为其弟鲁桓公所杀。棠:鲁地名,在今山东济宁鱼台县。鱼:通"渔",捕鱼。

［3］臧僖伯(？—前718):鲁国大夫,鲁孝公的儿子,名彄(kōu 抠),封采邑于臧,因以为氏。

［4］蒐(sōu 搜)、苗、狝(xiǎn 显)、狩:古代对四季打猎的不同称谓。

［5］军实:战利品。

［6］略地:巡视边境。此处为隐公的托辞。

［7］书:指《春秋》。矢鱼:让渔民陈设渔具,观其捕鱼。

臧哀伯谏纳郜鼎[1]

〔解题〕本节内容选自《左传》。本处所选,通过臧哀伯谏纳郜鼎一事,说明对于国家与官员而言,节俭有度方能彰显德行,若不以礼示民,则势必贿赂之风盛行。礼防未然,中国古代的礼一定程度上相当于现代意义上的法律规范。臧哀伯指出,君主应"昭德塞违"、"临照百官",并列举"七昭"以为法度,若君主"灭德立违",则"百官象之"以致"官邪",如此则国家必败。由此可见,礼法是君主与官员都必须遵从的法度,守法才能守国。

夏四月,取郜大鼎于宋[2]。戊申,纳于大庙。非礼也[3]。

臧哀伯谏曰:"君人者将昭德塞违[4],以临照百官[5],犹惧或失之。故昭令德以示子孙:是以清庙茅屋,大路越席[6],大羹不致[7],粢食不凿[8],昭其俭也。衮冕黻珽[9],带裳幅舄[10],衡紞纮綖[11],昭其度也。藻率鞞鞛[12],鞶厉游缨[13],昭其数也。火龙黼黻[14],昭其文也。五色比象[15],昭其物也。钖鸾和铃[16],昭其声也。三辰旂旗[17],昭其明也。夫德,俭而有度,登降有数。文、物以纪之,声、明以发之,以临照百官,百官于是乎戒惧,而不敢易纪律。今灭德立违,而置其赂器于太庙,以明示百官,百官象之,其又何诛焉?国家之败,由官邪也。官之失德,宠赂章也[18]。郜鼎在庙,章孰甚焉?武王克商,迁九鼎于雒邑,义士犹或非之,而况将昭违乱之赂器于太庙,其若之何?"公不听。周内史闻之曰:"臧孙达其有后于鲁乎!君违不忘谏之以德。"

——《左传·桓公二年》

[1] 臧哀伯:春秋时期鲁国政治人物,臧僖伯之子,名达,谥哀。

[2] 郜(gào告):周文王之子所封国,在今山东省成武县东南,春秋时为宋所灭。

[3] 非礼也:宋以不义取郜国之鼎,鲁国再取之于宋,这不是有礼的行为。

[4] 昭德:昭明德行。塞违:杜绝恶行。

[5] 临照:示范,表率。

[6] 大路:"路"通"辂",天子祭天时所用的大车。越(huó活)席:蒲草席。

[7] 大羹:肉汁。不致:不调味。

[8] 粢(zī兹)食:以黍、稷做的祭祀用的食物。不凿:不使精细。

[9] 衮:古代君主、公卿的礼服。冕:古代帝王、诸侯及卿大夫戴的礼帽。黻(fú服):通"韨",古代贵族穿的一种形如围裙的礼服。珽:玉笏,公卿上朝所持玉制朝板。

[10] 带:衣带。裳:古人的下衣,裙的一种。幅:绑腿布。舄(xì细):古代一种有木底的鞋。

[11] 衡:使冠冕固定在头发上的簪。紞(dǎn胆):冠冕上用以悬瑱的带子。纮(hóng红):系在冠冕两侧的带子。綖(yán研):覆盖在冠冕上作为装饰的布。

[12] 藻率(lǜ律):玉垫,木制,外包绘有水藻图形的熟牛皮。鞞鞛(bǐng běng秉绷):刀鞘上的装饰。

[13] 鞶(pán盘):束腰的革带。厉:腰带下垂。游(liú刘):通"斿",旌旗上悬垂的飘带类饰物。缨:马颈上的革带。

[14] 火:火状花纹。龙:龙形花纹。黼(fǔ甫):古代贵族衣服上黑白相间的斧形花纹。黻:古代贵族衣服上黑青相间的"亚"形花纹。

[15] 五色:青、赤、黄、白、黑五种颜色。比象:比拟的万物形象。

［16］钖(yáng 杨):马额上的金属装饰物。鸾:通"銮",古代车驾上的铃。和:挂在车子前面横木上的铃铛。

［17］三辰:指日、月、星。旂旗:一种画有交龙图形、竿头系铃铛的旗子。

［18］章:通"彰",彰显,显著。

刑 书 之 争

〔解题〕题目系选注者所拟。前536年,郑国执政子产将郑国法律铸在鼎上,向全体民众公布,这是中国历史上第一次公布法律,此前人们认为"刑不可知,则威不可测"(唐代孔颖达疏《左传》),因此"议事以制,不为刑辟"。公布刑书的做法与传统相背离,引起了很大的争论,晋国的叔向写信给子产进行劝诫,而子产明确表示公布法律是救世之策,不会改变。

三月,郑人铸刑书[1]。叔向使诒子产书[2],曰:"始吾有虞于子[3],今则已矣。昔先王议事以制,不为刑辟[4],惧民之有争心也。犹不可禁御[5],是故闲之以义[6],纠之以政,行之以礼,守之以信,奉之以仁,制为禄位以劝其从,严断刑罚以威其淫[7]。惧其未也,故诲之以忠,耸之以行[8],教之以务,使之以和,临之以敬,莅之以强,断之以刚。犹求圣哲之上,明察之官,忠信之长,慈惠之师,民于是乎可任使也,而不生祸乱。民知有辟,则不忌于上,并有争心,以征于书,而徼幸以成之,弗可为矣。夏有乱政而作《禹刑》,商有乱政而作《汤刑》,周有乱政而作《九刑》,三辟之兴[9],皆叔世也[10]。今吾子相郑国,作封洫[11],立谤政,制参辟,铸刑书,将以靖民,不亦难乎?《诗》曰:'仪式刑文王之德,日靖四方。'[12]又曰:'仪刑文王,万邦作孚。'[13]如是,何辟之有?民知争端矣,将弃礼而征于书。锥刀之末[14],将尽争之。乱狱滋丰,贿赂并行,终子之世,郑其败乎！肸闻之,国将亡,必多制,其此之谓乎！'"复书曰:"若吾子之言,侨不才,不能及子孙,吾以救世也。既不承命,敢忘大惠?"

——《左传·昭公六年》

［1］铸刑书:将刑书铸在鼎上,使之成为成文法。

［2］诒(yí 移):赠,送给。叔向:晋国大夫,公族,羊舌氏,名肸(xī 西),字叔向。子产:郑国大夫,公族,名侨,字子产。叔向与子产都是当时有名望的政治家。

［3］有虞于子:寄希望于你。虞,望,盼望。

［4］议事以制,不为刑辟:言临事制刑,不豫设法。

［5］禁御:禁止。

［6］闲:防止。

［7］威:威胁。淫:滥。

［8］耸:动。

［9］辟:刑法。此指上文所提到的《禹刑》、《汤刑》、《九刑》。

［10］叔世:末世。

［11］封洫(xù 序):区分田界的水沟。

［12］"仪式刑文王之德"二句:见《诗·周颂·我将》,今本"德"作"典"。刑,通"型",效法。此处,仪、式、刑均意为效法。二句意为效法文王的德行,每天都用它来安定天下四方。

［13］"仪刑文王"二句:见《诗·大雅·文王》。二句意为效法文王,万国就会信服。孚,信服。

［14］锥刀之末:形容极为细小之事。

晋人铸刑鼎

〔解题〕题目系选注者所拟。前513年,晋国在汝水之滨筑城时征收铁来铸刑鼎,孔子及蔡史墨对此加以批评,认为这是失度亡国的行为。虽然遭到很多人的反对,晋国在郑国之后再铸刑鼎,充分说明随着社会的发展,法律变革已经成为时代的必然。

冬,晋赵鞅、荀寅帅师城汝滨[1],遂赋晋国一鼓铁[2],以铸刑鼎,着范宣子所为刑书焉[3]。仲尼曰:"晋其亡乎!失其度矣。夫晋国将守唐叔之所受法度[4],以经纬其民,卿大夫以序守之。民是以能尊其贵,贵是以能守其业。贵贱不愆,所谓度也。文公是以作执秩之官,为被庐之法[5],以为盟主。今弃是度也,而为刑鼎,民在鼎矣,何以尊贵[6]?贵何业之守?贵贱无序,何以为国?且夫宣子之刑,夷之蒐也,晋国之乱制也,若之何以为法?"蔡史墨曰[7]:"范氏、中行氏其亡乎!中行寅为下卿,而干上令,擅作刑器,以为国法,是法奸也。又加范氏焉,易之,亡也。其及赵氏,赵孟与焉。然不得已,若德,可以免。"

——《左传·昭公二十九年》

[1]赵鞅(?—前476):春秋时期晋国大夫,又名志父,亦称赵孟,谥号简,因又称赵简子。荀寅:晋国大夫,中行氏,谥号文,因又称中行寅、中行文子。帅:通"率",率领。城:筑城。汝:汝水。

[2]赋:征收。鼓:计量单位,三十斤为一钧,四钧为一石,四石为一鼓,合四百八十斤。

[3]范宣子(?——前547):春秋时期晋国政治人物,名匄,谥号宣。范文子士燮之子。本姓士,因祖父辈封于范地而改姓。

[4]唐叔:周成王之弟,名虞,因受封在唐国旧地,称为唐叔虞。

[5]被(pī披)庐:晋国地名。《左传·僖公二十七年》:"(晋文公)蒐于被庐,作三军。""于是乎大蒐以示之礼,作执秩以正其官。民听不惑,而后用之。"现一般认为晋文公在被庐作执秩之法,是我国较早的成文法,该法强调尊卑秩序。

[6]"民在"二句:鼎是国家重要的礼器,民在鼎则乱了尊卑秩序。

[7]蔡史墨:晋国太史。

廉不蔽恶

〔解题〕题目系选注者所拟。管仲(约前723—前645),姬姓,管氏,名夷吾,字仲,谥敬,春秋时期齐国政治家、思想家,辅佐齐桓公成为春秋五霸之首。《管子》一书记录了管仲及其后学的言行事迹,为子部道家类著作,大约成书于春秋战国(前475—前221)至秦汉时期。《管子》一书篇幅宏伟,内容复杂,思想丰富,通常认为是以黄老道家(推崇黄帝和老子的道家派别,盛行于春秋战国时期及西汉初期,主张虚无为本、因循为用、采百家之长以经世致用、治国安邦)为主,汇集道、法、儒、名、兵、农等各家思想。其特点是道法结合、王霸结合,从实际政治经验出发探讨政治、经济、军事等治国理政之术。本处所选,意在论述懂礼义、明廉耻对于一个国家及人民的健康发展的重要性,廉耻之心存,方能不逾矩而绝邪佞。

国有四维[1],一维绝则倾,二维绝则危,三维绝则覆,四维绝则灭。倾可正也,危可安也,覆可起也,灭不可复错也。何谓四维?一曰礼,二曰义,三曰廉,四曰耻。礼不逾节,义不自进,廉不蔽恶,耻不从枉。故不逾节则上位安,不自进则民无巧诈,不蔽恶则行自全,不从枉则邪事不生。

——《管子·牧民》

[1] 维:系物的大绳,引申为对事物起重要维系作用的东西。

法　禁

〔解题〕本节系全篇录用《管子·法禁》。《法禁》是《管子》的重要篇章，充分体现了古代法家的重要思想。文章开篇即提出：法制、刑杀、爵禄这三者就是政府所掌握的法，法得到推行以后就会成为习俗，此时，即使其他方面不强，国家也能得到治理。这是强调法在治国中的重要作用。文章接着指出法不容私，私理立而国乱。而要杜绝私理，君主必须一则明制，明确法禁，使臣民"知所禁忌而不犯刑法"（明·邱濬《大学衍义补辑要》卷一〇二）。禁民为非，是中国古代立法的出发点。《管子·任法》一篇非常明确地指出："尧之治，善明法禁之令而已矣。"而《管子·正世》中则说："法禁不立，则奸邪繁。"文章由此提出十八条法禁，对臣民尤其是官员的各种行为加以限制。其中包括禁止以公权谋私利、禁止拉帮结伙、禁止沽名钓誉等行为，对官员的财产、消费、交际等都提出了限制。这些限制细致而具体，对今天该如何限制官员权力、预防官员职务犯罪有积极的借鉴参考意义。

法制不议，则民不相私[1]。刑杀毋赦，则民不偷于为善[2]。爵禄毋假[3]，则下不乱其上。三者藏于官则为法，施于国则成俗，其余不强而治矣[4]。

君壹置则仪[5]，则百官守其法。上明陈其制[6]，则下皆会其度矣[7]。君之置其仪也不一，则下之倍法而立私理者必多矣[8]。是以人用其私，废上之制，而道其所闻，故下与官列法[9]，而上与君分威[10]。国家之危，必自此始矣。昔者圣王之治其民也不然[11]，废上之法制者，必负以耻[12]。财厚博惠，以私亲于民者，正经而自正矣[13]。乱国之道，易国之常[14]，赐赏恣于己者[15]，圣王之禁也。圣王既殁，受之者衰[16]，君人而不能知立君之道，以为国本，则大臣之赘下而射人心者必多矣[17]，君不能审立其法，以为下制。则百姓之立私理而径于利者必众矣[18]。

昔者圣王之治人也，不贵其人博学也，欲其人之和同以听令也[19]。《泰誓》曰[20]，纣有臣亿万人，亦有亿万之心，武王有臣三千而一心，故纣以亿万之心亡，武王以一心存。故有国之君，苟不能同人心，一国威，齐士义，通上之治，以为下法，则虽有广地众民，犹不能以为安也。君失其道，则大臣比权重[21]，以相举于国[22]，小臣必循利以相就也[23]。故举国之士，以为亡党[24]，行公道以为私惠。进则相推于君，退则相誉于民，各便其身，而忘社稷。以广其居，聚徒威群。上以蔽君，下以索民[25]。此皆弱君乱国之道也，故国之危也。

乱国之道，易国之常，赐赏恣于己者，圣王之禁也。擅国权以深索于民者，圣王之禁也。其身毋任于上者[26]，圣王之禁也。

进则受禄于君，退则藏禄于室，毋事治职[27]，但力事属，私王官[28]，私君事，去非其人而人私行者[29]，圣王之禁也。

修行则不以亲为本，治事则不以官为主，举毋能、进毋功者，圣王之禁也。

交人则以为己赐，举人则以为己劳，仕人则与分其禄者[30]，圣王之禁也。

交于利通而获于贫穷[31]，轻取于其民而重致于其君[32]，削上以附下，枉法以求于民者，圣王之禁也。

用不称其人[33]，家富于其列[34]，其禄甚寡而资财甚多者，圣王之禁也。

拂世以为行[35]，非上以为名[36]，常反上之法制以成群于国者[37]，圣王之禁也。

饰于贫穷[38]，而发于勤劳[39]，权于贫贱[40]，身无职事，家无常姓[41]，列上下之间，议言为民者，圣王之禁也。

壶士以为亡资[42]，修田以为亡本[43]，则生之养私不死[44]，然后失矫以深[45]，与上为市者[46]。圣王之禁也。

审饰小节以示民[47]，时言大事以动上[48]，远交以逾群[49]，假爵以临朝者[50]，圣王之禁也。

卑身杂处[51]，隐行辟倚[52]，侧入迎远[53]，遁上而遁民者[54]，圣王之禁也。

诡俗异礼，大言法行[55]，难其所为[56]，而高自错者[57]，圣王之禁也。

守委闲居[58]，博分以致众[59]。勤身遂行[60]，说人以货财[61]，济人以买誉，其身甚静，而使人求者，圣王之禁也。

行辟而坚[62]，言诡而辩，术非而博，顺恶而泽者[63]，圣王之禁也。

以朋党为友，以蔽恶为仁，以数变为智[64]，以重敛为忠，以遂忿为勇者，圣王之禁也。

固国之本[65]，其身务往于上[66]，深附于诸侯者，圣王之禁也。

圣王之身，治世之时，德行必有所是[67]，道义必有所明；故士莫敢诡俗异礼，以自见于国[68]，莫敢布惠缓行，修上下之交，以和亲于民[69]。故莫敢超等逾官[70]，渔利苏功[71]，以取顺其君。圣王之治民也，进则使无由得其所利，退则使无由避其所害，必使反乎安其位，乐其群，务其职，荣其名，而后止矣。故逾其官而离其群者,必使有害。不能其事而失其职者,必使有耻;是故圣王之教民也,以仁错之[72],以耻使之[73],修其能,致其所成而止。故曰:"绝而定[74],静而治,安而尊,举错而不变者[75],圣王之道也。"

——《管子·法禁》

[1] 议:私议。私:营私。

[2] 偷:轻薄,薄情。

[3] 假:借。

[4] 藏:掌握。施:推行。强:费力。

[5] 壹:通"一"。则:法度。仪:标准。

[6] 陈:宣示,公布。

[7] 会:理解,懂得。

[8] 倍:通"背",背叛。

[9] 下:此处指民众、百姓。

[10] 上:此处指大臣。

[11] 然:这样。

[12] 负:加。

[13] 经:公法。

[14] 易:改变。常:典章,法典。

[15] 恣:肆意,放纵。

[16] 受:后继者。

[17] 赘:会,聚合。射:追求,谋取。

[18] 径:直,直接。

[19] 和同:和睦同心。

[20] 《泰誓》:《尚书·周书》中的一篇,也作《太誓》,是武王伐纣大会诸侯于孟津时向诸侯所作的出师誓词。

[21] 比(bì必):勾结。

[22] 举:举荐,推举。

[23] 循:顺着,沿着。就:接近,趋向。

［24］亡党:叛亡之党。

［25］索:求取,索取。

［26］任:担任,任职。

［27］事:从事。治职:治理政务。

［28］力:努力从事于。属:属官,下属。私:以……为私用。

［29］"去非"句:意为私下行事,除去不该除去的人。去,除去。

［30］仕人:用人做官。

［31］交:交际,交往。利通:显达(的人)。

［32］致:获得,得到。

［33］用:所享用或使用之物。称:与……相称,符合。

［34］列:朝廷上的位次、地位。

［35］拂:违,逆。行:好品行。

［36］非:非议。名:名声,名誉。

［37］成群:聚成团伙。

［38］饰:装饰,粉饰。

［39］发:表现。《管子校正》:"内富而外饰于贫穷,内逸而外发于勤劳。"

［40］权:暂且,暂时。

［41］姓:生,生计。

［42］壶:盛饮食的器具,此处用作动词,指供养门客。亡资:叛亡的资本。

［43］亡本:叛亡的资本。

［44］"生之"句:意为私下豢养不法门客和敢死之徒。

［45］失矫:对(君主的)过失加以矫正。

［46］市:交易。此处意为与君主讨价还价。

［47］审:详密,慎重。

［48］时:时常。动:打动,扰动。

［49］逾:越过。

［50］假:凭借,借助于。临朝:君主到朝廷处理政务。临,监督,统治。

［51］卑身:屈身,伏身。

35

〔52〕辟:通"避",避开。倚:依靠,依赖。

〔53〕侧入:侧身进入(别国),指悄悄进入别国。迎远:迎接远来(的人),指与别国人勾结。

〔54〕遁:隐匿,隐瞒。

〔55〕大言:夸张的言辞。法行:值得效法的行为。

〔56〕难:以……为难。

〔57〕高:抬高。错:通"措",安排,处置。

〔58〕委:积蓄,储备。

〔59〕致:招致,招来。

〔60〕遂:顺遂,成就。

〔61〕说:通"悦",使高兴。

〔62〕辟:通"僻",邪僻。坚:坚持,坚定。

〔63〕泽:滋润,光润。

〔64〕数(shuò 硕):屡次,数次。

〔65〕固:闭塞。

〔66〕务:致力于,力求。往:往归。

〔67〕是:正确的标准。

〔68〕见(xiàn 线):同"现",显现。

〔69〕和:和顺,温和。亲:亲近。

〔70〕超等逾官:指超越自己等级的僭越行为。超、逾,越过。

〔71〕渔:(用不正当的手段)掠夺。苏:取。

〔72〕错:琢玉用的粗磨石,引申为琢磨。王符《潜夫论·赞学》:"不琢不错。"

〔73〕耻:惩罚。使:役使,驱使。

〔74〕绝:断绝,隔绝。此处指绝邪僻。

〔75〕错:通"措",措施。

重令为本

[解题] 题目系选注者所拟。《管子·重令》篇强调法令的重要性：法令是治民的根本，法令威重，臣民才会恐惧而尊法，从而君尊国安。管子认为，朝廷要有经臣、国家要有经俗、人民要有经产。经臣就是朝廷所必需的奉公守法的官员，经臣必须遵从法令、诚实守信、不贪得、不畏死。只有贯彻了法令，人民才能够服从和使用，而法令的贯彻，依靠的是君主亲近之人也服从于法令。因为对象身份地位不同而变来变去的法令是不能够得到坚决执行的。因而，执法必严，才能够做到令行禁止，从而达到民用、兵胜、国重、霸诸侯、王天下。

凡君国之重器[1]，莫重于令。令重则君尊，君尊则国安；令轻则君卑，君卑则国危。故安国在乎尊君，尊君在乎行令，行令在乎严罚。罚严令行，则百吏皆恐；罚不严，令不行，则百吏皆喜。故明君察于治民之本，本莫要于令[2]。故曰：亏令者死[3]，益令者死[4]，不行令者死，留令者死[5]，不从令者死。五者死而无赦，唯令是视[6]。故曰：令重而下恐。
……

何谓朝之经臣[7]？察身能而受官[8]，不诬于上[9]；谨于法令以治，不阿党[10]；竭能尽力而不尚得[11]，犯难离患而不辞死[12]；受禄不过其功[13]，服位不侈其能[14]，不以毋实虚受者，朝之经臣也。何谓国之经俗？所好恶不违于上，所贵贱不逆于令;毋上拂之事,毋下比之说,毋侈泰之养,毋逾等之服;谨于乡里之行,而不逆于本朝之事者,国之经俗也。何谓民之经产?畜长树艺,务时殖谷,力农垦草,禁止末事者,民之经产也。故曰:朝不贵经臣,则便辟得进[15],毋功虚取;奸邪得行,毋能上通。国不服经俗,则臣下不顺,而上令难行。民不务经产,则仓廪空虚,财用不足。便辟得进,毋功虚取;奸邪得行,毋能上通,则大臣不和。臣下不顺,上令难行,则应难不捷。仓廪空虚,财用不足,则国毋以固守。三者见一焉,则敌国制之矣。

故国不虚重,兵不虚胜,民不虚用[16],令不虚行。凡国之重也,必待兵之胜也[17],而国乃重。凡兵之胜也,必待民之用也,而兵乃胜;凡民之用也,必待令之行也,而民乃用。凡令之行也,必待近者之胜也[18],而令乃行。故禁不胜于亲贵,罚不行于便辟,法禁不诛于严重,而害于疏远,庆赏不施于卑贱,二三而求令之必行[19],不可得也。能不通于官受[20],禄赏不当于功[21],号令逆于民心,动静诡于时变[22],有功不必赏[23],有罪不必诛,令焉不必行,禁焉不必止,在上位无以使下,而求民之必用,不可得也。将帅不严威,民心不专一,阵士不死制[24],卒士不轻敌[25],而求兵之必胜,不可得也。内守不能完[26],外攻不能服,野战不能制敌,侵伐不能威四邻,而求国之重,不可得也。德不加于弱小,威不信于强大,征伐不能服天下,而求霸诸侯,不可得也。威有与两立,兵有与分争[27],德不能怀远国[28],令不能一诸侯[29],而求王天下,不可得也。

……

凡先王治国之器三,攻而毁之者六。明王能胜其攻,故不益于三者,而自有国、正天下。乱王不能胜其攻,故亦不损于三者,而自有天下而亡。三器者何也?曰:号令也,斧钺也[30],禄赏也。六攻者何也?曰:亲也,贵也,货也,色也,巧佞也,玩好也。三器之用何也?曰:非号令毋以使下,非斧钺毋以威众,非禄赏毋以劝民。六攻之败何也?曰:虽不听,而可以得存者;虽犯禁,而可以得免者;虽毋功,而可以得富者。凡国有不听而可以得存者,则号令不足以使下;有犯禁而可以得免者,则斧钺不足以威众;有毋功而可以得富者,则禄赏不足以劝民。号令不足以使下,斧钺不足以威众,禄赏不足以劝民,若此,则民毋为自用。民毋为自用,则战不胜;战不胜,而守不固;守不固,则敌国制之矣。然则先王将若之何?曰,不为六者变更于号令,不为六者疑错于斧钺,不为六者益损于禄赏。若此,则远近一心;远近一心,则众寡同力;众寡同力;则战可以必胜,而守可以必固。非以并兼攘夺也,以为天下政治也,此正天下之道也。

——《管子·重令》

[1] 器:贵重的宝器。本义指上古时期代表身份高低的青铜礼器,后来逐渐泛指贵重的珍宝。

[2] 要:重要。

[3] 亏:缺损,减少。

[4] 益:增加。

[5] 留:扣留。

[6] 唯令是视:一切都只看法令行事。

[7] 经:常,常式,法则。

[8] 察:考察。身:自身。

[9] 诬:欺瞒。

[10] 阿(ē婀):曲从,迎合。

[11] 尚:喜欢,爱好。

[12] 离:通"罹",遭遇。

[13] 过:超过。

[14] 侈:超过。

[15] 便辟(pián bì 翩必):同"便嬖",指通过阿谀逢迎得到君主宠信的近臣。

[16] 用:服从。

[17] 待:依靠。

[18] 近者:君主亲近的人。胜:克制,制服。

[19] 二三:时二时三,反覆无定。《诗·卫风·氓》:"士也罔极,二三其德。"

[20] 能:此处指有能力的人。受:同"授"。《韩非子·外储说左上》:"因能而受官。"

[21] 当:适应。与……相称。

[22] 诡:违法,违背。

[23] 必:坚决,坚定不移地执行。

[24] 阵士:临阵的战士。死:为……而死。制:君王的命令。

[25] 轻:轻视,蔑视。

[26] 完:保全,使完整。

[27] "威有"二句:威势,有能与(自己)并立的(国家);军事,有能与(自己)抗争的(国家)。

[28] 怀:安抚。

[29] 一:使一致。

[30] 斧钺:指刑罚。

法　法

〔解题〕法法,就是要按照法的要求来执法。如何达到依法执法?文章谈到几个重要的观点。一是身先行令,要保证法度的执行,君主自身必须接受法度的约束。囿于时代限制,先秦法家不可能将君权置于法律之下,但在要用法律限制约束君主这一点上,先秦法家各流派则是一致赞同的。法家所谓明主、圣王,基本都能正确立法并依法执法。二是依法执法,不但要有法可依,而且法度的制定和执行都必须符合法度,正如今天所谓的"程序正义"。君主的赏罚必须按照规定的程序来执行,不功而赏、不教而诛都是乱国的根源。而符合大道的法律制度、严明的号令、周密的赏罚是导正人民的原则。三是法律有客观存在的独立性,文章用巧妙的比喻来说明,法虽然是由人所制定的,但并不必须以人的意志来转移,宪律制度所效法的是"道",因而与"道"一样成为明君圣王不得不遵循的规范,治国必依法。四是治国以公,君主与臣下相与治国,要想臣下忠直有能,君主首先就须"公国一民",君主的权与势,只能为公而不能为私。所以要做明君,社稷比亲人重要,法令比个人欲望重要,威严比宝物重要,法律比人民重要。

不法法[1],则事毋常[2];法不法[3],则令不行。令而不行,则令不法也;法而不行,则修令者不审也[4];审而不行,则赏罚轻也;重而不行,则赏罚不信也;信而不行,则不以身先之也[5]。故曰：禁胜于身[6]，则令行于民矣。

闻贤而不举，殆[7]；闻善而不索，殆；见能而不使，殆；亲人而不固，殆；同谋而离，殆；危人而不能，殆；废人而复起，殆；可而不为，殆；足而不施，殆；几而不密，殆。人主不周密，则正言直行之士危；正言直行之士危，则人主孤而毋内[8]；人主孤而毋内，则人臣党而成群。使人主孤而毋内、人臣党而成群者，此非人臣之罪也，人主之过也。

民毋重罪，过不大也，民毋大过，上毋赦也。上赦小过，则民多重罪，积之所生也。故曰：赦出则民不敬，惠行则过日益。惠赦加于民，而囹圄虽实，杀戮虽繁，奸不胜矣。故曰：邪莫如蚤禁之[9]。赦过遗善，则民不励。有过不赦，有善不遗，励民之道，于此乎用之矣。故曰：明君者，事断者也[10]。

君有三欲于民，三欲不节，则上位危。三欲者何也？一曰求，二曰禁，三曰令。求必欲得，禁必欲止，令必欲行。求多者，其得寡；禁多者，其止寡；令多者，其行寡。求而不得，则威日损；禁而不止，则刑罚侮；令而不行，则下凌上。故未有能多求而多得者也，未有能多禁而多止者也，未有能多令而多行者也。故曰：上苛则下不听，下不听而强以刑罚，则为人上者众谋矣。为人上而众谋之，虽欲毋危，不可得也。号令已出又易之，礼义已行又止之；度量已制又迁之，刑法已错又移之。如是，则庆赏虽重，民不劝也；杀戮虽繁，民不畏也。故曰：上无固植[11]，下有疑心；国无常经，民力必竭，数也。

明君在上位，民毋敢立私议自贵者，国毋怪严，毋杂俗，毋异礼，士毋私议。倨傲易令，错仪画制，作议者尽诛。故强者折，锐者挫，坚者破。引之以绳墨，绳之以诛僇[12]，故万民之心皆服而从上，推之而往，引之而来。彼下有立其私议自贵，分争而退者，则令自此不行矣。故曰：私议立则主道卑矣。况主倨傲易令,错仪画制,变易风俗,诡服殊说犹立。上不行君令,下不合于乡里,变更自为,易国之成俗者,命之曰不牧之民。不牧之民,绳之外也;绳之外诛。使贤者食于能,斗士食于功。贤者食于能,则上尊而民从;斗士食于功,则卒轻患而傲敌。上尊而民从,卒轻患而傲敌。二者设于国,则天下治而主安矣。

凡赦者,小利而大害者也,故久而不胜其祸。毋赦者,小害而大利者也,故久而不胜其福。故赦者,奔马之委辔[13];毋赦者,痤疽之砭石也[14]。爵不尊、禄不重者,不与图难犯危,以其道为未可以求之也。是故先王制轩冕所以著贵贱,不求其美;设爵禄所以守其服,不求其观也。使君子食于道,小人食于力。君子食于道,则上尊而民顺;小人食于力,则财厚而养足。上尊而民顺,财厚而养足,四者备体,则胥足上尊时而王[15],不难矣。文有三侑[16],武毋一赦。惠者,多赦者也,先易而后难,久而不胜其祸;法者,先难而后易,久而不胜其福。故惠者,民之仇雠也;法者,民之父母也。太上以制制度,其次失而能追之,虽有过,亦不甚矣。

……

令未布而民或为之[17],而赏从之,则是上妄予也[18]。上妄予,则功臣怨;功臣怨,而愚民操事于妄作[19];愚民操事于妄作,则大乱之本也。令未布而罚及之,则是上妄诛也[20]。上妄诛,则民轻生[21];民轻生,则暴人兴、曹党起而乱贼作矣[22]。令已布而赏不从,则是使民不劝勉、不行制、不死节[23]。民不劝勉、不行制、不死节,则战不胜而守不固;战不胜而守不固,则国不安矣。令已布而罚不及,则是教民不听[24]。民不听,则强者立;强者立,则主位危矣。故曰:宪律制度必法道[25],号令必著明,赏罚必信密[26],此正民之经也[27]。

凡大国之君尊,小国之君卑。大国之君所以尊者,何也?曰:为之用者众也。小国之君所以卑者,何也?曰:为之用者寡也。然则为之用者众则尊,为之用者寡则卑,则人主安能不欲民之众为己用也?使民众为己用,奈何?曰:法立令行,则民之用者众矣;法不立,令不行,则民之用者寡矣。故法之所立、令之所行者多,而所废者寡,则民不诽议;民不诽议,则听从矣。法之所立,令之所行,与其所废者钧[28],则国毋常经;国毋常经,则民妄行矣。法之所立、令之所行者寡,而所废者多,则民不听;民不听,则暴人起而奸邪作矣。

计上之所以爱民者,为用之爱之也。为爱民之故,不难毁法亏令,则是失所谓爱民矣。夫以爱民用民,则民之不用明矣。夫至用民者,杀之危之,劳之苦之,饥之渴之;用民者将致之此极也,而民毋可与虑害己者,明王在上,道法行于国,民皆舍所好而行所恶。故善用民者,轩冕不下拟[29],而斧钺不上因[30]。如是,则贤者劝而暴人止[31]。贤者劝而暴人止,则功名立其后矣。蹈白刃,受矢石,入水火,以听上令;上令尽行,禁尽止。引而使之,民不敢转其力;推而战之,民不敢爱其死。不敢转其力,然后有功;不敢爱其死,然后无敌。进无敌,退有功,是以三军之众皆得保其首领,父母妻子完安于内。故民未尝可与虑始,而可与乐成功。是故仁者、知者、有道者,不与大虑始[32]。

……

政者,正也。正也者,所以正定万物之命也。是故圣人精德立中以生正,明正以治国。故正者,所以止过而逮不及也。过与不及也,皆非正也;非正,则伤国一也。勇而不义伤兵,仁而不法伤正。故军之败也,生于不义;法之侵也,生于不正。

故言有辨而非务者[33],行有难而非善者[34]。故言必中务,不苟为辩;行必思善,不苟为难。

规矩者[35],方圜之正也[36]。虽有巧目利手,不如拙规矩之正方圜也[37]。故巧者能生规矩,不能废规矩而正方圜。虽圣人能生法,不能废法而治国。故虽有明智高行,倍法而治,是废规矩而正方圜也。

……

凡民从上也,不从口之所言,从情之所好者也;上好勇,则民轻死;上好仁,则民轻财。故上之所好,民必甚焉。是故明君知民之必以上为心也,故置法以自治,立仪以自正也。故上不行,则民不从;彼民不服法死制,则国必乱矣。是以有道之君,行法修制,先民服也[38]。

凡论人有要:矜物之人[39],无大士焉[40]。彼矜者,满也;满者,虚也。满虚在物,在物为制也。矜者,细之属也[41]。凡论人而远古者,无高士焉。既不知古而易其功者,无智士焉。德行成于身而远古,卑人也。事无资,遇时而简其业者,愚士也。钓名之人,无贤士焉。钓利之君,无王主焉。贤人之行其身也,忘其有名也;王主之行其道也,忘其成功也。贤人之行,王主之道,其所不能已也。

明君公国一民以听于世[42],忠臣直进以论其能[43]。明君不以禄爵私所爱,忠臣不诬能以干爵禄[44]。君不私国,臣不诬能,行此道者,虽未大治,正民之经也。今以诬能之臣事私国之君,而能济功名者,古今无之。诬能之人易知也。臣度之先王者,舜之有天下也,禹为司空[45],契为司徒[46],皋陶为李[47],后稷为田[48]。此四士者,天下之贤人也,犹尚精一德以事其君。今诬能之人,服事任官,皆兼四贤之能。自此观之,功名之不立,亦易知也。故列尊禄重[49],无以不受也;势利官大,无以不从也;以此事君,此所谓诬能篡利之臣者也。世无公国之君,则无直进之士;无论能之主,则无成功之臣。昔者三代之相授也,安得二天下而杀之[50]。

……

明君不为亲戚危其社稷,社稷戚于亲[51];不为君欲变其令[52],令尊于君;不为重宝分其威,威贵于宝;不为爱民亏其法,法爱于民。

——《管子·法法》

[1] 不法法:第一个法是依据或按照法度,第二个法是法度。意为不按照法的方式来推行法度,"法法"可以理解为今天的"依法执法"。

[2] 常:规矩,规则。

[3] 法不法:推行法度却不按照合法的方式。

[4] 审:审慎,慎重。

[5] 身:自身。此处指君主自身。

[6] 胜:克制,制服。

[7] 殆:危险。

[8] 内:同"纳",结交。

[9] 蚤:通"早"。

[10] 事:从事于,掌管。断:裁断,判断。

[11] 植:树立,此处作名词。

[12] 僇:通"戮",杀。

[13] 委辔:脱缰。

[14] 雎:通"疽"。痤疽:痈疽,毒疮。矿石:应指砭石,古代用来治病的石头。

[15] 胥:相,互相。

[16] 侑(yòu 又):通"宥",宽恕。

[17] 或:有时,偶然。

[18] 妄:胡乱。予:给予。

［19］操：从事。

［20］诛：惩罚，责罚。

［21］轻：看轻，轻视。

［22］暴人：凶暴的人。曹：等，辈。曹党意为朋党。作：起始，兴起。

［23］行制：执行君主的命令。死节：为节操而死。

［24］听：听从。

［25］法：效法。道：是中国古代哲学的重要哲学范畴，不同学派对之有不同的理解和解释。《管子·君臣上》："道也者，上之所以导民也。是故道德出于君，制令传于相，事业程于官。""道也者，万物之要也。为人君者，执要而待之。"由此，《管子》的道，接近《道德经》所谓天道，是君主亦不得不效法的最高规范。

［26］信：信实。密：周密。

［27］正：使端正，整顿。经：常法，原则。

［28］钧：通"均"，平均。

［29］轩冕：古代大夫以上乘坐的车子为轩，卿大夫以上戴的礼帽为冕，有时借指官位爵禄。此句指赏赐官位爵禄不向下打折扣。

［30］斧钺不上因：意为实施刑罚不向上增加。

［31］劝：受到鼓励；奋勉。

［32］大：众。

［33］辨：通"辩"，言语动听，口才好。务：重要事情。

［34］"故言有辨"二句：意为所以言语动听却说不到要务，行为恭敬却并非善良。难（nǎn赧），通"戁"，恭敬，惶恐。

［35］规：圆规，画圆形或校正圆形的用具。矩：画方形或直角的用具，曲尺。

［36］圜：通"圆"。圆形。正：使端正，整。

［37］拙：粗劣。

［38］先：先于，在之前。服：行，从事。

［39］矜物：恃才傲物。

［40］大士：德行高尚的人。

［41］细：细小，渺小。

〔42〕公国:以公治国。一民:统一民众。听:处理,治理。

〔43〕直:正直。进:进取。论:判定。

〔44〕诬:不实。能:才能。干:求取。

〔45〕司空:官职名。据《史记·夏本纪》,舜以禹为司空,主管治水。

〔46〕契(xiè谢):人名,商朝的始祖。司徒:官职名。契辅佐禹治水有功,舜以之为司徒,教百姓以伦理。

〔47〕李:通"理",理官,掌管刑法。

〔48〕后稷:周朝的始祖,名叫弃,尧舜时为农师,教民耕种,舜号之为"后稷"。田:田官。

〔49〕列:位次,地位。

〔50〕二:第二个,另一个。

〔51〕戚:亲近,亲密。

〔52〕欲:欲望。

任 法

[解题] 本文是体现管子法治思想的重要篇章,全文集中论述了治国必须依靠法律的观点。法是天下的至道,即使是仁义礼乐也是出自于法,是不论君臣、上下、贵贱都必须遵循践行的,君臣、上下、贵贱都遵行法,就能达到国家大治。君主依靠法来治国,就可以垂衣拱手而天下大治;百姓的行为有了规范,就可以听从号令;官吏就能服从权威,不敢犯上作乱。只要法度严明,就能使上下有序,国家安定。而君主想要用好法,必须占据好所处的位置,掌握好手上的权柄。掌握好权位,有助于法令的贯彻。但管子同时又强调了君主须"自禁",即君主自身也须在法令之下行事,否则就会失去所拥有的权柄。守法为公,背法为私,君主如果奉公以法,则臣民百姓听从号令、遵纪守法;君主如果因私乱法,则臣民百姓各谋私利、损公肥私。

圣君任法而不任智[1],任数而不任说[2],任公而不任私,任大道而不任小物,然后身佚而天下治[3]。失君则不然,舍法而任智,故民舍事而好誉;舍数而任说,故民舍实而好言;舍公而好私,故民离法而妄行;舍大道而任小物,故上劳烦,百姓迷惑,而国家不治。圣君则不然,守道要,处佚乐,驰骋弋猎,钟鼓竽瑟,宫中之乐,无禁圉也[4]。不思不虑,不忧不图,利身体,便形躯,养寿命,垂拱而天下治[5]。是故人主有能用其道者,不事心,不劳意,不动力,而土地自辟,囷仓自实[6],

蓄积自多,甲兵自强,群臣无诈伪,百官无奸邪,奇术技艺之人莫敢高言孟行以过其情、以遇其主矣[7]。

昔者尧之治天下也,犹埴之在埏也[8],唯陶之所以为[9];犹金之在垆[10],恣冶之所以铸[11]。其民引之而来,推之而往,使之而成,禁之而止。故尧之治也,善明法禁之令而已矣。黄帝之治天下也,其民不引而来,不推而往,不使而成,不禁而止。故黄帝之治也,置法而不变,使民安其法者也。

所谓仁义礼乐者,皆出于法。此先圣之所以一民者也。《周书》曰:"国法,法不一,则有国者不祥;民不道法[12],则不祥;国更立法以典民[13],则不祥;群臣不用礼义教训[14],则不祥;百官服事者离法而治,则不祥。"故曰:法者不可不恒也,存亡治乱之所以出,圣君所以为天下大仪也[15]。君臣上下贵贱皆发焉[16],故曰"法"。

古之法也,世无请谒任举之人[17],无间识博学辩说之士[18],无伟服[19],无奇行,皆囊于法以事其主[20]。故明王之所恒者二:一曰明法而固守之,二曰禁民私而收使之[21],此二者主之所恒也,夫法者,上之所以一民使下也;私者,下之所以侵法乱主也。故圣君置仪设法而固守之,然故谌杵习士闻识博学之人不可乱也[22],众强富贵私勇者不能侵也[23],信近亲爱者不能离也,珍怪奇物不能惑也,万物百事非在法之中者不能动也。故法者,天下之至道也,圣君之实用也。

今天下则不然,皆有善法而不能守也。然故谌杵习士闻识博学之士能以其智乱法惑上,众强富贵私勇者能以其威犯法侵陵,邻国诸侯能以其权置子立相[24],大臣能以其私附百姓[25],剪公财以禄私士。凡如是而求法之行,国之治,不可得也。

圣君则不然,卿相不得剪其私,群臣不得辟其所亲爱[26],圣君亦明其法而固守之,群臣修通辐凑以事其主[27],百姓辑睦听令道法以从其事[28]。故曰:有生法,有守法,有法于法。夫生法者,君也;守法者,臣也;法于法者,民也。君臣上下贵贱皆从法,此谓为大治。

故主有三术:夫爱人不私赏也,恶人不私罚也,置仪设法以度量断者[29],上主也。爱人而私赏之,恶人而私罚之,倍大臣,离左右,专以其心断者,中主也。臣有所爱而为私赏之,有所恶而为私罚之,倍其公法,损其正心,专听其大臣者,危主也。故为人主者,不重爱人,不重恶人;重爱曰失德,重恶曰失威。威德皆失,则主危也。

故明王之所操者六:生之、杀之、富之、贫之、贵之、贱之。此六柄者,主之所操也。主之所处者四[30]:一曰文,二曰武,三曰威,四曰德。此四位者,主之所处也。借人以其所操,命曰夺柄[31];借人以其所处,命曰失位。夺柄失位,而求令之行,不可得也。法不平,令不全,是亦夺柄失位之道也。故有为枉法,有为毁令,此圣君之所以自禁也。故贵不能威,富不能禄,贱不能事,近不能亲,美不能淫也。植固而不动,奇邪乃恐,奇革而邪化[32],令往而民移[33]。故圣君失度量,置仪法,如天地之坚,如列星之固,如日月之明,如四时之信,然故令往而民从之。而失君则不然,法立而还废之,令出而后反之,枉法而从私,毁令而不全。是贵能威之,富能禄之,贱能事之,近能亲之,美能淫之也。此五者不禁于身,是以群臣百姓人挟其私而幸其主[34],彼幸而得之,则主日侵。彼幸而不得,则怨日产。夫日侵而产怨,此失君之所慎也。

凡为主而不得用其法,不适其意[35],顾臣而行[36],离法而听贵臣,此所谓贵而威之也。富人用金玉事主而来焉,主离法而听之,此所谓富而禄之也。贱人以服约卑敬悲色告诉其主[37],主因离法而听之,所谓贱而事之也。近者以逼近亲爱有求其主,主因离法而听之,此所谓近而亲之也。美者以巧言令色请其主,主因离法而听之,此所谓美而淫也。

治世则不然,不知亲疏、远近、贵贱、美恶,以度量断之。其杀戮人者不怨也,其赏赐人者不德也[38]。以法制行之,如天地之无私也,是以官无私论,士无私议,民无私说,皆虚其匈以听于上[39]。上以公正论,以法制断,故任天下而不重也。今乱君则不然,有私视也,故有不见也;有私听也,故有不闻也;有私虑也,故有不知也。夫私者,壅蔽失位之道也[40]。上舍公法而听私说,故群臣百姓皆设私立方以教于国[41],群党比周以立其私,请谒任举以乱公法,人用其心以幸于上。上无度量以禁之,是以私说日益,而公法日损,国之不治,从此产矣。

夫君臣者,天地之位也;民者,众物之象也。各立其所职以待君令,群臣百姓安得各用其心而立私乎?故遵主令而行之,虽有伤败,无罚;非主令而行之,虽有功利,罪死。然故下之事上也,如响之应声也[42];臣之事主也,如影之从形也。故上令而下应,主行而臣从,此治之道也。夫非主令而行,有功利,因赏之,是教妄举也;遵主令而行之,有伤败,而罚之,是使民虑利害而离法也。群臣百姓人虑利害,而以其私心举措,则法制毁而令不行矣。

——《管子·任法》

[1] 任:凭借,依靠。

[2] 任数而不任说:依靠实际的数据而不依靠口头的言说。数,数目,数量。

[3] 佚:安乐,安闲。

［4］圉:禁。

［5］垂拱:垂衣拱手,比喻无所作为。

［6］囷(qūn逡):圆形的粮仓。

［7］高:夸大。孟:通"猛",勇猛。过:超过,夸张。

［8］埏埴:和泥制作陶器。埴(zhí直),黏土。埏(shān山),以水和土。

［9］陶:陶工。

［10］垆:通"炉",火炉。

［11］恣:任凭,听任。冶:冶工。

［12］道:遵循。

［13］更:改变。典:掌管。

［14］教训:教化训诫。

［15］仪:标准,典范。

［16］发:行,做。

［17］请谒:私下告求。任举:担保举荐。

［18］间:杂乱。

［19］伟:特异。

［20］囊:囊括,包括。

［21］收:管束。

［22］谌(chén陈)杵:假装真诚的奸诈之人,一说应为"堪材",材力强盛能任事者。习士:习法之士。

［23］众:人多。侵:侵凌,侵犯。

［24］置:立,设立。

［25］附:使依附。

［26］辟(bì弊):任用。

［27］辐凑:车辐凑集于车毂,比喻人或物向一个中心集中。

［28］辑睦:和睦,协和。

［29］断:决断。

［30］处:占有。

［31］命:命名。柄:权柄。

[32] 植:所树立的。革、化:改变,变化。

[33] 移:变化,改变。

[34] 幸:宠幸,受宠幸。

[35] 适:适应。

[36] 顾:看。

[37] 服约:屈服隐约。

[38] 德:感激。

[39] 匈:同"胸","胸"的古字。

[40] 壅蔽:阻塞蒙蔽。

[41] 设私立方:设立私人的言论。

[42] 响:回声,回响。

以礼御民

[解题] 题目系选注者所拟。晏子(前578—前500),名婴,字仲,谥平,常被称为平仲。夷维(今山东高密)人,春秋时期齐国名臣,历齐灵公、庄公、景公三朝,辅政长达五十余年,为人机敏智慧,善于外交,有政治远见。《晏子春秋》是记叙晏婴言行的一部书。全书共八卷,分内篇、外篇两部分,内篇分谏上、谏下、问上、问下、杂上、杂下六篇,外篇分上、下二篇。本处所选,是晏子对齐景公强调礼的作用,明确礼是管理人民、治理国家的根本方法。

景公登射[1],晏子修礼而侍。公曰:"选射之礼[2],寡人厌之矣。吾欲得天下勇士与之图国。"晏子对曰:"君子无礼,是庶人也。庶人无礼,是禽兽也。夫臣勇多则弑其君,子力多则弑其长。然而不敢者,维礼之谓也。礼者,所以御民也。辔者,所以御马也。无礼而能治国家者,婴未之闻也。"景公曰:"善。"乃饬射[3]。更席以为上客[4],终日问礼。

——《晏子春秋·内篇谏下》

[1] 登射:举行射礼。
[2] 选射之礼:指大射礼。古代射礼分为大射、宾射、燕射、乡射四种。其中大射是天子、诸侯为选择祭祀的参与者而举行的,因此齐景公称之为选射之礼。
[3] 饬:谨慎,恭敬。
[4] 更席:更换坐席。

薄身厚民,约身广世

〔解题〕题目系选注者所拟。本文意在论述为政者需对自身严格要求,不能仅凭一己私欲任性而为,而应依法度、顺民意。

景公问晏子曰:"古之盛君,其行如何?"晏子对曰:"薄于身而厚于民,约于身而广于世。其处上也,足以明政行教,不以威天下。其取财也。权有无,均贫富,不以养嗜欲。诛不避贵,赏不遗贱,不淫于乐,不遁于哀,尽智导民而不伐焉,劳力事民而不责焉。政尚相利,故下不以相害为行;教尚相爱,故民不以相恶为名。刑罚中于法,废置顺于民,是以贤者处上而不华,不肖者处下而不怨。四海之内,社稷之中,粒食之民,一意同欲。若夫私家之政,生有厚利,死有遗教,此盛君之行也。臣闻问道者更正,闻道者更容。今君税敛重,故民心离;市买悖,故商旅绝[1];玩好充,故家货殚[2]。积邪在于上,蓄怨藏于民;嗜欲备于侧,毁非满于国[3],而公不图。"公曰:"善。"于是令玩好不御[4],公市不豫[5],宫室不饰,业土不成[6],止役轻税,上下行之,而百姓相亲。

——《晏子春秋·内篇问上》

[1] 市买悖:交易不公平。
[2] "玩好充"二句:玩乐之物多而百姓日用之物少。
[3] 毁非:毁誉非议。

［4］御:使用。

［5］豫:通"与",参与,干涉。

［6］业土不成:正在修建的土木不再修建。业,筑墙板。

进不失廉,退不失行

〔**解题**〕题目系选注者所拟。本处所选,意在论述不论进而为官或退而为民,都应该对自己负责的事物公正,守则立法,始终保持廉洁的品质。

景公问晏子曰:"为君身尊民安,为臣事治身荣,难乎?易乎?"晏子对曰:"易。"公曰:"何若?"对曰:"为君节养其余以顾民,则身尊而民安。为臣忠信而无逾职业[1],则事治而身荣。"公又问:"为君何行则危?为臣何行则废?"晏子对曰:"为君厚藉敛而托之为民[2],进谗谀而托之用贤,远公正而托之不顺,君行此三者则危。为臣比周以求进[3],逾职业防下隐利而求多,从君不陈过而求亲,人臣行此三者则废。故明君不以邪观民,守则而不亏,立法仪而不犯,苟有所求于民,不以身害之。是故,刑政安于下,民心固于上。故察士不比周而进,不为苟而求[4],言无阴阳[5],行无内外,顺则进[6],否则退,不与上行邪,是以进不失廉,退不失行也。"

——《晏子春秋·内篇问上》

[1] 无逾职业:不逾越职守的权限范围。
[2] 藉敛:征收赋税。
[3] 比周以求进:结党营私以求升官进阶。
[4] 不为苟而求:不为不义之求。

〔5〕阴阳:阴奉阳违,不一致。
〔6〕进:进而为仕。

不持利以伤廉

〔**解题**〕题目系选注者所拟。本处所选,晏子在与叔向的对答中,表达了不论君子资质如何、自身进退如何,都应该持身端正、守则立法,始终保持廉洁的品质。

叔向问晏子曰[1]:"齐国之德衰矣,今子何若?"晏子对曰:"婴闻事明君者,竭心力以没其身,行不逮则退,不以诬持禄;事惰君者,优游其身以没其世,力不能则去,不以谀持危。且婴闻君子之事君也,进不失忠,退不失行。不苟合以隐忠,可谓不失忠;不持利以伤廉,可谓不失行。"叔向曰:"善哉,《诗》有之曰'进退维谷'[2],其此之谓欤?"

——《晏子春秋·内篇问下》

[1] 叔向:羊舌肸,春秋时期晋国大夫。
[2] 进退维谷:此处引自《诗·大雅·桑柔》,"谷"借为"穀",善,好。

以 礼 节 之

〔**解题**〕题目系选注者所拟。孔子(前551—前479),名丘,字仲尼,鲁国人,是儒家学派的创始人,中国古代最伟大的思想家、教育家。《论语》为儒家的重要经典,主要记录孔子及其弟子的言行,全书共20篇、492章。《论语》内容广博,涉及政治、教育、礼仪、经济、文学、天道观,认识论等,反映了孔子及原始儒家伦理体系最基本的思想。孔子思想的核心是"仁",而"仁"的外在表现则是"礼"。"礼"是孔子对前代思想及行为规范的总结,孔子又对其加以充实和发展,使其成为之后两千多年汉文化圈所共同尊奉的行为准则。在此意义上,中国传统的"礼"实际上包含了现代所谓法律的内容。"礼防未然,刑惩已失"(严复翻译《孟德斯鸠法意》中的按语),礼的价值追求是中国传统法的精神或灵魂所在(参见曾宪义、马小红主编《礼与法:中国传统法律文化总论》,中国人民大学出版社2012年版)。所以,古人之守礼,也就是守法。本处选文是孔子的学生有若对礼的理解,从他的话可以看出,虽然和谐是古代社会的理想,但不能为了和谐而和谐,必须用礼来节制,才能达到真正的和谐。礼的作用,是节制,体现了其"防未然"的特点。

有子曰:"礼之用,和为贵。先王之道,斯为美,小大由之。有所不行,知和而和,不以礼节之,亦不可行也。"

——《论语·学而》

齐之以礼

〔**解题**〕 题目系选注者所拟。此处选文,孔子将德、礼与政、刑放在矛盾的位置对举,体现出通常所认为的儒家与法家的区别,但同时也反映出礼、刑都是管理、整治社会的手段,都是今天所谓法律的一部分内容。

子曰:"道之以政[1],齐之以刑,民免而无耻;道之以德,齐之以礼,有耻且格[2]。"

——《论语·为政》

[1] 道:同"导",引导。
[2] 格:格心,亲近、归服、向往之心。《礼记·缁衣篇》:"夫民,教之以德,齐之以礼,则民有格心;教之以政,齐之以刑,则民有遁心。"一般认为,格心与遁心含义相对。

见利思义

〔**解题**〕题目系选注者所拟。儒家在修身的要求上讲究以德为先,本处所选章节论述如何具备完备的人格,孔子提到如果不能达到完美的境界,那么至少要做到恪守"义",重信诺。

子路问成人[1]。子曰:"若臧武仲之知、公绰之不欲、卞庄子之勇、冉求之艺,文之以礼乐,亦可以为成人矣。"曰:"今之成人者何必然?见利思义,见危授命,久要不忘平生之言[2],亦可以为成人矣。"

——《论语·宪问》

[1] 成人:完人,人格完备的人。
[2] 要:即约,穷困。

修 权

〔**解题**〕 商鞅(约前395—前338),战国时代政治家、改革家、思想家,法家代表人物,卫国国君的后裔,又称卫鞅、公孙鞅。因功获封于商、於,号为商君,故称之为商鞅。《商君书》也称《商子》,现存24篇,是商鞅及其后学的著作汇编,是法家学派的代表作之一。修权,即修整权力,全篇讨论君主应该如何使用权力。商鞅认为,治理好国家有三个要素:法度、信用、权力。权力掌握在君主手中,而法度和信用由君臣共同制定和遵从。三者之间互相制约。他强调法度的标准作用,不可轻易更改和违背。君主虽独自掌握权力,但必须尊重和臣下制定的法度。法度面前,人人平等,赏信刑必,赏与刑不因与君主的关系亲疏有所改变。他认为应该通过立法来明确公与私的界限,即使是君主,也应该"为天下位天下",意即君主手中的权力只能为公。所以,贤明的君主应该做到爱权重信、任法去私,这样才能上下齐心而没有缝隙、官吏顾民而没有蠹虫。商鞅所讲修权,其实是用法度和信用对君主的权力来加以限制,但在极端重视君主威权这一前提下,这种限制是否能成功,实依赖于君主本人是否能做到好法无私。商鞅有幸得遇秦孝公,在秦国立木为信,两次实施变法,"内立法度,严刑罚,饬政教,奸伪无所容"(西汉昭帝时御史大夫桑弘羊语,见桓宽《盐铁论·非鞅》),终于使秦国大治,从新兴的西鄙小国一跃成为战国七雄之一并最终统一天下。但同时,商鞅用法过于深刻严苛,也开启了秦国暴政之先声。

国之所以治者三：一曰法，二曰信，三曰权。法者，君臣之所共操也[1]；信者，君臣之所共立也；权者，君之所独制也，人主失守则危[2]。君臣释法任私必乱[3]，故立法明分[4]，而不以私害法，则治。权制独断于君则威。民信其赏，则事功成；信其刑，则奸无端[5]。惟明主爱权重信，而不以私害法。故上多惠言而不克其赏[6]，则下不用；数加严令而不致其刑，则民傲死[7]。凡赏者，文也；刑者，武也。文武者，法之约也[8]。故明主任法[9]。明主，不蔽之谓明，不欺之谓察。故赏厚而信，刑重而必[10]；不失疏远，不违亲近，故臣不蔽主，而下不欺上。

世之为治者，多释法而任私议，此国之所以乱也。先王县权衡[11]，立尺寸[12]，而至今法之，其分明也。夫释权衡而断轻重[13]，废尺寸而意长短[14]，虽察[15]，商贾不用，为其不必也。故法者，国之权衡。夫倍法度而任私议[16]，皆不知类者也[17]。不以法论知、能、贤、不肖者[18]，惟尧；而世不尽为尧。是故先王知自议誉私之不可任也，故立法明分，中程者赏之[19]，毁公者诛之。赏诛之法，不失其议，故民不争。不以爵禄便近亲[20]，则劳臣不怨[21]；不以刑罚隐疏远，则下亲上。故授官予爵不以其劳，则忠臣不进；行赏赋禄不称其功，则战士不用。凡人臣之事君也，多以主所好事君。君好法，则臣以法事君；君好言，则臣以言事君。君好法，则端直之士在前；君好言，则毁誉之臣在侧。

公私之分明，则小人不疾贤，而不肖者不妒功。故尧、舜之位天下也，非私天下之利也，为天下位天下也；论贤举能而传焉，非疏父子亲越人也，明于治乱之道也。故三王以义亲，五霸以法正诸侯[22]，皆非私天下之利也，为天下治天下。是故擅其名而有其功[23]，天下乐其政，而莫之能伤也。今乱世之君臣,区区然皆擅一国之利而管一官之重[24],以便其私,此国之所以危也。

故公私之交,存亡之本也。

夫废法度而好私议,则奸臣鬻权以约禄[25],秩官之吏隐下而渔民[26]。谚曰:"蠹众而木折[27],隙大而墙坏。"故大臣争于私而不顾其民,则下离上。下离上者,国之"隙"也。秩官之吏隐下以渔百姓,此民之"蠹"也。故有"隙"、"蠹"而不亡者,天下鲜矣。是故明王任法去私,而无"隙"、"蠹"矣。

——《商君书·修权》

[1] 操:操持,掌握。

[2] 失守:失去所保有之物,此处即指"权"。守,保有,保持。

[3] 任:放任,放纵。

[4] 明:明确。分:区分,界限。

[5] 端:开头,发端。

[6] 克:能够。此处意为实现、落实。

[7] 傲:轻视,瞧不起。

[8] 约:规约,规章。

[9] 任:任用,凭借。

[10] 必:坚决,坚定不移地执行。

[11] 县:同"悬",悬挂。权:秤锤。衡:秤杆。

[12] 立:确立。尺寸:长度单位,此处指长度的标准。

[13] 断:判断。

[14] 意:估计。

[15] 察:明察,此处指准确。

[16] 倍:通"背",背离。

[17] 类:法式,准则,事理。

[18] 知:同"智",智慧。

[19] 程:规格,标准。

[20]便:方便,便利。

[21]劳:功劳,功绩。

[22]正:治,治理。

[23]擅:占有,据有。

[24]区区然:渺小的样子。重:权利。

[25]鬻(yù):买,卖。

[26]秩官:常设官。渔:掠夺。

[27]蠹(dù):蛀虫。

刑不善而不赏善

〔解题〕题目系选注者所拟。本文反映了商鞅的重要思想，即法须以"重刑"为手段，以"惩恶"为目标，通过强调法律是不可触碰的底线，使民众害怕惩罚而"莫敢为非"，从而达到政治安定；同时强调，在好的法治环境下，即使是天性不善的人也能够匡正行为，不干坏事。商鞅提倡严刑重刑，后世褒贬不一。以今天眼光看，他所说的"民不敢"，其实是要求民众敬畏法律，把法律思想深植于心中，成为自觉。这段论述，对我们今天培养法治精神、建设法治社会是很有启发意义的。

国之乱也，非其法乱也，非法不用也。国皆有法，而无使法必行之法。国皆有禁奸邪、刑盗贼之法[1]，而无使奸邪、盗贼必得之法，为奸邪盗贼者死刑，而奸邪、盗贼不止者，不必得。必得而尚有奸邪、盗贼者，刑轻也，刑轻者，不得诛也；必得者，刑者众也。故善治者，刑不善而不赏善，故不刑而民善。不刑而民善，刑重也。刑重者，民不敢犯，故无刑也；而民莫敢为非，是一国皆善也，故不赏善而民善。赏善之不可也，犹赏不盗。故善治者，使跖可信[2]，而况伯夷乎[3]？不能治者，使伯夷可疑，而况跖乎？势不能为奸[4]，虽跖可信也；势得为奸，虽伯夷可疑也。

国或重治，或重乱。明主在上，所举必贤，则法可在贤。法可在贤，则法在下，不肖不敢为非，是谓重治。不明主在上，所举必不肖,国无明法,不肖者敢为非,是谓重乱。兵或重强,或重弱。民固欲战,又不得不战,是谓重强。民固不欲战,又得无战,是谓重弱。

明主不滥富贵其臣。所谓富者,非粟米珠玉也?所谓贵者,非爵位官职也?废法作私爵禄之,富贵。凡人主德行非出人也,知非出人也,勇力非过人也。然民虽有圣知,弗敢我谋;勇力,弗敢我杀;虽众,不敢胜其主;虽民至亿万之数,县重赏而民不敢争,行罚而民不敢怨者,法也。国乱者,民多私义;兵弱者,民多私勇。则削国之所以取爵禄者多涂[5];亡国之欲,贱爵轻禄。不作而食,不战而荣,无爵而尊,无禄而富,无官而长,此之谓奸民。

所谓"治主无忠臣,慈父无孝子",欲无善言,皆以法相司也,命相正也[6]。

——《商君书·画策》

[1] 刑:判刑;判罪。

[2] 跖(zhí直):盗跖。上古传说中名叫"跖"的大盗,在先秦典籍中有较多记载。《史记·伯夷列传》说他"日杀不辜,肝人之肉,暴戾恣睢,聚党数千人,横行天下"。

[3] 伯夷:商周时期的贤人。按《史记·伯夷列传》,伯夷、叔齐是孤竹君的两个儿子,谦让国君之位而投奔西伯昌(周文王姬昌),正逢文王死而武王伐纣,两人认为武王"以臣弑君",不仁,"义不食周粟",饿死首阳山。

[4] 势:形势。

[5] 涂:通"途",途径。

[6] "所谓"四句:意为所说的"善于治国的君主没有忠臣,慈爱的父亲没有孝子",因为他们不想听到好听的话,而是让大家用法律互相监督,用命令互相纠正。命,命令。

缘法而治

〔**解题**〕题目系选注者所拟。全篇强调法治的重要,只有缘法而治,才能国治地广、兵强主尊。

古者未有君臣、上下之时,民乱而不治。是以圣人列贵贱,制爵位,立名号,以别君臣上下之义。地广,民众,万物多,故分五官而守之。民众而奸邪生,故立法制、为度量以禁之。是故有君臣之义、五官之分、法制之禁,不可不慎也。

处君位而令不行,则危;五官分而无常,则乱;法制设而私善行,则民不畏刑。君尊则令行,官修则有常事,法制明则民畏刑。法制不明,而求民之行令也,不可得也。民不从令,而求君之尊也,虽尧、舜之知,不能以治。

明主之治天下也,缘法而治,按功而赏。凡民之所疾战不避死者,以求爵禄也。明君之治国也,士有斩首、捕虏之功,必其爵足荣也,禄足食也;农不离廛者[1],足以养二亲,治军事。故军士死节,而农民不偷也[2]。

今世君不然,释法而以知,背功而以誉。故军士不战,而农民流徙。臣闻:道民之门,在上所先。故民,可令农战,可令游宦,可令学问,在上所与。上以功劳与,则民战;上以《诗》、《书》与,则民学问,民之于利也,若水于下也,四旁无择也。民徒可以得利而为之者,上与之也。瞋目扼腕而语勇者得,垂衣裳而谈说者得,迟日旷久积劳私门者得——尊向三者,无功而皆可以得,民去农战而为之,或谈议而索之,或事便辟而请之,或以勇争之。故农战之民日寡,而游食者愈众,则国乱而地削,兵弱而主卑。此其所以然者,释法制而任名誉也。

故明主慎法制。言不中法者,不听也;行不中法者,不高也;事不中法者,不为也。言中法,则辩之;行中法,则高之;事中法,则为之。故国治而地广,兵强而主尊,此治之至也。人君者不可不察也。

——《商君书·君臣》

[1] 廛(chán 馋):一亩半,一家之居。
[2] 偷:苟且。

法任而国治

〔**解题**〕题目系选注者所拟。明主治国,不可以片刻忘掉法度。要用法度来禁止虚言,形成一个良好的社会舆论环境,以公共监督促成国家大治。

故有明主忠臣产于今世而散领其国者[1],不可以须臾忘于法。破胜党任,节去言谈,任法而治矣[2]。使吏非法无以守,则虽巧不得为奸;使民非战无以效其能,则虽险不得为诈[3]。夫以法相治,以数相举者,不能相益[4];訾言者[5],不能相损。民见相誉无益,相管附恶[6];见訾言无损,习相憎不相害也[7]。夫爱人者,不阿[8];憎人者,不害。爱恶各以其正,治之至也。臣故曰:法任而国治矣。

——《商君书·慎法》

[1]"散"字疑错入。

[2]"破胜"三句:意为打破战胜朋党凭恃,节制约束虚妄的言论,依照法治来统治。

[3]"使民"二句:意为使民众除了战争没有展现能力的地方,那么即使险恶的人也不能做出奸诈的事。

[4]"夫以"三句:意为用法来治国、用实效来推举人才,不能给人增加好处。

[5]訾(zī 兹)言:诋毁、非议的话。

[6]"民见"二句:意为民众看见互相说好话没什么好处,就会互相顾

及做坏事的情况。

〔7〕"见訾"二句:意为民众看见非议他人的话对他人并没有损害,就会习惯于憎恶人但是不损害人。

〔8〕阿(ē)婳:偏袒。

法为民之本

〔解题〕题目系选注者所拟。本处选文反映了商鞅的重要思想,阐明了法令对于治理国家与人民的重要性,是国家的根本。唯有人民都明法知法,通过法令来引导和约束人民的行为才能使天下大定,人民幸福。

法令者,民之命也,为治之本也,所以备民也。为治而去法令[1],犹欲无饥而去食也,欲无寒而去衣也,欲东而西行也,其不几亦明矣[2]。一兔走,百人逐之,非以兔为可分以为百,由名之未定也。夫卖兔者满市,而盗不敢取,由名分已定也。故名分未定,尧、舜、禹、汤且皆如鹜焉而逐之;名分已定,贫盗不取。今法令不明,其名不定,天下之人得议之。其议,人异而无定。人主为法于上,下民议之于下,是法令不定,以下为上也。此所谓名分之不定也。夫名分不定,尧、舜犹将折而奸之,而况众人乎?此令奸恶大起,人主夺威势,亡国灭社稷之道也。今先圣人为书而传之后世,必师受之,乃知所谓之名;不师受之,而人以其心意议之,至死不能知其名与其意。故圣人必为法令置官也,置吏也,为天下师,所以定名分也。名分定,则大诈贞信,民皆愿悫[3],而各自治也。故夫名分定,势治之道也;名分不定,势乱之道也。故势治者不可乱,势乱者不可治。夫势乱而治之,愈乱;势治而治之,则治。故圣王治治不治乱。

夫微妙意志之言,上知之所难也。夫不待法令绳墨,而无不正者,千万之一也。故圣人以千万治天下。故夫知者而后能知之,不可以为法,民不尽知。贤者而后知之,不可以为法,民不尽贤。故圣人为法,必使之明白易知,名正,愚知遍能知之[4];为置法官,置主法之吏,以为天下师,令万民无陷于险危。故圣人立,天下而无刑死者,非不刑杀也,行法令,明白易知,为置法官吏为之师,以道之知,万民皆知所避就,避祸就福,而皆以自治也。故明主因治而终治之,故天下大治也。

——《商君书·定分》

[1] 去:舍弃。
[2] 不几:没有希望,难以希求。
[3] 愿:谨慎。悫(què确):恭谨、朴实。
[4] 愚知:愚人与智者。

法　仪

[解题] 题目系选注者所拟。墨子(生卒年不详),名翟,春秋末期战国初期宋国人,一说鲁阳人,一说滕国人。墨子是宋国贵族目夷的后代,生前担任宋国大夫。他是墨家学派的创始人,也是战国时期著名的思想家、教育家、科学家、军事家。《墨子》十五卷,为墨子弟子对其言行的记录。本处所选体现了墨子的法律观,他认为治理天下应有法可循,且所立之法需包含"仁""公平"等要素,需体现出法律的公平与正义的特点。

子墨子曰:天下从事者,不可以无法仪[1]。无法仪而其事能成者,无有也。虽至士之为将相者皆有法,虽至百工从事者亦皆有法。百工为方以矩,为圆以规,直以绳,正以县[2]。无巧工不巧工,皆以此五者为法。巧者能中之,不巧者虽不能中,放依以从事[3],犹逾已[4]。故百工从事,皆有法所度。今大者治天下,其次治大国,而无法所度,此不若百工,辩也[5]。

然则奚以为治法而可?当皆法其父母奚若[6]?天下之为父母者众,而仁者寡,若皆法其父母,此法不仁也。法不仁,不可以为法。当皆法其学奚若[7]?天下之为学者众,而仁者寡,若皆法其学,此法不仁也。法不仁,不可以为法。当皆法其君奚若?天下之为君者众,而仁者寡,若皆法其君,此法不仁也。法不仁,不可以为法。故父母、学、君三者,莫可以为治法。

然则奚以为治法而可？故曰：莫若法天。天之行广而无私，其施厚而不德[8]，其明久而不衰，故圣王法之。

——《墨子·法仪》

[1] 法仪：法度准则。
[2] 县：即悬，测量垂直的器具。
[3] 放：仿。
[4] 逾己：超越自己，胜过自己。
[5] 辩：同辨，辨明，明白。
[6] 奚若：何如。奚，什么，何。
[7] 学：所学的对象，师长。
[8] 德：通"得"，获得。

议　法

　　〔解题〕题目系选注者所拟。荀子(约前313—前238),名况,字卿,战国末赵国人,继承和发展了儒家思想,提倡性恶论,主张人性有恶,否认天赋的道德观念,强调后天环境和教育对人的影响。荀子还重新整理了儒家典籍。荀子隆礼尊贤、重法爱民,被认为开了汉代儒法合流的先河,而被后世目为法家的韩非子和李斯都是他的学生。其著作《荀子》是战国后期最重要的儒家学派的著作。本处所选,是荀子认为法律必须要加以讨论,否则会有遗漏,使众人无可遵循。但能做到法而议的,只有道德高尚的君子。

　　故法而不议,则法之所不至者必废[1]。职而不通[2],则职之所不及者必队[3]。故法而议,职而通,无隐谋,无遗善,而百事无过,非君子莫能。故公平者,听之衡也[4];中和者,听之绳也[5]。其有法者以法行,无法者以类举[6],听之尽也;偏党而无经[7],听之辟也[8];故有良法而乱者,有之矣,有君子而乱者,自古及今,未尝闻也。《传》曰:"治生乎君子,乱生乎小人。"此之谓也。

——《荀子·王制》

[1] 法之所不至者:指法律没有涉及的地方。
[2] 职:制定了职责。通:沟通。

［3］队(zhuì坠)：同"坠"，丧失。

［4］衡：秤杆。

［5］绳：木匠用的墨线，引申为准绳、准则。

［6］类：具体的事例。

［7］偏党：偏私。经：常规。

［8］辟：通"僻"，邪僻，不正。

有　度[1]

〔**解题**〕韩非(？—前233)，战国末期韩国的公子，法家代表人物。其学术综合了商鞅的"法"、申不害的"术"和慎到的"势"并加以发展，强调法治和君主集权，是先秦法家的集大成者。《有度》是体现韩非子法治思想的重要篇章，文章论述了"奉法"是强国的关键，反对"私曲"、"私行"，施行"公法"才能国治兵强。文章认为，真正的明主不是依赖自身的个人能力，而是"使法择人"、"使法量功"。而文中提出的"法不阿贵"、"刑过不辟大臣，赏善不遗匹夫"更体现了法家提倡公平公正的一面。

　　国无常强，无常弱。奉法者强，则国强；奉法者弱，则国弱。荆庄王并国二十六，开地三千里；庄王之氓社稷也[2]，而荆以亡。齐桓公并国三十，启地三千里；桓公之氓社稷也，而齐以亡。燕襄王以河为境[3]，以蓟为国[4]，袭涿、方城，残齐，平中山，有燕者重，无燕者轻；襄王之氓社稷也，而燕以亡。魏安釐王攻燕救赵，取地河东；攻尽陶、魏之地；加兵于齐，私平陆之都[5]；攻韩拔管[6]，胜于淇下[7]；睢阳之事，荆军老而走[8]；蔡、召陵之事，荆军破；兵四布于天下，威行于冠带之国[9]；安釐王死而魏以亡。故有荆庄、齐桓公，则荆、齐可以霸；有燕襄、魏安釐，则燕、魏可以强。今皆亡国者，其群臣官吏皆务所以乱而不务所以治也。其国乱弱矣，又皆释国法而私其外，则是负薪而救火也，乱弱甚矣！

故当今之时,能去私曲就公法者[10],民安而国治;能去私行行公法者,则兵强而敌弱。故审得失有法度之制者,加以群臣之上,则主不可欺以诈伪;审得失有权衡之称者,以听远事,则主不可欺以天下之轻重。今若以誉进能[11],则臣离上而下比周[12];若以党举官,则民务交而不求用于法。故官之失能者其国乱。以誉为赏,以毁为罚也,则好赏恶罚之人,释公行,行私术,比周以相为也。忘主外交,以进其与[13],则其下所以为上者薄也。交众、与多,外内朋党,虽有大过,其蔽多矣[14]。故忠臣危死于非罪,奸邪之臣安利于无功。忠臣之所以危死而不以其罪,则良臣伏矣;奸邪之臣安利不以功,则奸臣进矣。此亡之本也。若是,则群臣废法而行私重,轻公法矣。数至能人之门,不一至主之廷;百虑私家之便,不一图主之国。属数虽多,非所尊君也;百官虽具,非所以任国也。然则主有人主之名,而实托于群臣之家也。故臣曰:亡国之廷无人焉。廷无人者,非朝廷之衰也;家务相益,不务厚国;大臣务相尊,而不务尊君;小臣奉禄养交,不以官为事。此其所以然者,由主之不上断于法,而信下为之也。故明主使法择人,不自举也;使法量功,不自度也。能者不可弊[15],败者不可饰,誉者不能进,非者弗能退,则君臣之间明辩而易治,故主雠法则可也[16]。

贤者之为人臣,北面委质[17],无有二心。朝廷不敢辞贱,军旅不敢辞难;顺上之为,从主之法,虚心以待令,而无是非也。故有口不以私言,有目不以私视,而上尽制之。为人臣者,譬之若手,上以修头,下以修足;清暖寒热,不得不救;镆铘传体[18],不敢弗搏,无私贤哲之臣,无私事能之士。故民不越乡而交,无百里之感[19]。贵贱不相逾,愚智提衡而立[20],治之至也。今夫轻爵禄,易去亡,以择其主,臣不谓廉。诈说逆法,倍主强谏,臣不谓忠。行惠施利,收下为名,臣不谓仁。离俗隐居,而以诈非上,臣不谓义。外使诸侯,内耗其国,伺其危险之陂[21],以恐其主曰:"交非我不亲,怨非我不解。"而主乃信之,以国听之。卑主之名以显其身,毁国之厚以利其家,臣不谓智。此数物者,险世之说也[22],而先王之法所简也[23]。先王之法曰:"臣毋或作威,毋或作利,从王之指;毋或作恶,从王之路。"古者世治之民,奉公法,废私术,专意一行,具以待任。

夫为人主而身察百官,则日不足,力不给。且上用目,则下饰观;上用耳,则下饰声;上用虑,则下繁辞。先王以三者为不足,故舍己能而因法数,审赏罚。先王之所守要[24],故法省而不侵[25]。独制四海之内,聪智不得用其诈,险躁不得关其佞,奸邪无所依。远在千里外,不敢易其辞;势在郎中[26],不敢蔽善饰非;朝廷群下,直凑单微[27],不敢相逾越。故治不足而日有余,上之任势使然之。

夫人臣之侵其主也,如地形焉,即渐以往[28],使人主失端,东西易面而不自知。故先王立司南以端朝夕。故明主使其群臣不游意于法之外,不为惠于法之内,动无非法。峻法,所以凌过游外私也;严刑,所以遂令惩下也。威不贰错,制不共门。威、制共,则众邪彰矣;法不信,则君行危矣;刑不断,则邪不胜矣。故曰:巧匠目意中绳,然必先以规矩为度;上智捷举中事,必以先王之法为比。故绳直而枉木断,准夷而高科削[29],权衡县而重益轻[30],斗石设而多益少。故以法治国,举措而已矣。法不阿贵,绳不挠曲[31]。法之所加,智者弗能辞,勇者弗敢争。刑过不辟大臣,赏善不遗匹夫。故矫上之失,诘下之邪,治乱决缪[32],绌羡齐非[33],一民之轨[34],莫如法。属官威民,退淫殆,止诈伪,莫如刑。刑重,则不敢以贵易贱；法审，则上尊而不侵。上尊而不侵，则主强而守要，故先王贵之而传之。人主释法用私，则上下不别矣。

——《韩非子·有度》

[1] 度：法度。

[2] 氓：通"泯"，灭，死。氓社稷：为社稷而死。

[3] 河：黄河。

[4] 蓟：古地名，在今北京西南。国：国都。

[5] 私：据为己有。平陆：在今山西运城。

[6] 管：地名，在今河南信阳。

[7] 淇：淇水，古黄河支流，在今河南北部。

[8] 老：疲惫。

[9] 冠带之国：冠带，帽子和衣服，冠带之国指有礼仪教化之国，主要指中原诸国。

[10] 私曲：偏私，不公正。

[11] 誉：声誉。

[12] 比周：结伙营私。

[13] 与：党与。

[14] "虽有"二句：意为虽然犯了大错误，为他隐藏掩护的人却很多。蔽，遮蔽，掩蔽。

[15] 弊：通"蔽"，遮蔽，埋没。

[16] 雠（chóu 愁）：相符，符合。

[17] 委质：人臣归顺君主时，屈膝而委体于地，引申为归顺。

[18] 镆铘：即莫邪，宝剑名。传体：指靠近身体。

[19] 慼：忧愁，忧伤。本句意为没有远道奔走的忧愁。

[20] 提衡：持物平衡，引申为相对、相等。

[21] 陂：此处似应为"际"，疑因篆文相似而误。

[22] 说：通"悦"，喜欢。本句意为险恶的世道所喜欢的。

[23] 简：怠慢，忽视。

[24] 守要：掌握关键。

〔25〕省:简明。

〔26〕势:通"暬"(xiè谢),狎近。郎中:近侍之官。

〔27〕直凑:直聚,聚合。单微:单独。

〔28〕即渐以往:指像地形一样逐渐变化。

〔29〕准:一种测定水平面的器具。夷:平,平坦。科:枝条。

〔30〕权:秤锤。衡:秤杆。县:同"悬"。

〔31〕挠:弯曲。

〔32〕缪:通"谬"。

〔33〕羡:有剩余。

〔34〕轨:法度,规矩。

智法之士

〔解题〕题目系选注者所拟。孤愤,是言能法之士因强毅劲直、不结交党与而孤立无援,有才而不得用,所以心内愤懑。所选此段描述了智术之士、能法之士与所谓"重人"的区别,点明智术与法术才是治国的根本。

智术之士,必远见而明察,不明察不能烛私[1];能法之士,必强毅而劲直,不劲直不能矫奸。人臣循令而从事,案法而治官[2],非谓重人也。重人也者,无令而擅为,亏法以利私,耗国以便家,力能得其君[3],此所为重人也。智术之士,明察听用[4],且烛重人之阴情;能法之士,劲直听用,且矫重人之奸行。故智术能法之士用,则贵重之臣必在绳之外矣[5]。是智法之士与当涂之人,不可两存之仇也[6]。

——《韩非子·孤愤》

[1] 烛私:洞烛其私,照见阴私。
[2] 案:依据。
[3] 力能得其君:谓能够得到君主的信任。
[4] 听用:听信,任用。
[5] 在绳之外:意指为法律所不容。
[6] 当涂之人:当权的人。涂:通"途",指仕途。

法术致治

〔解题〕题目系选注者所拟。本处所选以秦孝公重用商鞅、施行法术之治为例,说明法治可以使官吏和百姓不敢犯奸,从而国治兵强。今天来看,赏告奸,会产生巨大的负面影响,亦不可不慎。

古秦之俗,君臣废法而服私[1],是以国乱兵弱而主卑。商君说秦孝公以变法易俗,而明公道,赏告奸,困末作而利本事[2]。当此之时,秦民习故欲之有罪可以得免,无功可以得尊显也,故轻犯新法[3]。于是犯之者其诛重而必,告之者其赏厚而信。故奸莫不得而被刑者众[4],民疾怨而众过日闻[5]。孝公不听,遂行商君之法,民后知有罪之必诛,而私奸者众也,故民莫犯,其刑无所加。是以国治而兵强,地广而主尊。此其所以然者,匿罪之罚重,而告奸之赏厚也。此亦使天下必为己视听之道也。至治之法术已明矣[6],而世学者弗知也。

——《韩非子·奸劫弑臣》

[1] 服:任用,使用。
[2] 困:阻碍,限制。末作:指工商业。本事:指农业。
[3] 新法:指商君之法。
[4] 莫不得:无不被发现。被刑:受刑。

[5]疾:恨。过:责难。

[6]至治:大治。

彰 明 法 度

〔解题〕题目系选注者所拟。此处选文即申明"释法"的危害。君主如果不是以法度,而是以臣子之间的互相监督来约束臣下,就会造成党同伐异、毁誉难辨的混乱现象。因此,君主必须彰明法度,从而避免产生臣子专权独断、无功受赏、违法犯禁等行为。

人主之过,在已任在臣矣,又必反与其所不任者备之[1],此其说必与其所任者为雠,而主反制于其所不任者[2]。今所与备人者,且曩之所备也[3]。人主不能明法而以制大臣之威,无道得小人之信矣[4]。人主释法而以臣备臣[5],则相爱者比周而相誉[6],相憎者朋党而相非[7]。非誉交争,则主惑乱矣。人臣者,非名誉请谒无以进取[8],非背法专制无以为威,非假于忠信无以不禁[9]——三者,憯主坏法之资也[10]。人主使人臣虽有智能,不得背法而专制;虽有贤行,不得逾功而先劳[11];虽有忠信,不得释法而不禁——此之谓明法[12]。

——《韩非子·南面》

[1]"人主"三句:意为君主的过失,在于已经任命某人为臣下了,却返回来与没有被任命的人一起来防备他。过,过失。任,任命。反,返回。备,防备。

［2］"此其"二句:意为如此做则未被任用的人的说法一定和已被任用的人的说法不同,君主反而受制于他不任用的人。雠,同"仇",仇恨,仇怨。

［3］曩(nǎng囊上声):先前,过去。

［4］信:信任。

［5］释:放下,放弃。

［6］比周:勾结,结党营私。

［7］朋党:集团,派别。非:非难,认为不对。

［8］请谒:告求。

［9］假:假借。禁:禁令,法律。

［10］惛(hūn昏):迷乱,糊涂。资:凭借,依托。

［11］逾:越过,超过。劳:功劳。

［12］明:彰明。

刑罚不必,禁令不行

〔**解题**〕 题目系选注者所拟。文章是说君主所用的手段有七种,其二是"必罚明威",如果君主过于仁慈,那么就会损害自己的威信,使法律建立不起来。在解说里,文章通过十一个小故事,从多重角度来论述执法必严的原因和方法。其中很多观点,比如,以加大违法的成本来杜绝违法行为、不姑息养奸、加强法律的可执行性、不惜代价维护法律尊严等,对今天的法制建设仍然有参考意义。

经二:必罚
爱多者则法不立,威寡者则下侵上。是以刑罚不必则禁令不行。
……
说二:
董阏于为赵上地守[1],行石邑山中[2],见深涧,峭如墙,深百仞,因问其旁乡左右曰:"人尝有入此者乎?"对曰:"无有。"曰:"婴儿、盲聋、狂悖之人尝有入此者乎?"对曰:"无有。""牛马犬彘尝有入此者乎?"对曰:"无有。"董阏于喟然太息曰:"吾能治矣。使吾治之无赦,犹入涧之必死也,则人莫之敢犯也,何为不治?"

子产相郑,病将死,谓游吉曰[3]:"我死后,子必用郑,必以严莅人。夫火形严,故人鲜灼;水形懦,人多溺。子必严子之形,无令溺子之懦。"子产死。游吉不肯严形,郑少年相率为盗,处于萑泽[4],将遂以为郑祸。游吉率车骑与战,一日一夜仅能克之。游吉喟然叹曰:"吾蚤行夫子之教,必不悔至于此矣。"

鲁哀公问于仲尼曰:"《春秋》之记曰:'冬十二月陨霜不杀菽[5]。'何为记此?"仲尼对曰:"此言可以杀而不杀也。夫宜杀而不杀,桃李冬实。天失道,草木犹犯干之[6],而况于人君乎?"

殷之法,刑弃灰于街者。子贡以为重,问之仲尼。仲尼曰:"知治之道也。夫弃灰于街必掩人[7],掩人,人必怒,怒则斗,斗必三族相残也。此残三族之道也,虽刑之可也。且夫重罚者,人之所恶也;而无弃灰,人之所易也。使人行之所易,而无离所恶[8],此治之道也。"

一曰:殷之法,刑弃灰于公道者断其手。子贡曰:"弃灰之罪轻,断手之罚重,古人何太毅也[9]?"曰:"无弃灰,所易也;断手,所恶也。行所易,不关所恶,古人以为易,故行之。"

……

公孙鞅之法也重轻罪[10]。重罪者,人之所难犯也;而小过者,人之所易去也。使人去其所易,无离其所难,此治之道。夫小过不生,大罪不至,是人无罪而乱不生也。

一曰:公孙鞅曰:"行刑重其轻者,轻者不至,重者不来,是谓以刑去刑。"

荆南之地,丽水之中生金[11],人多窃采金。采金之禁:得而辄辜磔于市[12]。甚众,壅离其水也[13],而人窃金不止。大罪莫重辜磔于市,犹不止者,不必得也。故今有于此,曰:"予汝天下而杀汝身。"庸人不为也。夫有天下,大利也,犹不为者,知必死。故不必得也,则虽辜磔,窃金不止;知必死,则有天下不为也。

鲁人烧积泽[14]。天北风,火南倚,恐烧国。哀公惧,自将众趣救火[15]。左右无人,尽逐兽而火不救,乃召问仲尼。仲尼曰:"夫逐兽者乐而无罚,救火者苦而无赏,此火之所以无救也。"哀公曰:"善。"仲尼曰:"事急不及以赏。救火者尽赏之,则国不足以赏于人。请徒行罚。"哀公曰:"善。"于是仲尼乃下令曰:"不救火者比降北之罪[16],逐兽者比入禁之罪[17]。"令下未遍而火已救矣。

……

齐国好厚葬,布帛尽于衣衾[18],材木尽于棺椁。桓公患之,以告管仲曰:"布帛尽则无以为蔽,材木尽则无以为守备,而人厚葬之不休,禁之奈何?"管仲对曰:"凡人之有为也,非名之则利之也。"于是乃下令曰:"棺椁过度者戮其尸,罪夫当丧者[19]。"夫戮死无名,罪当丧者无利,人何故为之也?

卫嗣君之时[20],有胥靡逃之魏[21],因为襄王之后治病。卫嗣君闻之,使人请以五十金买之,五反而魏王不予,乃以左氏易之[22]。群臣左右谏曰:"夫以一都买胥靡,可乎?"王曰:"非子之所知也。夫治无小而乱无大。法不立而诛不必,虽有十左氏无益也;法立而诛必,虽失十左氏无害也。"魏王闻之,曰:"主欲治而不听之,不祥。"因载而往,徒献之[23]。

——《韩非子·内储说上七术》

[1] 董阏于(? —前496):董安于,字阏于,春秋时期晋国正卿赵简子家臣,为赵简子营造晋阳城。上地:指上党地区。

[2] 石邑:古地名,在今河北石家庄市西南。

[3] 游吉:子产的支持者,前522年继子产执政。

[4] 萑(huán 环)泽:芦苇丛生的沼泽,常指代盗贼出没处,或指代

盗贼。

[5] 菽(shū叔):豆;豆类。

[6] 犯干:违反,触犯。

[7] 掩:遮盖。此处指街上的灰蒙人眼目。

[8] 离:通"罹",遭遇。

[9] 毅:残酷,严厉。

[10] 重:看重。此处指对轻罪会加以重罚。

[11] 丽水:古代河流名称。

[12] 辜磔:分尸的酷刑。

[13] 壅离:阻塞使分开。

[14] 积泽:堆积柴草的草泽。

[15] 趣:通"促"。

[16] 降北:投降败逃。

[17] 入禁:擅入宫禁。

[18] 衣衾:装殓死者的衣服和被子。

[19] 罪:处罚。当丧者:主办丧事的人。

[20] 卫嗣君:即卫嗣公,卫国第41代国君,公元前334—公元前293在位,公元前330年,自行贬号为君。

[21] 胥靡:古代服劳役的刑徒。

[22] 左氏:卫国邑名,在今山东菏泽一带。

[23] 徒:白白地,指不要赎金。

行法不听左右

〔解题〕 题目系选注者所拟。本处选文讲述了韩昭侯与申子之间关于如何施行法度的探讨与实践,在明确法度不能受人情请托的同时,也表达了在上位者须以身作则、率先守法。

韩昭侯谓申子曰[1]:"法度甚不易行也。"申子曰:"法者,见功而与赏,因能而受官。今君设法度而听左右之请,此所以难行也。"昭侯曰:"吾自今以来,知行法矣,寡人奚听矣。"一日,申子请仕其从兄官[2]。昭侯曰:"非所学于子也。听子之谒[3],败子之道乎?亡其用子之谒。"申子辟舍请罪[4]。

——《韩非子·外储说左上》

[1] 韩昭侯:名武,战国时期韩国第六任君主,亦称韩釐侯、韩昭釐侯、韩昭僖侯。他任用申不害变法,使韩国国力大振。申子:申不害,原郑国人,韩灭郑以后在韩国为官,辅佐韩昭侯变法,是战国时期法家重要代表人物,著有《申子》。

[2] 从(zòng 纵)兄:堂兄。

[3] 谒:请求。

[4] 辟(bì 必)舍:避开正房,寝于他处,以示不敢宁居。

赏 罚 必 信

〔解题〕题目系选注者所拟。节选部分主要论述了"守信"的问题。"守信"是法家非常重要的观点,尤其强调奖赏和惩罚必须依约守信,这是法治的基础。

经六:小信成则大信立,故明主积于信。赏罚不信,则禁令不行。说在文公之攻原[1],与箕郑救饿也[2]。是以吴起须故人而食[3],文侯会虞人而猎[4]。故明主表信,如曾子杀彘也[5]。患在厉王击警鼓[6],与李悝谩两和也[7]。

说六:晋文公攻原,裹十日粮,遂与大夫期十日。至原十日,而原不下,击金而退,罢兵而去。士有从原中出者,曰:"原三日即下矣。"群臣左右谏曰:"夫原之食竭力尽矣,君姑待之。"公曰:"吾与士期十日,不去,是亡吾信也。得原失信,吾不为也。"遂罢兵而去。原人闻曰:"有君如彼其信也,可无归乎?"乃降公。卫人闻曰:"有君如彼其信也,可无从乎?"乃降公。孔子闻而记之曰:"攻原得卫者,信也。"

文公问箕郑曰:"救饿奈何?"对曰:"信。"公曰:"安信?"曰:"信名,信事,信义。信名则群臣守职,善恶不逾,百事不怠;信事则不失天时,百姓不逾;信义则近亲劝勉,而远者归之矣。"

吴起出,遇故人而止之食。故人曰:"诺。"期返而食。吴子曰:"待公而食。"故人至暮不来,起不食而待之。明日早,令人求故人。故人来,方与之食。

魏文侯与虞人期猎。明日,会天疾风,左右止文侯,不听,曰:"不可以风疾之故而失信,吾不为也。"遂自驱车往,犯风而罢虞人。

曾子之妻之市,其子随之而泣,其母曰:"女还[8],顾反为女杀彘。"妻适市来[9],曾子欲捕彘杀之。妻止之曰:"特与婴儿戏耳。"曾子曰:"婴儿非与戏也。婴儿非有知也,待父母而学者也,听父母之教。今子欺之,是教子欺也。母欺子,子而不信其母,非以成教也。"遂烹彘也。

楚厉王有警鼓与百姓为戒,饮酒醉,过而击之也。民大惊。使人止之曰:"吾醉而与左右戏击之也。"民皆罢。居数月,有警,击鼓而民不赴,乃更令明号而民信之。

李悝警其两和,曰:"谨警敌人,旦暮且至击汝。"如是者再三而敌不至,两和懈怠,不信李悝。居数月,秦人来袭之,至几夺其军。此不信患也。

一曰:李悝与秦人战,谓左和曰:"速上!右和已上矣。"又驰而至右和曰:"左和已上矣。"左右和曰:"上矣。"于是皆争上。其明年,与秦人战。秦人袭之,至几夺其军。此不信之患。

——《韩非子·外储说左上》

[1] 说:解说。即下文"说六"。晋文公(前671或前697—前628):姬姓,名重耳,春秋时期晋国国君,"春秋五霸"之一。原:原国,周初受封姬姓小国。

[2] 箕郑:即箕郑父,晋文公时为上将军。救饿:解救饥荒。

[3] 须:等待。

[4] 虞人:古代掌管山泽或者掌管围猎场所禽兽的官名。也泛指猎人。魏文侯(前472—前396),姬姓,魏氏,名斯,一名都,安邑(今山西夏县)

人,战国时期魏国开国君主。

[5] 曾子(前505—前435):名参(shēn申),字子舆,春秋末年鲁国南武城(今山东嘉祥)人,孔子的弟子之一,是儒家学派的重要代表人物。

[6] 厉王(前904年—前829):姬姓,名胡,周夷王燮之子,西周第十位君主,在位时间为前879—前843年,是周朝有名的暴君。

[7] 李悝(前455—前395):河南濮阳人,战国法家代表人物,曾为魏文侯相,在魏国变法。谩:欺骗。和:古代军队的营门。

[8] 女:同"汝",你。

[9] 适:去。

立法以废私

〔**解题**〕题目系选注者所拟。韩非子认为,私道是国家祸乱的根源,要断绝私道,就必须施行法律。

夫立法令者以废私也,法令行而私道废矣。私者所以乱法也。而士有二心私学[1]、岩居窞路[2]、托伏深虑[3],大者非世,细者惑下,上不禁,又从而尊之以名,化之以实[4],是无功而显,无劳而富也。如此,则士之有二心私学者,焉得无深虑、勉知诈、与诽谤法令以求索,与世相反者也。凡乱上反世者,常士有二心私学者也。故本言曰:"所以治者法也,所以乱者私也,法立,则莫得为私矣。"故曰:道私者乱,道法者治。上无其道,则智者有私词,贤者有私意。上有私惠,下有私欲,圣智成群,造言作辞,以非法措于上。上不禁塞,又从而尊之,是教下不听上、不从法也。是以贤者显名而居,奸人赖赏而富。贤者显名而居,奸人赖赏而富,是以上不胜下也。

——《韩非子·诡使》

[1] 二心:不专心。
[2] 岩居:指隐居不仕。窞:深坑。
[3] 托伏:以隐居为名。
[4] 化:同货,指与之以实利。

法平而国治

〔解题〕 题目系选注者所拟。本处所选,集中阐述了韩非子以利民为出发点的治国之策,他在文中提倡法术结合,明法以利民,以此达到天下大治。

饬令则法不迁[1],法平则吏无奸。法已定矣,不以善言售法[2]。任功则民少言,任善则民多言。行法曲断[3],以五里断者王,以九里断者强,宿治者削[4]。以刑治,以赏战。厚禄以周术。国无奸民,则都无奸市。物多末众[5],农弛奸胜,则国必削。民有余食,使以粟出爵,必以其力,则震不怠。三寸之管毋当[6],不可满也。授官爵出利禄不以功,是无当也。国以功授官与爵,此谓以成智谋,以威勇战,其国无敌。国以功授官与爵,则治见者省,言有塞,此谓以治去治,以言去言。以功与爵者也,故国多力而天下莫之能侵也。兵出必取,取必能有之;案兵不攻必当。朝廷之事,小者不毁,效功取官爵,廷虽有辟言[7],不得以相干也,是谓以数治[8]。以力攻者,出一取十;以言攻者,出十丧百。国好力,此谓以难攻;国好言,此谓以易攻。其能胜其害,轻其任,而道坏余力于心,莫负乘宫之责于君,内无伏怨,使明者不相干,故莫讼;使士不兼官,故技长;使人不同功,故莫争。言此谓易攻。重刑少赏,上爱民,民死赏;多赏轻刑,上不爱民,民不死赏。利出一空者,其国无敌;利出二空者,其兵半用;利出十空者,民不守。重刑明民,大制使人,则上利。行刑重其轻者,轻者不至,重者不来,此谓以刑去刑,罪重者刑轻,刑轻则事生,此谓以刑致刑,其国必削。

——《韩非子·饬令》

[1] 饬令:整饬法令。迁:改变。
[2] 售:当作"害"。
[3] 曲断:由下层决断公事。曲,当作"由"。
[4] 宿治:指案件不能得到及时处理。宿,拖延,停留。
[5] 末:指工商业。与"本"所指代的农业相对应。
[6] 当:底,器物的底部。
[7] 辟:驳斥。
[8] 数:典章制度。

植法退邪

〔**解题**〕题目系选注者所拟。吕不韦(前292—前235),卫国濮阳(今河南省安阳市滑县)人,战国末期著名政治家。吕不韦任秦国相国时,门下有食客三千人,使他们各著所闻,集为八览、六论、十二纪,共二十余万字,号为《吕氏春秋》,又称《吕览》。该书以探讨治国方略为主旨,以道家思想为主干,融合儒、墨、法、兵等各家思想。本处所选,意在论述君主治理天下的要义在于服从天性情理,而其中又强调了对法则的认识。一是法则是由君臣共同制定的;二是法则的作用在于斥退奸邪、贪婪之人。

凡朝也者[1],相与召理义也[2],相与植法则也[3]。上服性命之情[4],则理义之士至矣;法则之用植矣,枉辟邪挠之人退矣[5],贪得伪诈之曹远矣[6]。故治天下之要,存乎除奸;除奸之要,存乎治官;治官之要,存乎治道;治道之要,存乎治性命[7]。

——《吕氏春秋·审分览》

[1] 朝:觐见君主。
[2] 召:致,招致,招引。
[3] 植:立,制定。
[4] 性命:天性与天命。《易·乾》:"乾道变化,各正性命。"孔颖达疏:"性者,天生之质,若刚柔迟速之别;命者,人所禀受,若贵贱天寿之属也。"朱熹本义:"物所受为性,天所赋为命。"

［5］枉:弯曲。辟:通"僻",邪僻,不正。挠:弯曲。

［6］曹:辈,众人。

［7］治:懂得。性命:生命的天性。

制 节 谨 度

[解题] 题目系选注者所拟。《孝经》为儒家经典十三经之一,相传为孔子所著,但南宋以后学者普遍认为为孔子后学所作,成书于秦汉之际。全书共十八章。该书以孝为中心,集中阐述了儒家的政治伦理思想,并将道德伦理规范与社会法律法规相结合,对人的社会活动及道德修养进行约束与规范。本处所选,即对作为社会个体的人所需要具备的基本道德与行为规范进行了阐述,认为人需常存谦抑之心,奉公守法,谨记职守。

在上不骄[1],高而不危。制节谨度[2],满而不溢[3]。高而不危,所以长守贵也。满而不溢,所以长守富也。富贵不离其身,然后能保其社稷,而和其民人。盖诸侯之孝也。《诗》云:"战战兢兢,如临深渊,如履薄冰。"[4]

——《孝经·诸侯章》

[1] 骄:无礼为骄。

[2] 制节谨度:费用约俭谓之制节,慎行礼法谓之谨度。

[3] 溢:奢泰为溢。

[4] "战战兢兢"三句:见《诗·小雅·小旻》,言富贵不可骄溢,常须戒惧,故战战兢兢,常如临深履薄也。

知 礼 明 法

〔解题〕题目系选注者所拟。陆贾(约前240—前170),西汉初期的政治家、思想家。《新语》为其所著政论散文集,全书共计十二个章节。在《新语》中,陆贾主张"行仁义,法先圣",礼法结合,为西汉前期的统治思想奠立了一个基本模式。本处选自《新语·道基》,陆贾在其中提出一个简单的历史进化过程,并阐述了法与礼的萌生与在社会进程中所起到的作用。他认为,人民只有知礼明法,方能明是非好恶,舍弃奸邪贪鄙之心。

铄金镂木,分苞烧殖[1],以备器械,于是民知轻重,好利恶难,避劳就逸。于是皋陶乃立狱制罪[2],悬赏设罚,异是非,明好恶,检奸邪[3],消佚乱[4]。

民知畏法,而无礼义,于是中圣乃设辟雍庠序之教[5],以正上下之仪,明父子之礼,君臣之义,使强不凌弱,众不暴寡,弃贪鄙之心,兴清洁之行。

礼义不行,纲纪不立,后世衰废,于是后圣乃定五经,明六艺,承天统地,穷事察微,原情立本,以绪人伦,宗诸天地,纂修篇章,垂诸来世,被诸鸟兽,以匡衰乱,天人合策,原道悉备,智者达其心,百工穷其巧,乃调之以管弦丝竹之音,设钟鼓歌舞之乐,以节奢侈,正风俗,通文雅。

——《新语·道基》

［1］ 苞:草木的茎干或根。殖:脂膏久殖。

［2］ 皋陶(yáo尧):相传尧时,舜任他为掌管刑法的"理官",推行"五刑"、"五教",被后世奉为司法鼻祖。

［3］ 检:约束,制止。

［4］ 佚:通淫。

［5］ 辟雍:古代学宫,习礼仪之所。庠:乡学。序:学校。

法正民悫

〔**解题**〕题目系选注者所拟。汉文帝刘恒(前203—前157),在位时间为前180—前157年。汉高祖时,因生母不受宠,刘恒被封为代王,远离京城。吕后死后,周勃、陈平等人诛灭吕氏,迎立刘恒为帝。刘恒为人宽厚仁慈、恭敬简朴,即位以后励精图治,奉行无为而治、与民休息的政策,轻徭薄赋,并先后废除了收孥连坐和肉刑,使汉初诸吕之乱后政治稳定、经济繁荣。汉文帝与其子汉景帝的统治被并称为"文景之治"。

十二月,上曰:"法者,治之正也[1],所以禁暴而率善人也[2]。今犯法已论[3],而使毋罪之父母妻子同产坐之[4],及为收孥[5],朕甚不取。其议之。"有司皆曰:"民不能自治,故为法以禁之。相坐坐收[6],所以累其心[7],使重犯法,所从来远矣[8]。如故便。"上曰:"朕闻法正则民悫,罪当则民从[9]。且夫牧民而导之善者[10],吏也。其既不能导,又以不正之法罪之,是反害于民为暴者也。何以禁之?朕未见其便,其孰计之。"有司皆曰:"陛下加大惠,德甚盛,非臣等所及也。请奉诏书,除收孥诸相坐律令。"

——《史记·孝文本纪》

[1] 正:准则。

［2］率：引导。

［3］论：判罪，判决。

［4］同产：同母所生的兄弟姐妹。

［5］收帑(nú奴)：即"收孥"，帑，孥，妻子儿女。收孥是一种古代法律，一人犯罪，妻子儿女连坐，没收为官奴。

［6］相坐：即连坐，因牵连而被定罪。坐收：因连坐而收监入狱。

［7］累：束缚，捆绑。

［8］"使重"二句：使他们不敢轻易触犯法律，这种做法由来已久了。

［9］"朕闻"二句：意为朕听说法律公正则民众忠厚，论罪恰当则民众服从。正，公正，正义。愨(què却)，忠厚，诚实。

［10］牧：治理，统治。

晁错论法

〔解题〕题目系选注者所拟。《汉书》,是东汉时期的历史学家班固编撰,全书记述了自西汉汉高祖元年(前206)至新朝王莽地皇四年(23)共230年的史事,是中国第一部纪传体断代史,是继《史记》之后的又一部重要史书。班固(32—92),字孟坚,扶风安陵(今陕西咸阳东北)人,东汉著名史学家、文学家。晁错(前200—前154),西汉时期颍川(今河南禹州)人,曾从轵地张恢学习申商刑名,后又从济南伏生学习《尚书》,文帝时数次上疏言事。景帝时,晁错为御史大夫,因强行"削藩"而引发"七国之乱",被景帝腰斩。本处节选自前165年汉文帝诏贤良文学之士策问时晁错所对,晁错以此对为最优。

诏策曰"直言极谏",愚臣窃以五伯之臣明之[1]。臣闻五伯不及其臣,故属之以国[2],任之以事。五伯之佐之为人臣也,察身而不敢诬,奉法令不容私,尽心力不敢矜,遭患难不避死,见贤不居其上,受禄不过其量,不以亡能居尊显之位。自行若此,可谓方正之士矣。其立法也,非以苦民伤众而为之机陷也[3],以之兴利除害,尊主安民而救暴乱也。其行赏也,非虚取民财妄予人也,以劝天下之忠孝而明其功也。故功多者赏厚,功少者赏薄。如此,敛民财以顾其功,而民不恨者,知与而安己也[4]。其行罚也,非以忿怒妄诛而从暴心也[5],以禁天下不忠不孝而害国者也。故罪大者罚重,罪小者罚轻。

如此,民虽伏罪至死而不怨者,知罪罚之至,自取之也。立法若此,可谓平正之吏矣。法之逆者[6],请而更之,不以伤民;主行之暴者,逆而复之[7],不以伤国。救主之失,补主之过,扬主之美,明主之功,使主内亡邪辟之行,外亡骞污之名[8]。事君若此,可谓直言极谏之士矣。此五伯之所以德匡天下,威正诸侯,功业甚美,名声章明[9]。

——《汉书·晁错传》

[1] 五伯:指五霸。五霸具体所指各书不一,颜师古注《汉书》为:"伯读曰'霸'。此五霸谓齐桓、宋襄、晋文、秦穆、吴夫差也。"

[2] 属(zhǔ主):嘱托,托付。

[3] 机陷:有机关的陷阱。

[4] "敛民财"三句:意为收聚百姓之财以酬赏其功劳,百姓对此之所以不怨恨,因为知道付出了能使自己安定。顾,通"雇",付报酬。

[5] 从:通"纵",放纵。

[6] 逆:违背。

[7] 逆:反对。

[8] 骞:损害,损伤。

[9] 章:通"彰"。

法度制令,各因其宜

[解题] 题目系选注者所拟。《淮南子》,又名《淮南鸿烈》,是西汉淮南王刘安及其门客集体编写的一部哲学著作,该书在继承先秦道家思想的基础上,糅合了阴阳、墨、法和一部分儒家思想,"然其大较,归之于道。"(高诱《淮南子》序目)班固《汉书·艺文志》将其归入"杂家",《四库全书总目》亦归入"杂家",属于子部。刘安(前179—前122),汉高祖刘邦之孙,淮南厉王刘长之子。刘安好读书、喜文学、善文辞,招揽宾客方术之士达数千人,一起讲论道德、总统仁义,编著出此书,初名《鸿烈》,意为"大明道之言"(高诱《淮南子》序目)。后刘向对此书加以校订,命名为《淮南》。此处节选自《氾论训》,氾,意为广泛,本章内容是广泛阐述了世间古今的得失,以道为化,大归为一,因此名之为"氾论"。所选内容是以三代之事来说明法令制度应该根据时代的变化而加以变化调整。

故圣人制礼乐,而不制于礼乐。治国有常,而利民为本;政教有经,而令行为上。苟利于民,不必法古;苟周于事,不必循旧。夫夏、商之衰也,不变法而亡;三代之起也,不相袭而王。故圣人法与时变,礼与俗化。衣服器械,各便其用;法度制令,各因其宜。故变古未可非,而循俗未足多也。百川异源,而皆归于海;百家殊业,而皆务于治。王道缺而《诗》作,周室废,礼义坏,而《春秋》作。《诗》、《春秋》,学之美者也,皆衰世之造也，儒者循之，以教导于世，岂若三代之盛哉！以《诗》、《春秋》为古之道而贵之，又有未作《诗》、《春秋》之时。夫道其缺也，不若道其全也。诵先王之《诗》、《书》，不若闻得其言；闻得其言，不若得其所以言；得其所以言者，言弗能言也。

故道可道者，非常道也。周公事文王也，行无专制，事无由己，身若不胜衣，言若不出口，有奉持于文王，洞洞属属[1]，而将不能，恐失之，可谓能子矣。武王崩，成王幼少。周公继文王之业，履天子之籍，听天下之政，平夷狄之乱，诛管、蔡之罪，负扆而朝诸侯[2]，诛赏制断，无所顾问，威动天地，声慑四海，可谓能武矣。成王既壮，周公属籍致政，北面委质而臣事之，请而后为，复而后行，无擅恣之志，无伐矜之色，可谓能臣矣。故一人之身而三变者，所以应时矣。何况乎君数易世，国数易君，人以其位达其好憎，以其威势供嗜欲，而欲以一行之礼，一定之法，应时偶变，其所不能中权亦明矣。

故圣人所由曰道，所为曰事。道犹金石，一调不更；事犹琴瑟，每弦改调。故法制礼义者，治人之具也，而非所以为治也。故仁以为经，义以为纪，此万世不更者也。若乃人考其才，而时省其用，虽日变可也。天下岂有常法哉！当于世事，行于人理，顺于天地，祥于鬼神，则可以正治矣。古者人醇工庞[3]，商朴女重[4]，是以政教易化，风俗易移也。今世德益衰，民俗益薄，欲以朴重之法，治既弊之民，是犹无镝衔檠策锬而御駻马也[5]。昔者，神农无制令而民从，唐、虞有制令而无刑罚，夏后氏不负言，殷人誓，周人盟。逮至当今之世，忍诟而轻辱，贪得而寡羞，欲以神农之道治之，则其乱必矣。伯成子高辞为诸侯而耕，天下高之。今之时人，辞官而隐处，为乡邑之下，岂可同哉！古之兵，弓剑而已矣，槽矛无击，修戟无刺；

晚世之兵,隆冲以攻[6],渠幨以守[7],连弩以射,销车以斗。古之伐国,不杀黄口[8],不获二毛[9]。于古为义,于今为笑。古之所以为荣者,今之所以为辱也;古之所以为治者,今之所以为乱也。夫神农、伏羲不施赏罚而民不为非,然而立政者不能废法而治民;舜执干戚而服有苗,然而征伐者不能释甲兵而制强暴。由此观之,法度者,所以论民俗而节缓急也;器械者,因时变而制宜适也。

——《淮南子·氾论训》

[1] 洞洞属属:婉顺恭敬的样子。
[2] 扆(yǐ椅):设立在门窗之间的大屏风。负扆背对屏风,意为南面。
[3] 醇:厚重,不虚华。工庞:指器物坚致。
[4] 商朴:商贾朴实不为诈。重:本作"童",通"憧",意为天真无知。
[5] 镝衔:御马时马口中衔的铁。橛(jué爵):木制的马嚼子。此处"橛"疑为衍字。策錣(zhuì坠):顶端锋利能刺马的马鞭。馯(hàn汉)马:凶猛不驯的马。
[6] 隆冲:指从高处冲下。
[7] 渠幨(chān搀):用来御箭的甲和帷幔。
[8] 黄口:幼儿。
[9] 二毛:头发颜色斑白,指老年人。

德 主 刑 辅

〔**解题**〕题目系选注者所拟。董仲舒(前179—前104),汉代经学家、哲学家。汉景帝时以治《春秋》为博士。汉武帝即位后,举贤良文学之士策问,董仲舒连对三策,因其基本内容是关于天人关系,所以被称为"天人三策"。对策以《春秋公羊传》为主要基础,吸收法家、道家、阴阳家思想,建立了新的以"天人感应"、"大一统"为核心的思想体系,推动儒学发展到新阶段,很快成为汉代的官方统治哲学,对后世产生了深远的影响。对策中多次谈到法律相关问题,概括起来有两个大的观点:一是从天人感应角度出发,认为德与法都是顺应天道的存在,二者相对而相成,是治国之必需;二是强调教化,德治才是治国的根本,过分依赖法治,反而会导致奸宄不息。董仲舒的观点是对先秦"德主刑辅"观念的进一步发展,并通过天人感应、灾异谴告来肯定德、刑治国的合法性;同时,董仲舒大力推崇《春秋公羊传》,以公羊学所解释的《春秋经》来判案,形成了汉代"经义决狱"的司法传统。

周公曰"复哉复哉"[1],孔子曰"德不孤,必有邻"[2],皆积善累德之效也。及至后世,淫佚衰微[3],不能统理群生[4],诸侯背畔[5],残贼良民以争壤土,废德教而任刑罚。刑罚不中[6],则生邪气;邪气积于下,怨恶畜于上[7]。上下不和,则阴阳缪盭而妖孽生矣[8]。此灾异所缘而起也。

……

天道之大者在阴阳。阳为德,阴为刑;刑主杀而德主生。是故阳常居大夏[9],而以生育养长为事;阴常居大冬,而积于空虚不用之处。以此见天之任德不任刑也。天使阳出布施于上而主岁功,使阴入伏于下而时出佐阳[10];阳不得阴之助,亦不能独成岁。终阳以成岁为名,此天意也[11]。王者承天意以从事,故任德教而不任刑。刑者不可任以治世,犹阴之不可任以成岁也。为政而任刑,不顺于天,故先王莫之肯为也。今废先王德教之官,而独任执法之吏治民,毋乃任刑之意与[12]!孔子曰:"不教而诛谓之虐。"[13]虐政用于下,而欲德教之被四海,故难成也。

……

夫万民之从利也,如水之走下,不以教化堤防之[14],不能止也。是故教化立而奸邪皆止者,其堤防完也[15];教化废而奸邪并出,刑罚不能胜者,其堤防坏也。古之王者明于此,是故南面而治天下[16],莫不以教化为大务。立太学以教于国,设庠序以化于邑[17],渐民以仁[18],摩民以谊[19],节民以礼[20],故其刑罚甚轻而禁不犯者,教化行而习俗美也。

……

今汉继秦之后,如朽木、粪墙矣[21],虽欲善治之,亡可奈何[22]。法出而奸生,令下而诈起,如以汤止沸[23],抱薪救火,愈甚亡益也[24]。窃譬之琴瑟不调[25],甚者必解而更张之,乃可鼓也;为政而不行,甚者必变而更化之[26],乃可理也。当更张而不更张[27],虽有良工不能善调也;当更化而不更化,虽有大贤不能善治也。故汉得天下以来,常欲善治而至今不可善治者,失之于当更化而不更化也。

……

臣闻圣王之治天下也,少则习之学[28],长则材诸位[29]，爵禄以养其德，刑罚以威其恶，故民晓于礼谊而耻犯其上。武王行大谊，平残贼，周公作礼乐以文之[30]，至于成康之隆[31]，囹圄空虚四十余年[32]，此亦教化之渐而仁谊之流，非独伤肌肤之效也[33]。至秦则不然。师申商之法[34]，行韩非之说，憎帝王之道[35]，以贪狼为俗[36]，非有文德以教训于下也。诛名而不察实，为善者不必免，而犯恶者未必刑也[37]。是以百官皆饰虚辞而不顾实，外有事君之礼，内有背上之心；造伪饰诈，趣利无耻[38]；又好用憯酷之吏[39]，赋敛亡度[40]，竭民财力，百姓散亡，不得从耕织之业，群盗并起。是以刑者甚众，死者相望[41]，而奸不息，俗化使然也。故孔子曰"导之以政，齐之以刑，民免而无耻"[42]，此之谓也。

……

《春秋》大一统者[43]，天地之常经[44]，古今之通谊也[45]。今师异道，人异论，百家殊方[46]，指意不同[47]，是以上亡以持一统[48]；法制数变，下不知所守。臣愚以为诸不在六艺之科[49]、孔子之术者[50]，皆绝其道，勿使并进。邪辟之说灭息，然后统纪可一而法度可明[51]，民知所从矣。

——《汉书·董仲舒传》

［1］复：报，回报。

［2］"德不孤"二句：出自《论语·里仁》。

［3］淫佚：纵欲放荡，"佚"同"逸"。

［4］统理：统辖治理。群生：众人，百姓。

［5］畔：通"叛"。

［6］中：适合，适当。

［7］畜：积聚，储存。

［8］缪盭（lì）："盭"通"戾"，错乱，违背。妖孽：不祥的灾异。

［9］大：盛。

[10]"天使"二句:意为上天使阳出来在上面布施,主管一年的农事收成;使阴进来在下面藏伏,时常出来辅佐阳。岁功,农事收成。

[11]"终阳"二句:意为终究还是以阳来指称岁,这是上天的意思啊。本节选文是考察《春秋》文字,认为《春秋》是以阳指称岁的,所以其纪年之年首称春,如"春王正月"。名,指称,称说。

[12]"毋乃"句:意为难道是(先王)任用刑罚的本意吗?

[13]"不教"句:出自《论语·尧曰》。意谓不经教化就加以杀戮叫作虐。

[14]堤防:像堤坝防洪水一样防备。

[15]完:完好,完整。

[16]南面:朝向南方。古时以坐北朝南为尊位。

[17]庠(xiáng祥)序:泛指学校。《孟子·滕文公上》:"设为庠、序、学、校以教之。……夏曰校,殷曰序,周曰庠,学则三代共之。"化:教化。

[18]渐(jiān尖):浸渍,浸泡。

[19]摩:抚摸,引申为安抚。谊:同"义"。

[20]节:节制。

[21]朽木、粪墙:《论语·公冶长》:"朽木不可雕也,粪土之墙不可污也。"

[22]亡:通"无"。

[23]汤:热水。

[24]"愈甚"句:意为(做得)越多越没有用处。

[25]调:协调。

[26]甚者:严重的。

[27]更张:重新张弦。

[28]习之学:在学校学习。

[29]材诸位:量材来安排职位。

[30]文:修饰。《盐铁论·毁学》:"礼者,所以文弊行也。"

[31]成康:指周成王、周康王统治时期,约前1044—前982年。

[32]囹圄:监狱。

[33]伤肌肤:指刑。刑本义是用刀割,所以最初的刑都是肉刑。

[34]申:申不害,郑国人,在韩国为相十九年,战国时期法家重要代表人物。商:商鞅,卫人,在秦国变法,战国时期法家重要代表人物。

[35]帝王之道:指古代圣明帝王统治天下的道理。

[36]贪狼:即贪婪,贪婪残暴。

[37]"诛名"三句:意为只根据表面现象判定是非而不考察实际情况,做好事的人不一定能免罪,而做坏事的人不一定受刑罚。诛名,根据表面现象加以责问。诛,责问。

[38]趣:通"趋"。

[39]憯(cǎn惨):残酷。

[40]亡:通"无"。

[41]相望:相互看见,形容接连不断,极言其多。

[42]"导之以政"三句:见《论语·为政》,意为用政令引导民众,用刑罚约束民众,民众只知道要免受惩罚而不知道羞耻。

[43]大一统:大,指范围广、程度深;一统,指万物统系于一。语出《春秋公羊传·隐公元年》:"何言乎王正月?大一统也。"

[44]常:永久不变的,固定的。经:法则,原则。

[45]谊:通"义"。

[46]殊:异,不同。方:方法,方向。

[47]指:通"旨"。

[48]"是以"句:意为所以君主没有维持一统的方法。亡,通"无"。

[49]六艺:指孔子讲授的六经,即《诗》、《书》、《礼》、《乐》、《易》、《春秋》。

[50]孔子之术:指儒学。

[51]统纪:纲纪。

省法制,宽刑罚

〔解题〕 题目系选注者所拟。路温舒(生卒年不详),字长君,巨鹿东里人,学律令,通《春秋》大义,是西汉著名的司法官。汉宣帝刘询(前91—前49)初即位,路温舒上书言宜尚德缓刑,此处即节选其上书中部分内容。文中直指当时仍存在着亡秦所犯的过失,即过于任用依赖治狱之吏,严刑峻法盛行,甚至刑讯逼供、深文罗织,致使冤狱丛生,即使无兵革之祸、即使风调雨顺,也难以达到天下太平。作为在任的司法决狱的官员,路温舒深知狱治时弊,对狱政黑暗进行了深入的剖析,强调判案决狱是"天下之大命",其公正与否是人命攸关的大事,而"自安之道在人之死"的司法现实必然造成草菅人命的社会惨剧,因此他主张"省法制,宽刑罚",减省苛刻的法律条文,施行宽缓的刑罚,废除治狱的弊端。其分析鞭辟入里,言辞恳切,班固赞其"辞顺而意笃"。此上书后世称之为"尚德缓刑书",其中所揭露的严刑酷法之弊对今天仍有着警戒意义。

臣闻秦有十失,其一尚存,治狱之吏是也。秦之时,羞文学[1],好武勇,贱仁义之士,贵治狱之吏,正言者谓之诽谤,遏过者谓之妖言,故盛服先王不用于世[2],忠良切言皆郁于胸[3],誉谀之声日满于耳,虚美熏心,实祸蔽塞,此乃秦之所以亡天下也。方今天下,赖陛下恩厚,亡金革之危[4]、饥寒之患,父子夫妻戮力安家[5],然太平未洽者[6],狱乱之也[7]。

夫狱者，天下之大命也[8]，死者不可复生，绝者不可复属[9]。《书》曰："与其杀不辜，宁失不经。"[10]今治狱吏则不然，上下相驱，以刻为明，深者获公名，平者多后患[11]。故治狱之吏，皆欲人死，非憎人也，自安之道在人之死。是以死人之血流离于市，被刑之徒比肩而立，大辟[12]之计岁以万数。此仁圣之所以伤也[13]。太平之未洽，凡以此也。夫人情安则乐生，痛则思死，棰楚[14]之下，何求而不得？故囚人不胜痛，则饰辞以视之，吏治者利其然，则指道以明之[15]，上奏畏却，则锻练而周内之[16]；盖奏当之成，虽咎繇听之[17]，犹以为死有余辜。何则？成练者众[18]，文致之罪明也[19]。是以狱吏专为深刻[20]，残贼而亡极[21]，媮为一切[22]，不顾国患，此世之大贼也。故俗语曰："画地为狱议不入；刻木为吏期不对[23]。"此皆疾吏之风，悲痛之辞也。故天下之患，莫深于狱；败法乱正[24]，离亲塞道，莫甚乎治狱之吏，此所谓一尚存者也。臣闻乌鸢之卵不毁[25]，而后凤凰集；诽谤之罪不诛，而后良言进。故古人有言："山薮臧疾，川泽纳污，瑾瑜匿恶，国君含诟[26]。"唯陛下除诽谤以招切言[27]，开天下之口，广箴谏之路[28]，扫亡秦之失，尊文武之德[29]，省法制，宽刑罚，以废治狱，则太平之风可兴于世，永履和乐，与天亡极，天下幸甚。

——《汉书·路温舒传》

[1]文学：文章经籍。

[2]盛服：服饰齐整。先王：指古代圣王。盛服先王，此处指服饰齐整、推崇先代圣王的儒生。

[3]切言：直言。郁：郁积，阻滞。

[4]金革：金，兵器。革，甲胄。此处代指战争。

[5] 戮力:合力,勉力。

[6] 洽:周遍,广博。

[7] 狱:诉讼,诉讼案件。

[8] 大命:命脉,要害。

[9] "绝者"句:意为被砍断肢体的人不能够重新连接起来。绝,断,拉断。属(zhǔ主),连接。

[10] "与其杀不辜"二句:出自《尚书·大禹谟》,意为与其杀无罪的人,宁可犯不合常法的过失。

[11] "今治"五句:意为现在负责诉讼的官吏却不是这样,他们上下互相驱使,把刑狱苛刻当作英明,判案严峻的人获得公正的名声,断案公平的人反而会有后患。刻,苛刻。深,严峻。平,公平。

[12] 大辟:死刑。

[13] 仁圣:仁德圣明。此处指仁圣之人。

[14] 棰:棍棒,刑杖。楚:用荆条做的刑杖。

[15] "做囚"四句:意为做囚犯的人忍受不了痛苦,就说假供词以活命,判案的人利用这种情况,引导点明所需要的招供方向。饰辞,掩饰的话,假话。视,活着,活下去。

[16] "上奏"二句:意为担心上报的判案会被退回,就玩弄法律、罗织罪状。却,退回。锻炼,玩弄法律手段陷人于罪。周内,罗织罪状,陷人于罪。周,密,周密。内(nà那),同"纳",使……入。

[17] 咎繇:即皋陶,传说舜帝时期的法官。

[18] 成练:罗织成罪。

[19] 文致:文辞修饰以成罪名。

[20] 深刻:严峻苛刻。

[21] 残:伤害,毁坏。贼:伤害,祸害。亡:通"无"。

[22] 媮(tōu偷):同"偷",苟且,只顾眼前。

[23] "画地"二句:意为即使画地为牢,民众也不愿进去;即使刻木为吏,民众也不愿与之相对。画地为狱,在地上画圈当作监狱。刻木为吏,刻木人当作狱吏。传说中上古理想社会,在地上画圈,旁立木人,就可以当作监狱,让犯罪的人在里面服刑。

［24］正：同"政"。

［25］乌：乌鸦。鸢：鹰。

［26］"山薮"四句：意为山林草泽中藏着让人生病的东西,河流湖泽容纳着污秽,美玉隐藏着瑕斑,国君容忍着辱骂。薮(sǒu叟),水泽,草泽。藏,同"藏",收藏,隐藏。

［27］切言：直言。

［28］箴谏：规诫劝谏。

［29］文武：指周文王、周武王。

王吉论刑法之弊

〔**解题**〕 题目系选注者所拟。王吉(？—前48)，字子阳，西汉时琅琊皋虞(在今山东即墨)人，昭帝时为昌邑王中尉，宣帝时曾为博士、谏大夫，精通儒家经义，屡次上书劝谏宣帝选举贤能、整顿吏治、宣明教化。如本节所选，王吉认为刑法不能形成同风共贯的大一统，反而会使诈伪丛生，他强调治民"莫善于礼"，与宣帝所持的"霸王道杂之"的汉家制度并不一致，因此不受宣帝重视。

《春秋》所以大一统者，六合同风[1]，九州共贯也[2]。今俗吏所以牧民者，非有礼义科指可世世通行者也[3]，独设刑法以守之。其欲治者，不知所由，以意穿凿，各取一切，权谲自在，故一变之后不可复修也。是以百里不同风，千里不同俗，户异政，人殊服，诈伪萌生，刑罚亡极[4]，质朴日销[5]，恩爱浸薄。孔子曰"安上治民，莫善于礼"[6]，非空言也。

——《汉书·王吉传》

［1］六合：东西南北四方及上下方位的统称，泛指天下或宇宙。风：风俗，风气。
［2］贯：贯通。
［3］科指：科条，准则。
［4］亡：通"无"。
［5］销：通"消"，消散，消失。
［6］"安上治民"二句：出自《孝经·广要道章》。

至 公

[解题] 题目系选注者所拟。刘向(约前77—前6),字子政,西汉楚国彭城(今江苏徐州)人,汉朝宗室,是楚元王刘交四世孙,西汉经学家、目录学家、文学家、史学家。刘向所撰《说苑》,原二十卷,后散佚,宋代曾巩重新辑为二十卷。按各类记述春秋战国至汉代的遗闻逸事,每类之前列总说,事后加按语。其中以记述诸子言行为主,多有关于治国安民、家国兴亡的哲理格言。主要体现了儒家的哲学思想、政治理想以及伦理观念。本处所选,即对作为社会个体的人所需要具备的基本道德与行为规范进行了阐述,认为人需常存谦抑之心,奉公守法,谨记职守。

《书》曰:"不偏不党,王道荡荡。"[1]言至公也[2]。古有行大公者,帝尧是也。贵为天子,富有天下,得舜而传之,不私于其子孙也。去天下若遗屣[3],于天下犹然,况其细于天下乎?非帝尧孰能行之?孔子曰:"巍巍乎!惟天为大,惟尧则之。"[4]《易》曰:"无首吉。"[5]此盖人君之公也。夫以公与天下,其德大矣。推之于此,刑之于彼,万姓之所戴[6],后世之所则也。彼人臣之公,治官事则不营私家,在公门则不言货利,当公法则不阿亲戚,奉公举贤则不避仇雠,忠于事君,仁于利下,推之以恕道,行之以不党,伊、吕是也[7]。故显名存于今,是之谓公。《诗》云:"周道如砥,其直如矢。君子所履,小人所视。"[8]此之谓也。夫公生明,偏生暗,端悫生达[9],诈伪生塞,诚信生神,夸诞生惑。此六者,君子之所慎也,而禹、桀之所以分也。《诗》云:"疾威上帝,其命多僻。"[10]言不公也。

——《说苑·至公》

[1]"不偏不党"二句:见《尚书·洪范》。不偏不党,不偏私不结党。

[2]至公:意指最大限度的公正,即大公无私。

[3]去天下:离开天子的位置。屦:鞋。

[4]"巍巍乎"三句:见《论语·泰伯》。惟尧则之,只有尧才能效法于天。

[5]无首吉:见《周易·乾卦》:"见群龙无首,吉。"不自居首位就会吉利。

[6]戴:爱戴,拥戴。

[7]伊、吕:伊尹、吕尚。

[8]"周道如砥"四句:见《诗·小雅·大东》。砥,磨刀石,意指平坦。

[9]端悫:正直诚实。

[10]"疾威上帝"二句:见《诗·大雅·荡》。疾威,暴虐。

刑 法 志

[解题] 《刑法志》是《汉书》所首创,第一次系统地叙述了从古至汉法律制度的沿革,论述了刑法对治理国家、社会生活的重要作用,并较为详细地记录了汉朝法律法令的一些主要内容,评述了汉朝刑法在实施过程中的利弊得失,是中国法律思想史上的重要资料。文章开篇即明确表述刑法产生的原因:"作刑以明威"、"故圣人因天秩而制五礼,因天讨而作五刑"。在原始社会末期,兵刑不分,甲兵与刑罚是征服与统治异族的工具;为了争取战争的胜利,又制定了具有刑罚性质的军律来强制约束军队。这可以说是我国法律的雏形。而"禹承尧舜以后,自以德衰而制肉刑",说明随着私有制的发展,原始社会的解体,刑法逐步成为国家统治的工具。文章记述了夏、商、周、春秋战国、秦之刑法的建立、发展、沿革,并较为详细地记载了汉朝的刑法制度,其中提到了"约法三章"、"九章律"、渎刑令、递减刑法、《越宫律》、《朝律》等。由此逐渐形成了律、令、科、比组成的法律体系,建立了关于刑事责任的几项原则,如"罪行相应,只及个人";依能力及年龄判定是否有"暴逆之心",适当减免刑事责任;承认法律的时间效力,法不溯及过往;通过决事比减轻官吏的审判负担,提高了案件的公正性。文中同时也指出汉代法律之弊。如汉初约法省刑,"然其大辟,尚有夷三族之令";文帝除肉刑,而"外有轻刑之名,内实杀人";武帝时"禁网浸密"、"文书盈于几阁,典者不能遍睹"、"奸吏因缘为市,所欲活则傅生议,所欲陷则予死比"。对于每一朝代法律都先简而后繁、始严而终滥的现象,文章提出必须以儒家思

想为指导,德主刑辅,强调制礼以止刑、明法以正刑,刑为政、礼为本,刑之所去,礼之所取,出礼则入刑。"纳礼入刑"正是汉代法律最重要的突破点,从而确立了礼法合流、刑德并施的刑事立法原则,对推行刑制改革,废除肉刑,建立刑名体系具有积极的社会意义。

夫人宵天地之貌[1],怀五常之性[2],聪明精粹,有生之最灵者也。爪牙不足以供耆欲[3],趋走不足以避利害,无毛羽以御寒暑,必将役物以为养[4],用仁智而不恃力,此其所以为贵也。故不仁爱则不能群,不能群则不胜物,不胜物则养不足。群而不足,争心将作,上圣卓然先行敬让博爱之德者,众心说而从之[5]。从之成群,是为君矣;归而往之,是为王矣。《洪范》曰:"天子作民父母,为天下王。"[6]圣人取类以正名,而谓君为父母[7],明仁爱、德让,王道之本也。爱待敬而不败[8],德须威而久立,故制礼以崇敬,作刑以明威也。圣人既躬明悊之性[9],必通天地之心,制礼作教,立法设刑,动缘民情[10],而则天象地[11]。故曰:先王立礼,"则天之明,因地之性"也[12]。刑罚威狱,以类天之震曜杀戮也[13];温慈惠和,以效天之生殖长育也。《书》云"天秩有礼","天讨有罪"[14]。故圣人因天秩而制五礼,因天讨而作五刑。大刑用甲兵,其次用斧钺;中刑用刀锯,其次用钻凿;薄刑用鞭扑[15]。大者陈诸原野[16],小者致之市朝,其所繇来者上矣[17]。

[1] 宵:类似。通"肖"。

[2] 五常:即仁、义、礼、智、信。

[3] 耆欲:同"嗜欲",嗜好与欲望。

〔4〕"必将"句:意为一定要役使外物来供养自己。

〔5〕说:通"悦"。

〔6〕"天子作民"二句:出自《尚书·周书·洪范》,意为天子是做了民众的父母,所以才成为天下的王。

〔7〕"圣人"二句:意为圣人选取相类的事物来确定名分,而后把君王称为父母。

〔8〕待:须,需要。

〔9〕躬:自身具有。悊:同"哲"。

〔10〕缘:沿着,顺着。

〔11〕则:效仿,效法。

〔12〕"则天"二句:见《左传·昭公二十五年》。

〔13〕震:打雷。曜:闪电。

〔14〕"天秩有礼"二句:出自《尚书·虞书·皋陶谟》,解释见本书第二则"人代天工"条。

〔15〕鞭扑:即鞭刑。

〔16〕大者:指受大刑者,即前所谓"用甲兵"。

〔17〕繇:通"由"。上:久远。

昔周之法,建三典以刑邦国[18],诘四方:一曰,刑新邦用轻典[19];二曰,刑平邦用中典[20];三曰,刑乱邦用重典[21]。五刑:墨罪五百[22],劓罪五百[23],宫罪五百[24],刖罪五百[25],杀罪五百,所谓刑平邦用中典者也。凡杀人者踣诸市[26],墨者使守门,劓者使守关,宫者使守内[27],刖者使守囿,完者使守积[28]。其奴,男子入于罪隶[29],女子入舂槁[30]。凡有爵者,与七十者,与未龀者[31],皆不为奴。

周道既衰,穆王眊荒[32],命甫侯度时作刑[33],以诘四方。墨罚之属千,劓罚之属千,髌罚之属五百[34],宫罚之属三百,大辟之罚其属二百。五刑之属三千,盖多于平邦中典五百章,所谓刑乱邦用重典者也。

[18] 刑:治理。

[19] 新邦:新辟地立君之国。

[20] 平邦:承平守成之国。

[21] 乱邦:篡杀叛逆之国。

[22] 墨:在犯人面上刺字或图后再染上墨的刑罚。墨罪五百,指有五百种罪行会受到墨刑的惩罚。

[23] 劓:割鼻的刑罚。

[24] 宫:男子割去生殖器、女子幽闭的刑罚。

[25] 刖:断足的刑罚。

[26] 踣(bó 伯):死亡,此处指杀死。

[27] 内:宫廷之内。

[28] 完:一种轻刑,只剃去犯人的颊毛和鬓毛,不去须发,不伤肢体,又称为"耏"(nài 耐)。积:积聚之物。

[29] 罪隶:官奴。

[30] 舂:舂人,负责供米物的官员。槁:槁人,负责供散官之食的官员。

[31] 龀:儿童换牙齿。

[32] 眊(mào 冒)荒:昏聩。

[33] 甫侯:周穆王的司寇,掌管刑狱。

[34] 膑:剔去膝盖骨的刑罚。

春秋之时,王道浸坏,教化不行,子产相郑而铸刑书[35]。晋叔向非之曰[36]:"昔先王议事以制,不为刑辟。惧民之有争心也,犹不可禁御,是故闲之以谊[37],纠之以政,行之以礼,守之以信,奉之以仁;制为禄位以劝其从,严断刑罚以威其淫。惧其未也[38],故诲之以忠,耸之以行[39],教之以务[40],使之以和,临之以敬,莅之以强,断之以刚。犹求圣哲之上,明察之官,忠信之长,慈惠之师。民于是乎可任使也,而不生祸乱。民知有辟[41],则不忌于上,并有争心,以征于书[42]，而徼幸以成之，弗可为矣。夏有乱政而作禹刑，商有乱政而作汤刑，周有乱政而作九刑。三辟之兴，皆叔世也[43]。今吾子相郑国，制参辟[44]，铸刑书，将以靖民[45]，不亦难乎！《诗》曰：'仪式刑文王之德，日靖四方。'[46]又曰：'仪刑文王，万邦作孚。'[47]如是，何辟之有？民知争端矣，将弃礼而征于书。锥刀之末[48]，将尽争之，乱狱滋丰，货赂并行。终子之世，郑其败虖！"子产报曰："若吾子之言，侨不材，不能及子孙，吾以救世也。"媮薄之政[49]，自是滋矣。孔子伤之，曰："导之以德，齐之以礼，有耻且格；导之以政，齐之以刑，民免而无耻。"[50]"礼乐不兴，则刑罚不中；刑罚不中，则民无所错手足。"[51]孟氏使阳肤为士师[52]，问于曾子，亦曰："上失其道，民散久矣。如得其情，则哀矜而勿喜。"[53]

陵夷至于战国[54]，韩任申子[55]，秦用商鞅，连相坐之法，造参夷之诛[56]；增加肉刑、大辟，有凿颠、抽胁、镬亨之刑[57]。

至于秦始皇，兼吞战国，遂毁先王之法，灭礼谊之官，专任刑罚，躬操文墨，昼断狱，夜理书，自程决事[58]，日县石之一[59]。而奸邪并生，赭衣塞路[60]，囹圄成市[61]，天下愁怨，溃而叛之。

[35]"子产"句参见本书第十则"刑书之争"条。

[36] 叔向：羊舌肸（xī 西），复姓羊舌，名肸，字叔向，春秋时期晋国政治家。

[37] 闲：栅栏，引申为规范、约束。

[38] 惧其未也：指担心人民不能做到前面所说的。

[39] 愯（sǒng 耸）：同"悚"，恐惧。

[40] 务：时务。

［41］辟（bì 必）：法度，法律。

［42］征：征引，引证。书：刑书。

［43］叔世：末世，政权衰败的时代。

［44］参（sān 三）：同"三"。

［45］靖：安定，平定。

［46］"仪式刑"二句：出自《诗·周颂·我将》。仪、式、刑，三字都是取法、效法之义。

［47］"仪刑文王"二句：出自《诗·周颂·文王》。作，兴起。孚，信用。

［48］锥刀之末：锥刀的尖端，比喻极小的事物。

［49］媮薄：苟且。

［50］"导之以德"六句：出自《论语·为政》，语句有颠倒。

［51］"礼乐不兴"四句：出自《论语·子路》。中，恰当。错，同"措"，安放。

［52］孟氏：鲁国大夫孟孙氏。阳肤：曾参的弟子。士师：负责司法的官员。

［53］"上失其道"四句：出自《论语·子张》。

［54］陵夷：衰败。

［55］申子：申不害，战国时法家代表人物之一，相韩昭王。

［56］参（sān 三）夷之诛：即"夷三族"。夷，灭。

［57］凿颠：在头顶凿孔。抽胁：抽取肋骨。镬亨：镬，煮肉的锅，"亨"同"烹"，用锅煮。三者都是战国时期秦的酷刑。

［58］程：定量。决事：处理政事。

［59］日：每天。县：同"悬"，称量。石：称量单位。此句意为（秦始皇）每天要称出一石的十分之一重量的奏章来处理。

［60］赭衣：古代囚犯穿赤褐色的衣服，常用来指代囚犯。

［61］囹圄：监狱。

汉兴，高祖初入关，约法三章曰："杀人者死，伤人及盗抵罪。"蠲削烦苛[62]，兆民大说[63]。其后四夷未附，兵革未息，三章之法不足以御奸，于是相国萧何攈摭秦法[64]，取其宜于时者,作律九章。

当孝惠、高后时,百姓新免毒蠚[65],人欲长幼养老[66]。萧、曹为相,填以无为[67],从民之欲而不扰乱,是以衣食滋殖,刑罚用稀。

及孝文即位,躬修玄默[68],劝趣农桑[69],减省租赋。而将相皆旧功臣,少文多质[70],惩恶亡秦之政[71],论议务在宽厚,耻言人之过失。化行天下[72],告讦之俗易[73]。吏安其官,民乐其业,畜积岁增,户口寖息[74]。风流笃厚,禁罔疏阔[75]。选张释之为廷尉[76],罪疑者予民[77],是以刑罚大省,至于断狱四百[78],有刑错之风[79]。

即位十三年,齐太仓令淳于公有罪当刑[80],诏狱逮系长安[81]。淳于公无男,有五女,当行会逮,骂其女曰:"生子不生男,缓急非有益[82]!"其少女缇萦[83],自伤悲泣,乃随其父至长安,上书曰:"妾父为吏,齐中皆称其廉平,今坐法当刑。妾伤夫死者不可复生,刑者不可复属[84],虽后欲改过自新,其道亡繇也[85]。妾愿没入为官婢[86],以赎父刑罪,使得自新。"书奏天子,天子怜悲其意,遂下令曰:"制诏御史[87]:盖闻有虞氏之时,画衣冠异章服以为戮[88],而民弗犯,何治之至也!今法有肉刑三,而奸不止,其咎安在[89]?非乃朕德之薄而教不明与[90]?吾甚自愧。故夫训道不纯而愚民陷焉[91],《诗》曰:'恺弟君子,民之父母。'[92]今人有过,教未施而刑已加焉,或欲改行为善,而道亡繇至,朕甚怜之。夫刑至断支体[93],刻肌肤,终身不息[94],何其刑之痛而不德也!岂为民父母之意哉!其除肉刑[95],有以易之;及令罪人各以轻重,不亡逃,有年而免。具为令[96]。"

[62] 蠲(juān 捐):除掉。烦苛:烦琐苛刻。

[63] 兆民:众多的民众。十亿为兆。说:同"悦"。

[64] 攈摭(jùnzhí俊直):摘取,拾取。

[65] 蠚(hē诃):蜇,用毒刺刺。毒蠚,指灾害、痛苦。

[66] 长:动词,抚养。

[67] 填(zhèn镇):通"镇",使安定。

[68] 玄默:沉静寡言。

[69] 趣(cù促):通"促",促进,敦促。

[70] 少文多质:品德质朴,缺少华美文采。

[71] 惩:引以为戒。

[72] 化:教化。

[73] 讦(jié洁):攻击或揭发别人的短处。易:改变。

[74] 寖(jìn浸):渐渐。息:生息,生长。

[75] 罔:同"网"。禁罔,比喻法律条文束缚百姓,如张网捕鸟。疏阔:宽大。

[76] 张释之:西汉堵阳(今河南方城)人,汉文帝时为廷尉,执法公正。廷尉:秦汉时期掌管刑狱的官员,秩二千石。

[77] "罪疑"句:意为难以确定是否犯罪时,交付民众共同议决。

[78] 断狱四百:指全国一年判案仅四百例。

[79] 错:同"措",放置。

[80] 齐太仓令:汉封齐国,定都在临淄。太仓是国家的粮仓。太仓令为大司农属官。淳于公:复姓淳于,名意。刑:受刑。

[81] 诏狱:奉皇帝召令设置的监狱。

[82] 缓急:偏义词,指紧急时。

[83] 少女:最小的女儿。

[84] 属(zhǔ主):连接。此句意为,受肉刑断了的肢体不能再连接起来。

[85] 亡:通"无"。繇(yóu由):由,从。

[86] 没(mò末):没收。

[87] 制诏:皇帝的命令。

[88] "画衣冠"句:在罪犯的衣服和帽子上画上特定图案,使罪犯衣服

章纹不同,以此来象征应受的刑罚。

[89] 咎:罪过,过失。

[90] 与(yú于):句末语气词。

[91] 训道(dǎo导):教育引导。

[92] 引文出自《诗·大雅·泂酌》。恺弟:"弟"同"悌",平易,和乐。

[93] 支:同"肢"。

[94] 息:生育。

[95] 其:语气词,表示命令。

[96] 具:开列,陈述。

丞相张苍、御史大夫冯敬奏言:"肉刑所以禁奸,所由来者久矣。陛下下明诏,怜万民之一有过被刑者终身不息[97],及罪人欲改行为善而道亡繇至,於盛德[98],臣等所不及也。臣谨议请定律曰:诸当完者[99],完为城旦舂[100];当黥者,髡钳为城旦舂[101];当劓者,笞三百;当斩左止者[102],笞五百;当斩右止,及杀人先自告[103],及吏坐受赇枉法[104],守县官财物而即盗之[105],已论命复有笞罪者[106],皆弃市[107]。罪人狱已决[108],完为城旦舂,满三岁为鬼薪[109]、白粲[110]。鬼薪、白粲一岁,为隶臣妾[111]。隶臣妾一岁,免为庶人。隶臣妾满二岁,为司寇[112]。司寇一岁,及作如司寇二岁[113],皆免为庶人。其亡逃及有罪耐以上[114],不用此令。前令之刑城旦舂岁而非禁锢者[115],如完为城旦舂岁数以免。臣昧死请。"制曰:"可。"是后,外有轻刑之名,内实杀人。斩右止者又当死。斩左止者笞五百,当劓者笞三百,率多死。

景帝元年,下诏曰:"加笞与重罪无异,幸而不死,不可为人。其定律:笞五百曰三百,笞三百曰二百。"犹尚不全[116]。至中六年,又下诏曰:"加笞者,或至死而笞未毕,朕甚怜之。

其减笞三百曰二百,笞二百曰一百。"又曰:"笞者,所以教之也,其定箠令[117]。"丞相刘舍、御史大夫卫绾请:"笞者,箠长五尺,其本大一寸,其竹也,末薄半寸,皆平其节。当笞者,笞臀[118]。毋得更人,毕一罪乃更人[119]。"自是笞者得全,然酷吏犹以为威。死刑既重,而生刑又轻,民易犯之。

及至孝武即位,外事四夷之功[120],内盛耳目之好[121],征发烦数[122],百姓贫耗,穷民犯法,酷吏击断[123],奸轨不胜[124]。于是招进张汤、赵禹之属,条定法令,作见知故纵、监临部主之法[125],缓深故之罪[126],急纵出之诛[127]。其后奸猾巧法,转相比况[128],禁罔浸密。律、令凡三百五十九章,大辟四百九条,千八百八十二事,死罪决事比万三千四百七十二事[129]。文书盈于几阁,典者不能遍睹[130]。是以郡国承用者驳[131],或罪同而论异[132]。奸吏因缘为市[133],所欲活则傅生议[134],所欲陷则予死比,议者咸冤伤之。

[97] 一:一旦。

[98] 於:通"乌",乌呼,感叹词。

[99] 完:即耐(nài 耐)刑,剃去脸颊胡须的轻刑。一般认为,据上下文意,此处"完"应该为"髡",髡刑,剃去男子头发的刑罚。

[100] 城旦舂:秦汉时期的一种徒刑,男犯筑城,女犯舂米。

[101] 髡钳:剃去头发以后用铁圈箍着脖子的刑罚。

[102] 止:同"趾",脚趾。

[103] 自告:即自首。

[104] 赇(qiú 求):贿赂。

[105] 县官:官府;朝廷。西汉常用县官指代朝廷或者皇帝。

[106] 论命:定案。

[107] 弃市:在闹市执行死刑,并暴尸街头。

[108] 狱已决:案件审判已完毕。

［109］鬼薪：一种徒刑，男犯为宗庙采薪。

［110］白粲：一种徒刑，女犯为宗庙挑选纯白的米。

［111］隶臣妾：没入官府做奴隶，男犯称"臣"，女犯称"妾"。

［112］司寇：秦汉时期的一种刑罚，男犯到边境一边服劳役一边御外寇。

［113］如司寇：类同司寇的一种刑罚，是女犯不能派往边境，改服其他劳役。

［114］耐：通"耏"。

［115］禁锢：监禁。

［116］全：保全（性命）。

［117］箠：刑杖。

［118］当笞者笞臀：此处指由笞背改为笞臀。

［119］"毋得"二句：此处指行刑途中不能更换行刑人。

［120］事：从事。四夷之功：指征服周边少数民族的战争。

［121］盛：兴盛。耳目之好：喜欢听和喜欢看的，指声色犬马之类的欲求。

［122］烦数（shuò 硕）：频繁。

［123］击断：掌管决狱大权。

［124］不胜：不能制服。

［125］"见知"句：指知道别人犯罪而不举发就是故意纵容犯罪、相关官员也要连坐惩罚的法律规定。监临：监督检查法律执行情况的官员。部主，部门主管官员。

［126］"缓深"句：意为放宽对苛刻执法的酷吏的惩罚。缓，减轻，放宽。深，对犯人加重惩罚。故，故意陷人于罪。

［127］急：加快，加重。纵：对犯人放松管束。出：对犯人减轻惩罚。此句意为从快从重诛杀宽松执法的官吏。

［128］比况：类比，附会。

［129］决事比：汉代，将没有法律条文的案例比照近似条文判处并报皇帝批准，可以用作今后判案的依据，这种法律形式称为决事比。死事决事比：死罪决事比案例的汇编。

[130] 典者:管理法令的官员。

[131] 承用:接受使用。驳:杂乱。

[132] 论:论罪。

[133] 因缘:借机。市:交易。

[134] 傅:通"附"。

宣帝自在间阎而知其若此[135]。及即尊位,廷史路温舒上疏[136],言秦有十失,其一尚存,治狱之吏是也。语在《温舒传》。上深愍焉[137],乃下诏曰:"间者吏用法[138],巧文浸深,是朕之不德也。夫决狱不当,使有罪兴邪,不辜蒙戮,父子悲恨,朕甚伤之。今遣廷史与郡鞫狱[139],任轻禄薄,其为置廷平,秩六百石,员四人。其务平之,以称朕意。"于是选于定国为廷尉[140],求明察宽恕黄霸等以为廷平[141],季秋后请谳[142]。时上常幸宣室,斋居而决事[143],狱刑号为平矣。时涿郡太守郑昌上疏言[144]:"圣王置谏争之臣者,非以崇德,防逸豫之生也[145];立法明刑者,非以为治,救衰乱之起也。今明主躬垂明听[146],虽不置廷平,狱将自正;若开后嗣[147],不若删定律令。律令一定,愚民知所避,奸吏无所弄矣。今不正其本,而置廷平以理其末也,政衰听怠,则廷平将招权而为乱首矣。"宣帝未及修正。

至元帝初立,乃下诏曰:"夫法令者,所以抑暴扶弱,欲其难犯而易避也。今律、令烦多而不约[148],自典文者不能分明[149],而欲罗元元之不逮[150],斯岂刑中之意哉!其议律、令可蠲除轻减者,条奏[151],唯在便安万姓而已。"

至成帝河平中,复下诏曰:"《甫刑》云'五刑之属三千,大辟之罚其属二百',[152],今大辟之刑千有余条,律、令烦多,百有余万言,奇请它比[153],日以益滋,自明习者不知所由[154],欲以晓喻众庶,不亦难乎！于以罗元元之民,夭绝亡辜[155],岂不哀哉！其与中二千石、二千石、博士及明习律、令者议减死刑及可蠲除约省者,令较然易知[156],条奏。《书》不云乎'惟刑之恤哉'[157]？其审核之,务准古法,朕将尽心览焉。"有司无仲山父将明之材[158],不能因时广宣主恩,建立明制,为一代之法,而徒钩摭微细[159],毛举数事[160],以塞诏而已[161]。是以大议不立,遂以至今。议者或曰,法难数变,此庸人不达,疑塞治道,圣智之所常患者也。故略举汉兴以来,法令稍定而合古便今者。

[135] 闾阎:古代闾巷内外的门,借指民间。汉宣帝刘询(前91—前49)是汉武帝曾孙,因巫蛊之祸牵连,自小生活在民间,对民间疾苦多所了解。

[136] 廷史:廷尉史,是廷尉的副官。

[137] 愍:怜悯,哀怜。

[138] 间者:近来。

[139] 鞫:通"鞠",审讯,审问。

[140] 于定国:西汉东海郯(今山东郯城县)人,宣帝时擢为廷尉,执法公正审慎,后为丞相。

[141] 黄霸(前130—前51):西汉淮阳阳夏(今河南太康)人,字次公,宣帝时任颍川太守、扬州刺史,明察秋毫、宽和慈惠,政绩卓著。

[142] 季秋:秋季的第三个月。谳(yàn厌):审判定罪。

[143] 斋居:斋戒而居。决事:处理案件。斋戒后处理案件,以示庄重。

[144] 郑昌:西汉刚(今山东宁阳)人,字次卿,宣帝时任涿郡太守,精通律令。

[145] 逸豫:安乐,闲适。

[146] 躬垂明听:亲自俯身处理案件。

[147] 开:开导,启发。

[148] 约:简约,简明。

［149］自：自身。典文：掌管律令条文。

［150］罗：网罗。元元：黎民，百姓。不逮：不及，此处指犯法。

［151］条奏：分条上奏。

［152］《甫刑》：即《尚书·周书·吕刑》。

［153］奇请：用法律条文之外的理由上报案件。它比：用别的事例比附。

［154］自：自身。明习：明了熟习。

［155］夭：摧折。

［156］较：通"皎"，皎然，明亮的样子。

［157］惟刑之恤哉：出自《尚书·虞书·舜典》。恤，忧虑。

［158］仲山父：亦作"仲山甫"，周宣王时的名臣，辅佐宣王中兴。《诗·大雅·烝民》："肃肃王命，仲山甫将之。邦国若否，仲山甫明之。"将：推行，奉行。明：明察。

［159］钩摭：搜求，拾取。

［160］毛举：列举细微之事。

［161］塞：搪塞。

汉兴之初，虽有约法三章，网漏吞舟之鱼[162]。然其大辟，尚有夷三族之令。令曰："当三族者，皆先黥，劓，斩左右止，笞杀之，枭其首[163]，菹其骨肉于市[164]。其诽谤詈诅者[165]，又先断舌。"故谓之具五刑[166]。彭越、韩信之属皆受此诛。至高后元年，乃除三族罪、祅言令[167]。

孝文二年，又诏丞相、太尉、御史："法者，治之正，所以禁暴而卫善人也。今犯法者已论，而使无罪之父、母、妻、子、同产坐之及收[168]，朕甚弗取。其议。"左、右丞相周勃、陈平奏言："父、母、妻、子、同产相坐及收，所以累其心[169]，使重犯法也[170]。收之之道，所由来久矣。臣之愚计，以为如其故便。"文帝复曰："朕闻之，法正则民悫[171]，罪当则民从。且夫牧民而道之以善者[172]，吏也；既不能道，又以不正之法罪之,是法反害于民,为暴者也。朕未见其便,宜孰计之[173]。"平、勃乃曰:"陛下幸加大惠于天下,使有罪不收,无罪不相坐,甚盛德,臣等所不及也。臣等谨奉诏,尽除收律、相坐法。"其后,新垣平谋为逆[174],复行三族之诛。由是言之,风俗移易,人性相近而习相远,信矣。夫以孝文之仁,平、勃之知,犹有过刑谬论如此甚也,而况庸材溺于末流者乎?

[162] 网:法网。此句比喻法网疏阔,能吞船的大鱼都会被漏掉。
[163] 枭首:悬头示众。
[164] 菹(zū租):即菹醢(hǎi海),把人剁成酱。
[165] 詈(lì力):骂。
[166] 具:同"俱"。
[167] 祅(yāo妖)言:迷惑人的邪说。
[168] 同产:同母所生。收:收押,逮捕。
[169] 累:束缚,捆绑。
[170] 重:慎重,不轻易。
[171] 悫(què确):诚实,谨慎。
[172] 道:同"导"。
[173] 孰:同"熟"。
[174] 新垣平:西汉赵(今河北邯郸)人,方士,因欺骗文帝事发而谋反,被夷灭三族。

《周官》有五听、八议、三刺、三宥、三赦之法[175]。五听:一曰辞听,二曰色听,三曰气听,四曰耳听,五曰目听[176]。八议:一曰议亲,二曰议故,三曰议贤,四曰议能,五曰议功,六曰议贵,七曰议勤,八曰议宾[177]。三刺:一曰讯群臣,二曰讯群吏,三曰讯万民[178]。三宥:一曰弗识,二曰过失,三曰遗忘[179]。三赦:一曰幼弱,二曰老眊,三曰蠢愚[180]。凡囚,"上罪梏拲而桎,中罪梏桎,下罪梏;王之同族拲,有爵者栲,以待弊。"[181]高皇帝七年,制诏御史:"狱之疑者,吏或不敢决,有罪者久而不论,无罪者久系不决。自今以来,县道官狱疑者[182],各谳所属二千石官[183],二千石官以其罪名当报[184]。所不能决者,皆移廷尉,廷尉亦当报之。廷尉所不能决,谨具为奏,傅所当比律令以闻[185]。"上恩如此,吏犹不能奉宣[186]。故孝景中五年复下诏曰:"诸狱疑,虽文致于法而于人心不厌者,辄谳之[187]。"其后狱吏复避微文[188],遂其愚心。至后元年,又下诏曰:"狱,重事也。人有愚智,官有上下。狱疑者谳,有令谳者已报谳而后不当,谳者不为失。"自此之后,狱刑益详,近于五听三宥之意。三年复下诏曰:"高年老长,人所尊敬也;鳏、寡不属逮者[189],人所哀怜也。其著令[190]:年八十以上,八岁以下,及孕者未乳[191],师、朱儒当鞠系者[192],颂系之[193]。"至孝宣元康四年,又下诏曰:"朕念夫耆老之人,发齿堕落,血气既衰,亦无逆乱之心,今或罗于文法,执于囹圄,不得终其年命,朕甚怜之。自今以来,诸年八十非诬告、杀伤人,它皆勿坐。"至成帝鸿嘉元年,定令:"年未满七岁,贼斗杀人及犯殊死者,上请廷尉以闻,得减死。"合于三赦幼弱、老眊之人。此皆法令稍定,近古而便民者也。

[175]《周官》:即《周礼》,记载周代官制的书,内容涉及国家典礼、规范等,是儒家经典之一,与《仪礼》、《礼记》合称"三礼"。

[176] 听:审理。五听,即审理案件时要从言辞、面色、气息、听力、眼色五个方面来观察对方。

[177] 议:商议。八议,指八种人犯罪不能直接裁决,而必须提交君王商议,这八种人是指君王的亲族、君王的故旧、有贤德的人、有学问和技能的人、有功之人、公卿贵族、为国勤苦的人、君王的宾客。

[178] 刺:杀。三刺,指难以决断的重大案件,要询问群臣、群吏及老百

姓的意见。

[179] 宥:宽宥。三宥,指有三种情形犯罪可宽宥,一是不能辨识造成的犯罪,二是无意之中的犯罪,三是因遗忘造成的犯罪。

[180] 三赦:指三种人犯罪可以赦免,一是七岁以下孩童,二是八十以上的老人,三是呆傻之人。

[181] "凡囚"七句:见《周礼·秋官·司寇》。梏,戴在手上的刑具,木手铐。拲(gǒng拱),两手铐在一起的木手铐。桎,戴在脚上的刑具。弊,裁决,裁断。

[182] 道:汉代,少数民族聚居地区设置的县称为道。

[183] 谳:上报案件。

[184] 报:判决罪人。

[185] 傅:通"附"。比:比照,按照。闻:奏闻。

[186] 宣:宣布君主的诏旨,此处作名词。

[187] 文致:舞文弄法,陷人入罪。厌:服。谳:平议。

[188] 微文:隐晦曲折的文字。此句意为负责刑狱诉讼的官员仍然用隐晦曲折的文字避开诏令的要求。

[189] 不属逮:不在逮捕的范围内。

[190] 著:撰述。

[191] 乳:生子。

[192] 师:乐师,乐工。朱儒:即侏儒。鞠系:审讯后戴上刑具。

[193] 颂(róng容):通"容",宽容,宽免。

孔子曰:"如有王者,必世而后仁;善人为国百年,可以胜残去杀矣。[194]"言圣王承衰拨乱而起,被民以德教[195],变而化之,必世然后仁道成焉;至于善人,不入于室,然犹百年胜残去杀矣。此为国者之程式也。今汉道至盛,历世二百余载,考自昭、宣、元、成、哀、平六世之间,断狱殊死[196],率岁千余口而一人,耐罪上至右止[197],三倍有余。古人有言:"满堂而饮酒,有一人乡隅而悲泣[198],则一堂皆为之不乐。"王者之于天下,譬犹一堂之上也,故一人不得其平,为之凄怆于心。今郡、国被刑而死者岁以万数,天下狱二千余所,其冤死者多少相覆[199],狱不减一人,此和气所以未洽者也。

[194]"如有王"四句:出自《论语·子路》。世,三十年为一世。
[195]被:施加。
[196]殊死:斩首的死刑。
[197]耐:通"耏"。止:同"趾"。
[198]乡:同"向"。
[199]多少:偏义复合词,指多。覆:盖。

原狱刑所以蕃若此者[200],礼教不立,刑法不明,民多贫穷,豪杰务私,奸不辄得[201],狱犴不平之所致也[202]。《书》云"伯夷降典[203],悊民惟刑"[204],言制礼以止刑,犹堤之防溢水也。今堤防凌迟[205],礼制未立;死刑过制,生刑易犯;饥寒并至,穷斯滥溢;豪杰擅私,为之囊橐[206],奸有所隐,则狃而浸广:此刑之所以蕃也。孔子曰:"古之知法者能省刑,本也;今之知法者不失有罪,末矣。"又曰:"今之听狱者,求所以杀之;古之听狱者,求所以生之。"与其杀不辜,宁失有罪。今之狱吏,上下相驱,以刻为明,深者获功名,平者多患害。谚曰:"鬻棺者欲岁之疫。"非憎人欲杀之,利在于人死也。今治狱吏欲陷害人,亦犹此矣。凡此五疾,狱刑所以尤多者也。

自建武、永平[207],民亦新免兵革之祸,人有乐生之虑,与高、惠之间同,而政在抑强扶弱,朝无威福之臣,邑无豪杰之侠。以口率计[208],断狱少于成、哀之间什八[209],可谓清矣。然而未能称意比隆于古者[210],以其疾未尽除,而刑本不正。

［200］原：推究。蕃：繁多。

［201］奸不辄得：奸邪之事不能立即得到结果。

［202］狱犴（àn案）：指诉讼、审案。

［203］伯夷：尧舜时期掌管三礼五刑的官员。降典：施行法典。

［204］"《书》云"二句：出自《尚书·周书·吕刑》。恧，愧服。

［205］凌迟：衰败。

［206］囊：有底儿的口袋。橐（tuó驮）：无底儿的口袋。意思是，容隐奸邪，若囊橐之盛物。

［207］建武：东汉光武帝刘秀年号（25—56）。永平：东汉明帝刘庄年号（58—75）。

［208］口率：人口比率。

［209］什八：十分之八。

［210］称意：符合心意。比：比拟。隆：兴盛。

善乎！孙卿之论刑也[211]，曰："世俗之为说者，以为治古者无肉刑[212]，有象刑[213]、墨黥之属[214]，菲履赭衣而不纯[215]，是不然矣。以为治古，则人莫触罪邪，岂独无肉刑哉，亦不待象刑矣。以为人或触罪矣，而直轻其刑[216]，是杀人者不死，而伤人者不刑也。罪至重而刑至轻，民无所畏，乱莫大焉，凡制刑之本，将以禁暴恶，且惩其未也[217]。杀人者不死，伤人者不刑，是惠暴而宽恶也。故象刑非生于治古，方起于乱今也。凡爵列官职，赏庆刑罚，皆以类相从者也。一物失称，乱之端也。德不称位，能不称官，赏不当功，刑不当罪，不祥莫大焉。夫征暴诛悖，治之威也。杀人者死，伤人者刑，是百王之所同也，未有知其所由来者也。故治则刑重[218]，乱则刑轻[219]，犯治之罪固重，犯乱之罪固轻也。《书》云'刑罚世重世轻'[220]，此之谓也。"所谓"象刑惟明"者[221]，言象天道而作刑,安有菲履赭衣者哉?

孙卿之言既然,又因俗说而论之曰:禹承尧、舜之后,自以德衰而制肉刑,汤、武顺而行之者,以俗薄于唐、虞故也。今汉承衰周暴秦极敝之流,俗已薄于三代,而行尧、舜之刑,是犹以鞿而御駻突[222],违救时之宜矣。且除肉刑者,本欲以全民也,今去髡钳一等,转而入于大辟,以死罔民,失本惠矣。故死者岁以万数,刑重之所致也。至乎穿窬之盗,忿怒伤人,男女淫佚,吏为奸臧,若此之恶,髡钳之罚又不足以惩也。故刑者岁十万数,民既不畏,又曾不耻,刑轻之所生也。故俗之能吏,公以杀盗为威,专杀者胜任[223],奉法者不治[224],乱名伤制,不可胜条。是以罔密而奸不塞,刑蕃而民愈嫚。必世而未仁,百年而不胜残,诚以礼乐阙而刑不正也[225]。岂宜惟思所以清原正本之论,删定律、令,籑二百章[226],以应大辟。其余罪次,于古当生,今触死者,皆可募行肉刑。及伤人与盗,吏受赇枉法,男女淫乱,皆复古刑,为三千章。诋欺文致微细之法,悉蠲除。如此,则刑可畏而禁易避,吏不专杀,法无二门,轻重当罪,民命得全,合刑罚之中,殷天人之和[227],顺稽古之制,成时雍之化[228]。成、康刑错,虽未可致,孝文断狱,庶几可及。《诗》云:"宜民宜人,受禄于天。"[229]《书》曰:"立功立事,可以永年。"[230]言为政而宜于民者,功成事立,则受天禄而永年命,所谓"一人有庆,万民赖之"者也[231]。

——《汉书·刑法志》

[211] 孙卿之论刑:下文所引,出《荀子·正论》。荀子,名况,字卿,赵人,荀、孙音近,故又称孙卿。

[212] 治古:古代的治世。

[213] 象刑:用象征的方式代替肉刑的刑罚。

［214］ 墨黥：用以墨涂面代替黥刑。

［215］ 菲履：草鞋。纯（zhǔn准）：古代衣服鞋帽的镶边。

［216］ 直：直接，径直。

［217］ 惩：制止，克制。惩其未，指防范于未然。

［218］ 治：治世。

［219］ 乱：乱世。

［220］ 刑罚世重世轻：出自《尚书·周书·吕刑》，意为刑罚随时代的不同而或轻或重。

［221］ 象刑惟明：语出《尚书·虞书·益稷》，意为严明施行象刑。

［222］ 羁：同"羁"，马缰绳。駻（hàn汉）突：凶悍的恶马。

［223］ 专杀者胜任：主张滥杀的人被认为胜任职务。

［224］ 奉法者不治：依法行事的人被认为不善于治理。

［225］ 阙：缺损，毁损。

［226］ 籑（zhuàn撰）：同"撰"，撰集。

［227］ 殷：正。

［228］ 时雍：时世和睦。

［229］ "宜民宜人"二句：出自《诗·大雅·假乐》。

［230］ "立功立事"二句：出自《尚书·周书·泰誓》。

［231］ "一人有庆"二句：出自《尚书·周书·吕刑》。

政平讼理

[**解题**] 题目系选注者所拟。汉宣帝在民间长大,知人民疾苦,因此提出只有政治清平、讼案处理公正,人民才能安居乐业。而宣帝所任良吏,也多是遵礼任法之辈。

及至孝宣,由仄陋而登至尊,兴于闾阎,知民事之艰难。自霍光薨后始躬万机,厉精为治,五日一听事,自丞相已下各奉职而进。及拜刺史守相,辄亲见问,观其所由,退而考察所行以质其言,有名实不相应,必知其所以然。常称曰:"庶民所以安其田里而亡叹息愁恨之心者,政平讼理也。与我共此者,其唯良二千石乎!"以为太守,吏民之本也,数变易则下不安,民知其将久,不可欺罔,乃服从其教化。故二千石有治理效,辄以玺书勉厉,增秩赐金,或爵至关内侯,公卿缺则选诸所表以次用之。是故汉世良吏,于是为盛,称中兴焉。若赵广汉、韩延寿、尹翁归、严延年、张敞之属,皆称其位,然任刑罚,或抵罪诛。王成、黄霸、朱邑、龚遂、郑弘、召信臣等,所居民富,所去见思,生有荣号,死见奉祀,此廪廪庶几德让君子之遗风矣[1]。

——《汉书·循吏传》

[1] 廪廪:有风采的样子。

刑罚明惧

〔**解题**〕 题目系选注者所拟。《白虎通》,又称《白虎通义》、《白虎通德论》。东汉章帝建初四年(79),朝廷召开白虎观会议,由太常、将、大夫、博士、议郎、郎官及诸生、诸儒陈述见解,"讲议五经异同",意图弥合今、古文经学异同。汉章帝亲自裁决其经义奏议,会议的成果由班固写成《白虎通义》一书,简称《白虎通》。

圣人治天下必有刑罚何?所以佐德助治,顺天之度也。故悬爵赏者,示有劝也[1]。设刑罚者,明有所惧也。

——《白虎通·五刑》

[1] 劝:鼓励。

六条问事

[解题] 题目系选注者所拟。汉武帝元封五年初置部刺史一职,遵奉六条诏令监察各地。此职位共设置十三个名额,秩级为六百石,职责以监察二千石官员为主,兼及豪强。汉成帝时期,变刺史为州牧,秩二千石。六条问事是汉代监察地方大员徇私枉法的手段,也曾在一定时期起到了积极的监察效果。

《汉官典职仪》云:刺史班宣[1],周行郡国,省察治政[2],黜陟能否[3],断理冤狱,以要问事六条。非条所问,即不省。

一条:强宗、豪右[4],田宅逾制,以强陵弱,以众暴寡。

二条:二千石不奉诏书,遵承典制,倍公向私[5],旁诏守利[6],侵渔百姓,聚敛为奸。

三条:二千石不恤疑狱,风厉杀人[7],怒则任刑,喜则任赏,烦扰苛暴,剥戮黎元[8],为百姓所疾。山崩石裂,妖祥讹言[9]。

四条:二千石选署不平[10],苟阿所爱[11],蔽贤宠顽。

五条:二千石子弟怙恃荣势[12],请托所监[13]。

六条,二千石违公下比[14],阿附豪强,通行货赂[15],割损政令也。

——颜师古《汉书注·百官公卿表》

［1］班宣:宣谕。

［2］省(xǐng醒):视察,检察。

［3］黜:罢免,免职。陟:晋升,进用。

［4］强宗、豪右:俱指豪强大族。古代以右为尊,因此以"右姓"称呼大宗族,豪右即指势力强大的大宗族。

［5］倍:通"背"。

［6］旁:通"谤",谤讯,谤议。

［7］风厉:猛烈,暴虐。

［8］黎元:黎民百姓。

［9］妖祥:凶兆与吉兆。

［10］选署:选拔任用官员。

［11］苟:苟合。阿(ē屙):偏袒,迎合。

［12］怙恃:依仗,凭借。

［13］所监:主管官员。

［14］比:勾结。

［15］通行:通用施行,此处指明目张胆。

明慎刑罚

〔解题〕题目系选注者所拟。本文是东汉章帝时鲁丕举贤良方正时所作对策。鲁丕,字叔陵,扶风平陵人,通五经,为当世名儒,因本对策而得拔擢。对策以选拔人才为重点,但也重视法律之作用,明确指出了法是民众的"仪表"。鲁丕为官务在"表贤明、慎刑罚",正是对此文观点的身体力行。

政莫先于从民之所欲,除民之所恶,先教后刑,先近后远。君为阳,臣为阴;君子为阳,小人为阴;京师为阳,诸夏为阴[1];男为阳,女为阴;乐和为阳,忧苦为阴,各得其所则和调。精诚之所发[2],无不感浃[3]。吏多不良,在于贱德而贵功,欲速,莫能修长久之道。古者贡士[4],得其人者有庆,不得其人者有让[5],是以举者务力行。选举不实,咎在刺史二千石[6]。《书》曰:"天工,人其代之。"[7]观人之道,幼则观其孝顺而好学,长则观其慈爱而能教,设难以观其谋,烦事以观其治,穷则观其所守,达则观其所施,此所以核之也[8]。民多贫困者急,急则致寒,寒则万物不成。去本就末,奢所致也。制度明则民用足,刑罚不中,则于名不正。正名之道,所以明上下之称,班爵号之制[9],定卿大夫之位也。狱讼不息,在争夺之心不绝。法者,民之仪表也[10],法正则民悫。吏民凋弊[11],所从久矣。不求其本,浸以益甚[12]。吏政多欲速,又州官秩卑而任重[13],竞为小功,以求进取,生凋弊之俗。

救弊莫若忠,故孔子曰:"孝慈则忠。"[14]治奸诡之道,必明慎刑罚,孔子曰:"导之以礼乐,而民和睦。"[15]"说以犯难,民忘其死。"[16]死且忘之,况使为礼义乎?

——《后汉纪·孝安皇帝纪上卷》

［１］诸夏:原指周朝时分封的中原各诸侯国,泛指中原地区,此处指与京师相对的中央之下的行政区。

［２］精诚:至真至诚。

［３］浃:通,透。感浃,感通,此有所感而通于彼。

［４］贡士:向中央贡献人才。

［５］让:责问,责备。

［６］刺史:汉代官职名,主管地方监察。二千石:指郡守,汉代郡守官秩二千石。东汉刺史权力扩大,常以刺史、二千石并称。

［７］"天工"二句:出自《尚书·皋陶谟》,意为上天的职责,人代替来完成。

［８］核:考核,核实。

［９］班:排列。

［10］仪表:准则,法式。

［11］凋弊:衰败,破败。

［12］浸:渐渐,逐渐。

［13］秩:官员的职位等级。

［14］孝慈则忠:出自《论语·为政》。

［15］"导之以礼乐"二句:出自《孝经·三才》。

［16］"说以犯难"二句:出自《易传·象传下·兑》。说,劝说,说服。或解释为通"悦"。

刑 罚 在 衷[1]

〔解题〕题目系选注者所拟。此节选自后汉梁统的两次上疏论法。梁统,字仲宁,安定乌氏人,东汉初为列侯。其人"性刚毅而好法律",曾屡次上书言事,提倡重刑罚、遵旧典。选文强调刑罚必须适中,明确提出"刑轻之作,反生大患",这与传统儒家宽刑轻典的主张确有不同之处。

臣闻立君之道,仁义为主,仁者爱人,义者政理,爱人以除残为务,政理以去乱为心[2]。刑罚在衷,无取于劝[3],是以五帝有流、殛、放、杀之诛[4],三王有大辟、刻肌之法。故孔子称"仁者必有勇"[5],又曰"理财正辞,禁民为非曰义"[6]。高帝受命诛暴,平荡天下,约令定律,诚得其宜。文帝宽惠柔克,遭世康平,惟除省肉刑、相坐之法,它皆率由,无革旧章。武帝值中国隆盛,财力有余,征伐远方,军役数兴,豪桀犯禁,奸吏弄法,故重首匿之科[7],著知从之律[8],以破朋党,以惩隐匿。宣帝聪明正直,总御海内,臣下奉宪[9],无所失坠,因循先典,天下称理。至哀、平继体,而即位日浅,听断尚寡,丞相王嘉轻为穿凿,亏除先帝旧约成律,数年之间,百有余事,或不便于理,或不厌民心[10]。

闻圣帝明王,制立刑罚,故虽尧、舜之盛,犹诛四凶[11]。经曰:"天讨有罪,五刑五庸哉。"[12]又曰:"爰制百姓于刑之衷。"[13]孔子曰:"刑罚不衷,则人无所厝手足。"[14]衷之为言,不轻不重之谓也。《春秋》之诛,不避亲戚[15],所以防患救乱,全安众庶,岂无仁爱之恩?贵绝残贼之路也。自高祖之兴,至于孝宣,君明臣忠,谟谋深博[16],犹因循旧章,不轻改革[17],海内称理,断狱益少。至初元、建平[18],所减刑罚百有余条,而盗贼浸多[19],岁以万数。间者三辅从横[20],群辈并起,至燔烧茂陵[21],火见未央[22]。其后陇西、北地、西河之贼[23],越州度郡,万里交结,攻取库兵,劫略吏人[24],诏书讨捕,连年不获。是时以天下无难,百姓安平,而狂狡之势,犹至于此,皆刑罚不衷,愚人易犯之所致也。由此观之,则刑轻之作,反生大患;惠加奸轨,而害及良善也。

——《后汉书·梁统传》

[1] 衷:通"中",中正,适中。

[2] 政理:政治清明有条理。

[3] 劝:鼓励,勉励。

[4] 殄:诛杀。

[5] 仁者必有勇:出自《论语·宪问》。

[6] "理财正辞"二句:出自《易传·系辞下》,意为管理财务,端正言行,禁止民众做坏事,这就是义。

[7] 首匿:首,首要。匿,隐藏罪犯。指主谋隐藏罪犯。

[8] 知从:从,通"纵"。指知道别人犯法而不告发。

[9] 奉宪:奉行法令。

[10] 厌:满足。

[11] 四凶:传说被舜帝流放到四方的四个恶人。按《尚书·舜典》,四凶为共工、谨兜、三苗、鲧。

[12] "天讨有罪"二句:经,书经,即《尚书》。《尚书·皋陶谟》云:"天讨有罪,五刑五用哉。"

[13] 爰制百姓于刑之衷:出自《尚书·吕刑》:"士制百姓于刑之中。"意为师士用公正的刑罚约束百官。爰,于。

[14]"刑罚不衷"二句:出自《论语·子路》,意为刑罚不公正,则人们不知道怎么做才好。厝,放置,安排。

[15]"《春秋》"二句:意为《春秋》里诛杀罪人不会避开亲属,即《春秋》提倡大义灭亲。

[16]谟:谋划。

[17]轻:轻易。

[18]初元:汉元帝年号,公元前48—公元前44年。建平:汉哀帝年号,公元前6—公元前3年。

[19]浸:更加,越发。

[20]间者:近来,最近。三辅:指长安及附近地区,即京兆、左冯翊、右扶风。从横:也作"纵横",驰骋,横冲直撞。

[21]茂陵:汉武帝刘彻的陵墓。

[22]未央:汉宫室名。此处言盗贼之烈,甚至劫掠皇陵与宫室。

[23]北地:郡名,在今陕西、甘肃、宁夏一带。西河:郡名,在今山西、内蒙一带。

[24]劫略:同"劫掠",抢劫掠夺。

桓谭论法

〔解题〕题目系选注者所拟。桓谭(约公元前23—公元56),沛国相(今安徽淮北市)人,是两汉交际时期著名经学家、哲学家,东汉初年曾屡次上疏言政事,均为光武帝所不喜,但他不畏强权,坚持追求真理,最终因反对谶纬而死于外放路上。其为人为学很受后世学者所推重。此处节选自桓谭任议郎给事中时所上陈时政疏,其中对法律有比较客观的认识。桓谭认为法律并不能杜绝所有的坏事,也不能满足所有人的愿望,只要能够尽量"便国利事"就可以了。用今天的话说,法律做不到绝对公平,只能从政事的角度来求取"最大公约数"。而政府官吏的作用,就是通过法律来惩恶以扬善。他还指出,法令不统一就会产生寻租空间,从而萌生奸宄,冤狱泛滥。

且设法禁者,非能尽塞天下之奸,皆合众人之所欲也,大抵取便国利事多者,则可矣。夫张官置吏[1],以理万人,县赏设罚[2],以别善恶,恶人诛伤,则善人蒙福矣。……又见法令决事,轻重不齐,或一事殊法,同罪异论,奸吏得因缘为市[3],所欲活则出生议,所欲陷则与死比,是为刑开二门也。今可令通义理明习法律者,校定科比[4],一其法度,班下郡国[5],蠲除故条[6]。如此,天下知方[7],而狱无怨滥矣。

——《后汉书·桓谭传》

[1] 张:设置。

[2] 县:同"悬"。

[3] 市:交易。

[4] 科比:法律条文和事例。

[5] 班:颁布。

[6] 蠲(juān 捐):除去,减免。

[7] 方:准则。

罪刑宜平

[**解题**] 题目系选注者所拟。张酺(pú 仆)(？—104)，字孟侯，东汉汝南细阳(今安徽太和)人，是汉初赵王张敖之后，随其祖父习《尚书》，明帝时为郎，入宫教授皇太子，后累官至太尉、光禄勋，卒于司徒任上。张酺为人质朴正直、果决刚烈、不畏权贵。窦氏权势倾天之时，他敢于彻查窦氏的罪行，窦氏落败之时，他能够秉公直言。本处节选，是窦氏落败时张酺的奏疏。其中对窦氏伏罪却"罪刑未著"表示反对，认为要垂示国典的重大案件应该交由司法官与天下人平议。另外，他指出窦氏之窦瑰未尝犯法，应该加以宽宥，这在实施连坐制的中国古代法制中是难能可贵的。

及窦氏败[1]，酺乃上疏曰："臣实愚蠢，不及大体，以为窦氏虽伏厥辜[2]，而罪刑未著，后世不见其事，但闻其诛，非所以垂示国典，贻之将来。宜下理官，与天下平之。方宪等宠贵，群臣阿附唯恐不及，皆言宪受顾命之托[3]，怀伊、吕之忠[4]，至乃复比邓夫人于文母[5]。今严威既行，皆言当死，不复顾其前后，考折厥衷[6]。臣伏见夏阳侯瑰[7]，每存忠善，前与臣言，常有尽节之心，检救宾客[8]，未尝犯法。臣闻王政骨肉之刑，有三宥之义[9]，过厚不过薄。今议者为瑰选严能相[10]，恐其迫切[11]，必不完免[12]，宜裁加贷宥[13]，以崇厚德。"和帝感酺言，徙瑰封，就国而已。

——《后汉书·张酺传》

[1] 窦氏:指大将军窦宪家族。因汉章帝立窦宪之妹为皇后,窦氏兄弟受章帝亲幸,逐步权倾朝野,率大军大破匈奴,受封大将军,位在三公之上。汉和帝时,窦宪意图谋反,被赐死。

[2] 厥:代词,其。辜:罪。

[3] 顾命:临终之命。

[4] 伊:伊尹,商汤的贤臣。吕:吕尚,即姜子牙,辅佐周成王、周武王两代君主。

[5] 邓夫人:指与窦宪一起谋反的穰侯邓叠的夫人。文母:指周文王的妻子太姒。

[6] 考:考察,查核。折:判断,裁决。衷:内心。

[7] 瓌(guī 归):窦瓌,窦宪的弟弟。

[8] 检敕:整饬。

[9] 三宥:三种宽恕的情况。古代王公家族之人犯法,有宽恕三次的制度。见《礼记·文王世子》。

[10] 议者:议论的人。相:辅助的人。

[11] 追切:逼迫急切。

[12] 完免:保全,幸免。

[13] 裁:判决,裁定。贷宥:宽宥,饶恕。

述　赦

〔解题〕本节摘选自王符《潜夫论》。王符(约85—约163)，字节信，安定临泾(今甘肃镇原)人，东汉后期思想家、政论家。《后汉书》说他著书"以讥当时失，不欲彰显其名"，因而其作以"潜夫"为名，而其作"足以观见当时风政"。《潜夫论》现存36篇，论述了对现实社会的批评及治国安民的建议，内容涉及政治、经济、伦理、法律等各方面，思想以儒为主，杂以道、法。其中有大量内容与法律有关，在《断讼》、《述赦》、《考绩》、《衰制》等篇章尤为集中。王符的法律思想，是从东汉末期的混乱政治现实出发，强调法令的重要，甚至要通过君主的"有义"、"思正"来使君主也听从于法令，从而约束限制君主的权力。他所提的以诛止杀、反对滥赦等思想与先秦法家非常接近，但同时，他又以"德化"为治世的最高理想，体现出鲜明的儒家思想。在《断讼》中，王符提出"夫立法之大要，必令善人劝其德而乐其政，邪人痛其祸而悔其行"，点出了法律的宗旨与作用。本处所选的《述赦》，则针对东汉后期法纪松弛、数赦犯罪的情况，一一分析滥赦所造成的危害。王符认为，法律就是要"威奸惩恶除民害"，而"法令行则国治，法令弛则国乱"、"君敬法则法行，君慢法则法弛"，明确指出消除犯罪在于"明法"而不在于"数赦"，强调严格执法而不是一味宽仁。

凡治病者，必先知脉之虚实，气之所结，然后为之方[1]，故疾可愈而寿可长也。为国者，必先知民之所苦，祸之所起，然后设之以禁，故奸可塞、国可安矣。

今日贼良民之甚者,莫大于数赦。赦赎数,则恶人昌而善人伤矣。奚以明之哉?曰:孝悌之家,修身慎行,不犯上禁,从生至死,无铢两罪[2];数有赦赎,未尝蒙恩,常反为祸。何者?正直之士之为吏也,不辟强御[3],不辞上官[4]。从事督察[5],方怀不快,而奸猾之党,又加诬言,皆知赦之不久,则且共横枉侵冤,诬奏罪法。令主上妄行刑辟,高至死徙,下乃沦冤,而彼冤之家,乃甫当乞鞠告故以信直[6],亦无益于死亡矣[7]。

……

轻薄恶子,不道凶民[8],思彼奸邪,起作盗贼,以财色杀人父母,戮人之子,灭人之门,取人之贿,及贪残不轨,凶恶弊吏,掠杀不辜,侵冤小民,皆望圣帝当为诛恶治冤,以解蓄怨。反一门赦之,令恶人高会而夸诧[9],老盗服臧而过门,孝子见雠而不得讨,亡主见物而不得取[10],痛莫甚焉。故将赦而先暴寒者[11],以其多冤结悲恨之人也。

夫养稊稗者伤禾稼[12],惠奸宄者贼良民。《书》曰:"文王作罚,刑兹无赦。"[13]是故先王之制刑法也,好伤人肌肤,断人寿命者也,乃以威奸惩恶除民害也。天下本以民不能相治,故为立王者以统治之。天下在于奉天威命,共行赏罚。故经称:"天命有德,五服五章;天罚有罪,五刑五用。"[14]《诗》刺"彼宜有罪,汝反脱之"[15]。古者唯始受命之君[16],承大乱之极,被前王之恶,其民乃并为敌雠,罔不寇贼消义奸宄夺攘[17],以革命受祚[18],为之父母[19],故得一赦。继体以下[20],则无违焉。何者?人君配乾而仁[21],顺育万以成大功[22],非得以养奸活罪为仁,放纵天贼为贤也。

今夫性恶之人,居家不孝悌,出入不恭敬,轻薄慢傲,凶悍无辨,明以威侮侵利为行,以贼残酷虐为贤,故数陷王法者,此乃民之贼,下愚极恶之人也。虽脱桎梏而出囹圄,终无改悔之心,自诗以嬴敖头[23],出狱踞踏[24],复犯法者何不然。

洛阳至有主谐合杀人者[25],谓之会任之家[26],受人十万,谢客数千。又重馈部吏,吏与通奸,利入深重,幡党盘牙[27],请至贵戚宠臣,说听于上,遏行于下。是故虽严令、尹[28],终不能破攘断绝[29]。何者?凡敢为大奸者,材必有过于众,而能自媚于上者也。多散苟得之财,奉以谄谀之辞,以转相驱,非有第五公之廉直[30],孰能不为顾?今案洛阳主杀人者,高至数十,下至四五,身不死则杀不止,皆以数赦之所致也。由此观之,大恶之资,终不可化,虽岁赦之,适劝奸耳。

……

论者多曰:"久不赦则奸宄炽,而吏不制,故赦赎以解之。"此乃招乱之本原,不察祸福之所生者之言也。凡民所以轻为盗贼,吏之所以易作奸匿者,以赦赎数而有侥望也。若使犯罪之人终身被命,得而必刑,则计奸之谋破,而虑恶之心绝矣。

夫良赎可,孺子可令姐[31],中庸之人,可引而下[32],故其谚曰:"一岁载赦,奴儿噫嗟。"[33]言王诛不行,则痛瘀之子皆轻犯[34],况狡乎?若诚思畏盗贼多而奸不胜故赦,则是为国为奸宄报也。夫天道赏善而刑淫,"天工,人其代之"[35],故凡立王者,将以诛邪恶而养正善,而以逞邪恶逆,妄莫甚焉。

且夫国无常治,又无常乱,法令行则国治,法令弛则国乱;法无常行,亦无常弛,君敬法则法行,君慢法则法弛[36]。昔孝明帝时,制举茂才,过阙谢恩,赐食事讫,问何异闻,对曰:"巫有剧贼九人[37],刺史数以窃郡[38],讫不能得。"帝曰:"汝非部南郡从事邪?"对曰:"是。"帝乃振怒,曰:"贼发部中而不能擒,然材何以为茂?"捶数百,便免官,而切让州郡[39],

十日之间，贼即伏诛。由此观之，擒灭盗贼，在于明法，不在数赦。

今不显行赏罚以明善恶，严督牧守以擒奸猾，而反数赦以劝之，其文常曰："谋反大逆不道诸犯，不当得赦皆除之[40]，将与士大夫洒心更始[41]。"岁岁洒之，然未尝见奸人冗吏有肯变心悔服称诏者也[42]。有司奏事，又俗以赦前之微过[43]，妨今日之显举。然则改往修来，更始之诏，亦不信也。《诗》讥"君子屡盟，乱是用长"[44]。故不若希其令，必其言。若良不能子无赦者[45]，罕之为愈，令世岁老古时一赦[46]，则奸宄之减十八九可胜必也。昔大司马吴汉老病将卒[47]，世祖问以遗戒[48]，对曰："臣愚不智，不足以知治，慎无赦而已矣。"

夫"方以类聚，物以群分"[49]。"人之情皆见乎辞"[50]，故诸言不当赦者，非修身修行，则必忧哀谨慎而嫉毒奸恶者也。诸利数赦者，非不达赦务，则交内怀隐忧有愿为者也。人君之发令也，必谘于群臣[51]，群臣之奸邪者，固必伏罪，虽正直吏，犹有公过，自非鬻拳、李离[52]，孰肯刑身以正国？然则是皆接私计以论公政也。与狐议裘[53]，无时焉可！

——《潜夫论·述赦》

[1] 方：药方。

[2] 铢两：铢、两均为古代重量单位，并称常引申为极轻的分量。

[3] 辟：通"避"。强御：有权势的豪强。

[4] 辞：辞谒，谒辞。指晋升前拜别上官。

[5] 从事：从事史，司隶校尉或诸州刺史的属官。

[6] 甫：刚，刚要。乞鞫：即"乞鞫"，请求复审。信：通"伸"。此句意为刚要准备请求复审以伸冤。

[7] "亦无益"句：指没有什么好办法可以免去刑罚。

[8] 不道:杀不辜一家三人为不道。

[9] 高会:盛大聚会。诧:夸耀。

[10] 亡主:失主。

[11] 暴:突然,迅速。

[12] 稊(tí提):一种似稗子的草,子实为稊米,可食用。

[13] "文王"二句:出自《尚书·周书·康诰》,意为施用文王制定的刑罚,惩罚罪人,不要赦免他们。

[14] "天命"四句:出自《尚书·虞书·皋陶谟》。经,书经,即《尚书》。

[15] "彼宜有罪"二句:出自《诗·大雅·瞻卬》:"彼宜有罪,女覆说之。"意为那人应该判有罪,你反而赦免了他。刺,批评。女,通"汝"。覆,反复。说,通"脱"。

[16] 始受命之君:指开国君主。

[17] 罔:无。消义:疑为"鸥义",指盗贼状如鸥鸶,抄略良善,劫夺人物。奸宄:违法作乱。夺攘:抢夺。

[18] 祚:皇位,国统。

[19] 为之父母:指天子为民父母。

[20] 继体:指继位之君。

[21] 乾:天。《易·说卦》:"乾为天,为圜,为君,为父。"

[22] 万:后疑脱落"物"。

[23] 诗:应为"恃",凭借,依赖。

[24] 蹴踖(cùjí促及):徘徊的样子。

[25] 谐合:和合,谐调。

[26] 会任:即侩任,指说合买卖。

[27] 幡党盘牙:相互交接,盘根错节。

[28] 令、尹:此处指洛阳令、河南尹。

[29] 破攘:破坏。

[30] 第五公:第五伦,字伯鱼,东汉章帝时官至大司空,秉性耿直,廉洁奉公,是东汉中后期著名廉吏。

[31] 姐(jù句):娇惯,骄纵。

[32] "中庸"二句:意为品德一般的人,可能被引入道德低下的行列。

163

[33]"一岁载赦"二句:意为一年之中两次赦免,即使驽钝的人也会犯罪。载,通"再",两次。

[34]痛瘝之子:指体弱多病的人。

[35]天工,人其代之:见《尚书·虞书·皋陶谟》。

[36]慢:轻忽,慢待。

[37]巫:巫县,在今重庆巫山。

[38]窍:疑为"察"。

[39]切:深切。让:责备,斥责。

[40]除:施与,给予。此处指赦免。

[41]洒心更始:意为洗心革面、从头开始。

[42]悔服:悔过服罪。

[43]俗:疑为"欲"。

[44]"君子屡盟"二句:出自《诗·小雅·巧言》,意为君子经常盟誓,但是却祸乱不断。

[45]子:疑为"于"或"了"。

[46]世:三十年。

[47]吴汉:字子颜,南阳宛县(今河南南阳)人,东汉开国名将,官至大司马。

[48]世祖:东汉光武帝刘秀,庙号世祖。

[49]"方以类聚"二句:出自《周易·系辞上》。方,种,类。

[50]人之情皆见乎辞:《周易·系辞下》云:"圣人之情见乎辞。"见(xiàn线),出现,显现。

[51]谘(zī咨):询问,咨询。

[52]鬻拳:春秋时楚国大夫,曾以兵器对楚文王强行进谏,楚文王纳谏后,鬻拳自刖以作惩罚,楚文王让他看城门。后来楚文王伐巴人败归,鬻拳不给他开城门,楚文王只好去攻打黄国,获胜。楚文王病死回师途中,鬻拳安葬了以后,自杀。李离:春秋时晋国的理官,因判案错误而枉杀人,把自己拘禁起来,判决该当死罪,不接受晋文公的赦令,伏剑而死。

[53]与狐议裘:与狐狸商量,要取它的皮做皮衣。

衰　制[1]

[**解题**] 本节出自王符《潜夫论》。王符认为，时代不同，所采取的治理方式也不相同，上古时代是用德治，而到了衰败之世，则不能单纯用德治，必须尊君重令、厉行法治，只要做到"政令必行"、"宪禁必从"，则必然能够达到"国治"。

无慢制而成天下者[2]，三皇也[3]；画则象而化四表者[4]，五帝也[5]；明法禁而和海内者，三王也[6]。行赏罚而齐万民者，治国也；君立法而下不行者，乱国也；臣作政而君不制者，亡国也。是故民之所以不乱者，上有吏；吏之所以无奸者，官有法；法之所以顺行者，国有君也；君之所以位尊者，身有义也。义者君之政也，法者君之命也。人君思正以出令，而贵贱贤愚莫得违也，则君位于上，而民氓治于下矣。人君出令而贵臣骄吏弗顺也，则君几于弑，而民几于乱矣。

夫法令者，君之所以用其国也。君出令而不从，是与无君等。主令不从则臣令行，国危矣。

夫法令者，人君之衔辔箠策也[7]；而民者，君之舆马也。若使人臣废君法禁而施己政令，则是夺君之辔策，而己独御之也。愚君闇主托坐于左[8]，而奸臣逆道执辔于右，此齐驺马繘所以沉胡公于具水[9]，宋羊叔牂所以弊华元于郑师[10]，而莫之能御也[11]。是故陈恒执简公于徐州[12]，李兑害主父于沙丘[13]，皆以其毒素夺君之辔策也[14]。《文言》故曰：

"臣弑其君,子弑其父,非一朝一夕之故也,其所由来者渐矣,由辩之不蚤辩也。"[15]是故妄违法之吏,妄造令之臣,不可不诛也。

议者必将以为刑杀当不用,而德化可独任。此非变通者之论也,非叔世者之言也[16]。夫上圣不过尧、舜,而放四子[17],盛德不过文、武[18],而赫斯怒[19]。《诗》云:"君子如怒,乱庶遄沮;君子如祉,乱庶遄已。"[20]是故君子之有喜怒也,盖以止乱也。故有以诛止杀,以刑御残[21]。

且夫治世者若登丘矣,必先蹑其卑者,然后乃得履其高。是故先致治国,然后三王之政乃可施也;道齐三王,然后五帝之化乃可行也;道齐五帝,然后三皇之道乃可从也。

且夫法也者,先王之政也;令也者,己之命也[22]。先王之政所以与众共也,己之命所以独制人也[23],君诚能授法而时贷之[24],布令而必行之,则群臣百吏莫敢不悉心从己令矣。己令无违,则法禁必行矣。故政令必行,宪禁必从,而国不治者,未尝有也。此一弛一张,以今行古,以轻重尊卑之术也[25]。

——《潜夫论·衰制》

[1] 衰制:衰世之制。

[2] 慢制:含义难明,清代汪继培笺注《潜夫论》,在此处提到王宗炎认为"慢"是"宪"字形近之误。

[3] 三皇:传说中的上古帝王,一般指天皇、地皇、人皇(泰皇),或指伏羲、燧人、神农,说法不一而足。

[4] 则:效仿。象:图像。参见《刑礼论》"象刑惟明"注。四表:指四方极远之地,泛指天下。

[5] 五帝:传说中的上古帝王,在三皇之后,一般指黄帝、颛顼、帝喾、尧、舜。

[6] 三王:指夏、商、周三代君主,夏禹、商汤、周文王(或周武王)。

[7] 辔:驾驭牲口用的缰绳。箠、策:(竹制的)马鞭子。

[8] 阎:昏暗不明,愚昧。托:寄托,委托。

[9] 齐驵马缭所以沉胡公于具水:《国语·楚语下》记载:"昔齐驵马缭以胡公入于具水。"驵马缭,按三国韦昭注,是齐国大夫,晚清孙诒让认为驵马即"趣马",是齐国养马官,缭为人名。胡公,指齐胡公,名静,公元前867—公元前860年在位,死于公子山叛乱中。具水,即巨蔑水,今山东弥河。

[10] 羊叔牂(zāng脏),指羊斟。华元:宋国卿大夫,长期掌握国政。弊:同"敝",破、败。公元前607年,郑伐宋,华元与乐吕带兵抵御,羊斟是他的车夫。将要开战之前,华元杀羊犒赏士卒,没有给车夫羊斟吃,大战之时,羊斟说:"畴昔之羊,子为政;今日之事,我为政。"他驾着战车进入了郑国军队,宋军因而失败。

[11] 御:止,阻止。

[12] 陈恒:即田恒,又被称为田常。春秋时陈国内乱,公子完逃奔齐国后,以"田"为氏,战国时常田、陈并称。后《史记》因避汉文帝刘恒讳,又将恒称为常。所以陈恒、田恒、田常实为一人,是公子完六世孙,擅权专国,杀齐简公,田氏完全把持了齐国朝政,到其三世孙,田氏代齐。

[13] 李兑:战国时期赵国大臣。主父:即赵武灵王,名雍,在位二十七年后传位于太子何,自号为"主父",太子何即赵惠文王。赵惠文王四年,主父欲改立长子章为王,李兑率兵将主父围在沙丘宫里三个月,使之饿死。

[14] 毒:疑为衍文,一说通"蓄",养育、化育,如《老子》:"长之育之,亭之毒之,养之覆之。"

[15] "臣弑其君"五句:《易传·文言传·坤文言》云:"臣弑其君,子弑其父,非一朝一夕之故,其所由来者渐矣。由辩之不早辩也。""蚤"、"早"互通,"辨"、"变"互通。

[16] 叔世:政治衰乱的年代。一说,"叔"当作"救"。《左传·昭公六年》子产曰:"吾以救世也。"

[17] 放四子:《尚书·虞书·舜典》云:"流共工于幽州,放讙兜于崇山,窜三苗于三危,殛鲧于羽山,四罪而天下咸服。"

［18］ 文、武：即周文王与周武王。

［19］ 赫斯怒：语出《诗·大雅·皇矣》："密人不恭，敢距大邦，侵阮徂共。王赫斯怒，爰整其旅，以按徂旅。"意为勃然大怒。

［20］ "君子如怒"四句：出自《诗·小雅·巧言》。乱：祸乱。庶：庶几，几乎，差不多。遄（chuán 船）：迅速。沮：阻止。祉：福，此处意指君子如果做有福之事。

［21］ 残：凶暴的人。

［22］ 己：此处指人主。《吕氏春秋·圜道篇》云："令者，人主之所以为命也。"

［23］ "先王之政"二句：《商子·修权》云："法者，君臣之所共操也。权者，君之所独制也。"

［24］ 贷：施，与。

［25］ 轻重尊卑之术：《管子·重令》云："凡君国之重器，莫重于令。令重则君尊，君尊则国安；令轻则君卑，君卑则国危。"

奉公之福

〔解题〕题目系选注者所拟。蔡邕（133—192），字伯喈，陈留郡圉（yǔ雨）（今河南开封圉镇）人，东汉末著名文学家、书法家，精通音律，在当时即被认为是旷世逸才，后因同情董卓而被王允下狱死。公元177年，灵帝下诏自责，并下令群臣各自陈述应当施行的治国要领，蔡邕上密奏陈述应当施行的七件事，此处节选其第四事。蔡邕建议要通过中央派遣官员监察、巡视等手段来纠核地方官吏的不法行为，要对三公政事优劣进行考评，从而彰显和奖赏奉公守法的人，杜绝官吏营私之祸。

夫司隶校尉[1]、诸州刺史，所以督察奸枉，分别白黑者也。伏见幽州刺史杨熹、益州刺史庞芝、凉州刺史刘虔，各有奉公疾奸之心，熹等所纠，其效尤多。余皆枉桡[2]，不能称职。或有抱罪怀瑕，与下同疾[3]，纲网弛纵[4]，莫相举察，公府台阁亦复默然[5]。五年制书[6]，议遣八使[7]，又令三公谣言奏事[8]。是时奉公者欣然得志，邪枉者忧悸失色。未详斯议，所因寝息[9]。昔刘向奏曰："夫执狐疑之计者，开群枉之门；养不断之虑者，来谗邪之口。"[10]今始闻善政，旋复变易[11]，足令海内测度朝政。宜追定八使，纠举非法，更选忠清，平章赏罚[12]。三公岁尽，差其殿最[13]，使吏知奉公之福、营私之祸，则众灾之原庶可塞矣。

——《后汉书·蔡邕传》

［1］司隶校尉:汉魏时期监督京师和地方的监察官。

［2］枉桡:断案处事不公正。《礼记·月令》云:"斩杀必当,毋或枉桡。"孔颖达疏:"枉谓违法曲断,桡谓有理不申,应重乃轻,应轻更重。"

［3］疾:缺点,毛病。

［4］纲网:纲纪,法度。

［5］公府:三公的官署。台阁:指尚书台。

［6］制书:皇帝的命令。

［7］八使:东汉顺帝汉安元年,派遣侍中杜乔、光禄大夫周举、守光禄大夫郭遵、冯羡、栾巴、张纲、周栩、刘班等八人分行州郡,班宣风化,举实臧否。

［8］谣言:汉代指流传于民间的歌谣或谚语。

［9］"未详"二句:意为不知道什么原因,此事又停办了。寝息,停息,搁置。

［10］"夫执"四句:意为做决策迟疑不定的人,会为众奸邪之人开方便之门,养成了优柔寡断习惯的人,会招来谄媚邪恶之人。

［11］旋:不久,随即。

［12］平章:公平,彰明。

［13］"三公"二句:意为在年终时考核评定三公的优劣。差,区分。殿最,考绩纪功时,上等功称为"最",末等功称为"殿"。

书法还须行事[1]

〔解题〕 本文选自徐幹《中论》,题目系选注者所拟。徐幹(170—217),字伟长,东汉末年北海郡(今山东潍坊)人,文学家,"建安七子"之一。曹丕在《与吴质书》中说:"伟长独怀文抱质,恬淡寡欲,有箕山之志[2],可谓彬彬君子者矣。著《中论》二十余篇,成一家之言,词义典雅,足传于后,此子为不朽矣。"此处选文,表达了治国须依法行事之意。

凡亡国之君,其朝未尝无致治之臣也[3],其府未尝无先王之书也,然而不免乎亡者,何也?其贤不用,其法不行也。苟书法而不行其事,爵贤而不用其道[4],则法无异乎路说,而贤无异乎木主也[5]。

——《中论·亡国》

[1] 书法:把法律书写下来。
[2] 箕山之志:上古传说中,尧欲禅位给贤人许由,许由坚辞不受,隐居于箕山,后葬于此。后人以"箕山之志"称誉有隐逸之心的贤人。
[3] 致治:达到社会安定。
[4] 爵:爵位,此处作动词。
[5] 木主:牌位。

刑 礼 论

〔解题〕本文选自《艺文类聚》。作者丁仪(？—220)，字正礼，沛国(今安徽濉溪)人，曹操的下属，才能出众，很受曹操的赏识。丁仪论刑与礼的关系，延续了东汉以来德刑并用、儒法相辅的思想，认为先礼而后刑是符合自然规律的治理之道。同时，他强调"礼禁未然"，指出礼并不仅仅是伦理规范，而是涉及伦理、土地等社会生活各方面行为的规范和秩序，由此可见其时的"礼"确有现代意义上的"法"的精神。

天垂象，圣人则之[1]。天之为岁也，先春而后秋；君之为治也，先礼而后刑。春以生长为德，秋以杀戮为功；礼以教训为美，刑以威严为用。故先生而后杀，天之为岁；先教而后罚，君之为治也。天不以久远更其春冬，而人也得以古今改其礼刑哉？太古之世，民故质朴，质朴之民，宜其易化[2]，是以中古之君子，或结绳以治，或象刑惟明[3]。夏后肉辟[4]，民转奸诈，刑弥滋繁，礼亦如之。由斯言之，古之刑省，礼亦宜略。今所论辩，虽出传记之前[5]，夫流东源不得西，景正形不得倾[6]，自然之势也。后世礼刑俱失于前，先后之宜，故自有常。今夫先刑者，用其末也。由礼禁未然之前，谓难明之礼，古人不能行也。案如所云礼，嫂叔不亲之属也，非太古之礼也。所云礼者，岂此也哉！古者民少而兽多，未有所争，民无患则无所思，故未有君焉。后民祸多，强暴弱[7]，于是有贤人焉,平其多少,均其有无,推逸取劳,以身先之,民获其利,归而乐之,乐之得为君焉。夫刑之记君也,精具筋力,民畏其强而不敢校[8],得为君也。恐上古未具刑罪之品,设逋亡之法[9],惧彼为我,而以勇力侵暴,于己能与则校,不能归奉之,明矣。且上古之时,贼耳,非所谓君也。上古虽质,宜所以为君,会当先别男女,定夫妇,分土地,班食物,此先以礼也。夫妇定而后禁淫焉,货物正而后止窃,此后刑也。

——《艺文类聚》卷五十四

[1] "天垂象"二句:出自《易·系辞上》:"天垂象,见吉凶,圣人象之;河出图,洛出书,圣人则之。"垂象,显示征兆。则,效法。

[2] 宜:当然。化:教化。

[3] 象刑惟明:语出《尚书·虞书·益稷》:"皋陶方祗厥叙,方施象刑,惟明。"象刑,指虞舜时期在衣帽上画一些特定的图形来当作刑罚,象刑惟明,即象刑的目的在于明示罪行。

[4] 夏后:夏后氏,指夏朝。肉辟:肉刑。

[5] 传记:指文字记载。

[6] 景:同"影",影子,阴影。

[7] 暴:损害,伤害。

[8] 校:通"较",计较,较量。

[9] 逋(bū 哺):逃亡。

法以德为本

　　〔**解题**〕题目系选注者所拟。《三国志》是西晋陈寿编写的一部主要记载魏、蜀、吴三国鼎立时期的纪传体国别史,详细记载了从魏文帝黄初元年(220)到晋武帝太康元年(280)六十年的历史,全书一共六十五卷,《魏书》三十卷,《蜀书》十五卷,《吴书》二十卷。陈寿(233—297),字承祚,巴西郡安汉县(今四川南充)人,三国时蜀汉及西晋时著名史学家。高堂隆(？—237),字升平。泰山平阳(今山东新泰)人。三国时期曹魏名臣。官至侍中、太史令、光禄勋。

　　时军国多事,用法深重。隆上疏曰:"夫拓迹垂统[1],必俟圣明,辅世匡治,亦须良佐,用能庶绩其凝而品物康乂也[2]。夫移风易俗,宣明道化,使四表同风[3],回首面内[4],德教光熙,九服慕义,固非俗吏之所能也。今有司务纠刑书[5],不本大道,是以刑用而不措,俗弊而不敦。宜崇礼乐,班叙明堂[6],修三雍、大射、养老[7],营建郊庙,尊儒士,举逸民,表章制度,改正朔,易服色,布恺悌,尚俭素,然后备礼封禅,归功天地,使雅颂之声盈于六合,缉熙之化混于后嗣[8]。斯盖至治之美事,不朽之贵业也。然九域之内,可揖让而治,尚何忧哉！不正其本而救其末,譬犹焚丝[9],非政理也。可命群公卿士通儒,造具其事,以为典式。"

——《三国志·魏书·高堂隆传》

[１] 拓迹:指创业。垂统:流传基业。

[２] 庶绩:各种事业。品物:万物。康乂:安治。

[３] 四表:四方极远之地,泛指天下。

[４] 回首面内:回头面向内部。

[５] 务:务必,一定要。

[６] 班叙:颁布,施行。明堂:古代帝王宣明政教的地方。

[７] 三雍:辟雍、明堂、灵台,合称三雍,是古代帝王举行祭祀、典礼的场所。大射:为祭祀而举行的射礼。养老:古礼,对老而贤者按时享以酒食。

[８] 缉(qì气)熙:光明。《诗·大雅·文王》云:"穆穆文王,於缉熙敬止。"

[９] 棼(fén焚):纷乱。

礼长于刑

〔**解题**〕题目系选注者所拟。陆逊(183—245),字伯言,吴郡吴县(今江苏苏州)人,文武兼备、出将入相,是三国时期吴国政治家、军事家。

南阳谢景善刘廙先刑后礼之论[1],逊呵景曰:"礼之长于刑久矣。廙以细辩而诡先圣之教,皆非也。君今侍东宫,宜遵仁义以彰德音。若彼之谈,不须讲也。"逊虽身在外,乃心于国,上疏陈时事曰:"臣以为科法严峻,下犯者多。顷年以来,将吏罹罪[2],虽不慎可责,然天下未一,当图进取,小宜恩贷[3],以安下情。且世务日兴,良能为先,自非奸秽入身,难忍之过,乞复显用,展其力效。此乃圣王忘过记功,以成王业。昔汉高舍陈平之愆,用其奇略,终建勋祚[4],功垂千载。夫峻法严刑,非帝王之隆业;有罚无恕,非怀远之弘规也。"

——《三国志·吴书·陆逊传》

[1] 谢景:字叔发,南阳宛(今河南南阳)人,官至吴国豫章太守。刘廙(yì义),字恭嗣,南阳安众(今河南邓州)人,汉末魏初名士,官至魏国侍中,曾与丁仪共论刑礼。

[2] 罹:遭受,遭遇。

[3] 小:指小罪。恩贷:施恩宽恕。

[4] "昔汉高"三句:陈平(?—公元前178),阳武(今河南原阳东南)人。周勃、灌婴谗称他盗嫂、昧金,刘邦生疑,乃召问陈平,厚赐,拜为护平中

尉。陈平为刘邦"六出奇计",夺取天下成为西汉建立的重要谋臣。愆(qiān千),过失,罪过。

案制迁代者

[**解题**] 题目系选注者所拟。《魏书》,北齐魏收所作,该书记载了公元4世纪末至6世纪中叶北魏王朝的历史,共124卷。魏收(507—572),字伯起,小字佛助,钜鹿下曲阳(今河北晋州)人,南北朝时期史学家、文学家。此处选文,是北魏文成帝拓跋濬(440—465)下诏要对期满离任的官员进行案查,并依法进行处置。

九月戊辰,诏曰:"夫褒赏必于有功,刑罚审于有罪,此古今之所同,由来之常式。牧守莅民[1],侵食百姓,以营家业,王赋不充,虽岁满去职,应计前逋[2],正其刑罪。而主者失于督察,不加弹正,使有罪者优游获免,无罪者妄受其辜,是启奸邪之路,长贪暴之心,岂所谓原情处罪[3],以正天下?自今诸迁代者[4],仰列在职殿最[5],案制治罪。克举者加之爵宠,有愆者肆之刑戮,使能否殊贯[6],刑赏不差[7]。主者明为条制,以为常楷[8]。"

——《魏书·卷五·高宗纪》

[1] 莅民:管理百姓。
[2] 逋:拖欠。
[3] 原情:推究实情。
[4] 迁代:官职升迁与替代。
[5] 殿最:官员考绩的上等为"最",末等为"殿"。

［6］殊贯:不同等级。

［7］差:差错。

［8］楷:法式,规则。

法为天下共

〔**解题**〕题目系选注者所拟。《资治通鉴》是北宋司马光主编的一部多卷本编年体史书,共 294 卷,以时间为纲、事件为目,从周威烈王二十三年(公元前 403)至五代后周世宗显德六年(959),共 16 朝 1362 年的历史,是中国第一部编年体通史。司马光(1019—1086),字君实,号迂叟,陕州夏县(今山西夏县)人,北宋政治家、史学家、文学家。

鄃令裴仁轨私役门夫[1],上怒[2],欲斩之。殿中侍御史长安李乾祐谏曰[3]:"法者,陛下所与天下共也,非陛下所独有也。今仁轨坐轻罪而抵极刑,臣恐人无所措手足。"上悦,免仁轨死,以乾祐为侍御史。

——《资治通鉴·唐纪八》

[1] 鄃(shū 书):隋开皇年间在古鄃城西南建鄃县,唐天宝年间改夏津县。在今山东夏津县。

[2] 上:唐太宗李世民(598—649),唐朝第二位皇帝,626—649 年在位,是中国古代杰出的政治家、军事家,其统治时期政治清明、百姓安居、外夷宾服,被称为"贞观之治"。

[3] 李乾祐:名爽(593—668),雍州长安(今陕西西安北)人。贞观初为殿中侍御史,迁侍御史,又历治书侍御史。永徽中,擢御史大夫,出为邢、魏二州刺史,后入为司刑太常伯,以罪免官,卒。

良法须良吏

〔解题〕 题目系选注者所拟。白居易（772—846），字乐天，号香山居士，又号醉吟先生，祖籍太原，是唐代伟大的现实主义诗人，曾与元稹共同倡导新乐府运动。《策林》是白居易于元和元年（806）参加制举试前，闭门揣摩当代之事，拟作策目七十五篇以自试。《策林》探讨了施政化民、求贤选能、整肃吏治、省刑慎罚、治军御兵、矜民恤情、礼乐文教等方面问题。此处所选，即是强调须选用明习律令的良吏为官，并加强对官吏的考核，"求而用之，考而奖之"；同时，要抓大放小，避免刑烦政宽。

臣伏以今之刑法，太宗之刑法也，今之天下，太宗之天下也，何乃用于昔而俗以宁壹[1]，行于今而人未休和[2]？臣以为非刑法不便于时，是官吏不循其法也。此由朝廷轻法科，贱法吏，故应其科与补其吏者，率非君子也，甚多小人也。茍刑者[3]，君子行之，则诚信而简易，简易则人安；小人习之，则诈伪而滋彰，滋彰则俗弊。此所以刑一而用二，法同而理殊者也。矧又律令尘蠹于栈阁[4]，制敕堆盈于案几，官不遍睹，法无定科。今则条理轻重之文，尽询于法直，是使国家生杀之柄，假在于小人。小人之心，孰不可忍，至有黩货贿者矣，有怙亲爱者矣，有陷仇怨者矣，有畏权豪者矣，有欺贱弱者矣。是以重轻加减，随其喜怒，出入比附，由乎爱憎，官不察其所由，人不知其所避。若然，则虽有贞观之法，苟无贞观之吏，欲其刑善，无乃难乎？陛下诚欲申明旧章，刬革前弊，则在乎高其科、重其吏而已。臣谨按汉制，以四科辟士，其三曰："明习律令，足以决狐疑，能按章覆问，文中御史者，辟而用之。"伏惟陛下悬法学为上科，则应之者必俊乂也；升法直为清列，则授之者必贤良也。然后考其能，奖其善，明察守文者擢为御史，钦恤用情者迁为法官[5]。如此，则仁恕之诚，廉平之气，不散于简牍之间矣；掊刻之心，舞文之弊，不生于刀笔之下矣。与夫愚诈小吏，窃而弄之者，功相万也。臣又闻管仲夺伯氏之邑，没无怨言[6]；季羔刖门者之足，亡而获宥[7]；孔明黜廖立之位，死而垂泣[8]。三子者，可谓能用刑矣。臣伏思之，亦何代无其人哉，在乎求而用之，考而奖之而已。伏惟陛下再三察焉。

问：政不可宽，宽则人慢，刑不可急，急则人残，故失于恢恢，则漏网而为弊，务于察察，则及泉而不祥。将使宽猛适宜，疏密合制，上施畏爱之道，下有悦服之心，刑政之中，何者为得？

臣闻圣人在上，使天下畏而爱之，悦而服之者，由乎理大罪赦小过也。《书》曰："宥过无大。"况小者乎？"刑故无小"，况大者乎？故宥其小者仁也，仁以容之，则天下之心，爱而悦之矣；刑其大者义也，义以纠之，则天下之心，畏而服之矣。臣窃见国家用法，似异于是。何则？急察之政，急于朝官，而宽于外官；惩戒之刑，加于小吏，而纵于长吏。是则权轻而过小者，或反绳之；寄重而罪大者，或反舍之。臣复思之，恐非先王宥过刑故之道也。然则畜之喻，其犹鱼耶？鱼之在泉者小也，察之不祥；鱼之吞舟者大也，漏之不可。刑烦犹水浊，水浊则鱼喁；政宽犹防决，防决则鱼逝。是以善为理者，举其纲，疏其网，纲举则所罗者大矣，网疏则所漏者小也。伏惟陛下举其纲于长吏,疏其纲于朝官,舍小过以示仁,理大罪而明义,则畏爱悦服之化,暗然而日彰于天下矣。

——白居易《策林三》(《全唐文》卷六百七十一)

［1］宁壹:安定统一。

［2］休和:安定平和。

［3］荩(jìn近):尽其忠心,忠诚。

［4］矧(shěn审):况且。

［5］钦恤:理狱量刑要慎重,要心存矜恤。《尚书·尧典》云:"钦哉钦哉,惟刑之恤哉!"

［6］"管仲"二句:事见《论语·宪问》:"问管仲。曰:'人也。夺伯氏骈邑三百,饭疏食,没齿无怨言。'"

［7］季羔:即子羔,孔子弟子,刖人之足而人不怨,详见本书"法律人物"之"善为吏者"条。

［8］廖立:字公渊,武陵临沅人,三国时期蜀汉重要谋臣。他自恃有才,公然批评先帝刘备一再失策,贬损朝臣,遭到了诸葛亮的弹劾,被废为民并流放,但在流放地得知诸葛亮的死讯时,仰天流泪,最后郁郁而终。见《三国志·蜀书》本传。

厉法禁

〔解题〕 题目系选注者所拟。苏轼（1037—1101），字子瞻，号东坡居士，眉州眉山（今四川眉山）人，北宋著名文学家、书法家、画家，为"唐宋八大家"之一。1061年，苏轼在参加制科考试时共写策论25篇，分为"策略"、"策别"、"策断"三部分，策别专讲"别而言之"的利害之事，分为"课百官"、"安万民"、"厚货财"、"训兵旅"四个部分。所谓"课百官"，就是对百官加以考核，其第一条，即为"厉法禁"。苏轼在其中分析了上古时代刑罚能措而不用的原因在于能对大族、贵戚的违法犯罪行为严格处罚，明确提出了能对大臣厉法禁，则小臣不犯法。

昔者圣人制为刑赏，知天下之乐乎赏而畏乎刑也，是故施其所乐者，自下而上。民有一介之善，不终朝而赏随之，是以下之为善者，足以知其无有不赏也。施其所畏者，自上而下。公卿大臣有毫发之罪，不终朝而罚随之，是以上之为不善者，亦足以知其无有不罚也。《诗》曰："刚亦不吐，柔亦不茹。"[1]夫天下之所谓权豪贵显而难令者，此乃圣人之所借以徇天下也[2]。舜诛四凶而天下服[3]，何也？此四族者，天下之大族也。夫惟圣人为能击天下之大族，以服小民之心，故其刑罚至于措而不用。

周之衰也，商鞅、韩非峻刑酷法，以督责天下。然其所以为得者，用法始于贵戚大臣，而后及于疏贱，故能以其国霸。

由此观之，商鞅、韩非之刑法，非舜之刑，而所以用刑者，舜之术也。后之庸人，不深原其本末，而猥以舜之用刑之术，与商鞅、韩非同类而弃之。法禁之不行，奸宄之不止，由此其故也。

今州县之吏，受赇而鬻狱[4]，其罪至于除名，而其官不足以赎，则至于婴木索[5]，受笞箠[6]，此亦天下之至辱也。而士大夫或冒行之。何者？其心有所不服也。今夫大吏之为不善，非特簿书米盐出入之间也[7]，其位愈尊，则其所害愈大；其权愈重，则其下愈不敢言。幸而有不畏强御之士，出力而排之，又幸而不为上下之所抑，以遂成其罪，则其官之所减者，至于罚金，盖无几矣。夫过恶暴著于天下，而罚不伤其毫毛；卤莽于公卿之间[8]，而纤悉于州县之小吏。用法如此，宜其天下之不心服也。用法而不服其心，虽刀锯斧钺，犹将有所不避，而况于木索、笞箠哉！

方今法令至繁，观其所以堤防之具，一举足且入其中，而大吏犯之，不至于可畏，其故何也？天下之议者曰：古者之制，"刑不上大夫"，大臣不可以法加也。嗟夫！"刑不上大夫"者，岂曰大夫以上有罪而不刑欤？古之人君，责其公卿大臣至重，而待其士庶人至轻也。责之至重，故其所以约束之者愈宽；待之至轻，故其所堤防之者甚密。夫所贵乎大臣者，惟不待约束，而后免于罪戾也。是故约束愈宽，而大臣益以畏法。何者？其心以为人君之不我疑而不忍欺也。苟幸其不疑而轻犯法，则固已不容于诛矣。故夫大夫以上有罪，不从于讯鞫论报[9]，如士庶人之法。斯以为"刑不上大夫"而已矣。

天下之吏，自一命以上，其莅官临民苟有罪，皆书于其所谓历者，而至于馆阁之臣出为郡县者，则遂罢去。此真圣人之意，欲有以重责之也。奈何其与士庶人较罪之轻重，而又以其爵减耶？夫律，有罪而得以首免者，所以开盗贼小人自新之途。而今之卿大夫有罪亦得以首免,是以盗贼小人待之欤?天下惟其无罪也,是以罚不可得而加。如知其有罪而特免其罚,则何以令天下?今夫大臣有不法,或者既已举之,而诏曰勿推,此何为者也?圣人为天下,岂容有此暧昧而不决?故曰:厉法禁自大臣始,则小臣不犯矣。

——苏轼《厉法禁》

[1] "刚亦不吐"二句:出自《诗·大雅·烝民》:"人亦有言,柔则茹之,刚则吐之。维仲山甫,柔亦不茹,刚亦不吐,不侮矜寡,不畏强御。"茹,吃。本句意为不欺负柔弱的,也不害怕刚硬的。

[2] 徇:宣示。

[3] 舜诛四凶:舜流放共工、讙兜、三苗、鲧,见《尚书·舜典》。诛,此指诛放,责斥其罪而予以放逐。

[4] 受赇:收受贿赂。鬻狱:借诉讼案件收受贿赂。鬻(yù 育),卖,利用。

[5] 婴:缠绕,环绕。木索:木,三木,枷在犯人颈、手、足三处的木制刑具;索,绳索。木索泛指刑具。

[6] 笞箠(chīchuí 吃垂):笞,用竹鞭抽打;箠,鞭打。

[7] 簿书:官署中的文书簿册。

[8] 卤莽:粗率,草率。

[9] 讯鞫(jū 居):审讯。

有治法而后有治人

[**解题**] 题目系选注者所拟。黄宗羲(1610—1695),字太冲,号南雷,别号梨洲老人、梨洲山人等,明末清初经学家、史学家、思想家、地理学家、天文历算学家、教育家。本文选自《明夷待访录》,该书是中国政治思想史上一部具有启蒙性质的批判君主专制的名著,共有论文21篇。此处所选出自《原法》一文,探讨了法度应立于民,认为三代的法度是真正为百姓着想而设立的,后世之法乃是为了保全统治者地位,强调有好的法度才能有善于治理天下的人。

三代以上有法,三代以下无法。

何以言之?二帝、三王知天下之不可无养也[1],为之授田以耕之;知天下之不可无衣也,为之授地以桑麻之;知天下之不可无教也,为之学校以兴之,为之婚姻之礼以防其淫,为之卒乘之赋以防其乱。此三代以上之法也,固未尝为一己而立也。

后之人主,既得天下,唯恐其祚命之不长也[2],子孙之不能保有也,思患于未然以为之。然则其所谓法者,一家之法,而非天下之法也。是故秦变封建而为郡县,以郡县得私于我也;汉建庶孽[3],以其可以藩屏于我也;宋解方镇之兵[4],以方镇之不利于我也。此其法何曾有一毫为天下之心哉!而亦可谓之法乎?

三代之法,藏天下于天下者也:山泽之利不必其尽取,刑赏之权不疑其旁落,贵不在朝廷也,贱不在草莽也。在后世方议其法之疏,而天下之人不见上之可欲,不见下之可恶,法愈疏而乱愈不作,所谓无法之法也。

后世之法,藏天下于筐箧者也[5];利不欲其遗于下,福必欲其敛于上;用一人焉则疑其自私,而又用一人以制其私;行一事焉则虑其可欺,而又设一事以防其欺。天下之人共知其筐箧之所在,吾亦鳃鳃然日唯筐箧之是虞[6],向其法不得不密。法愈密而天下之乱即生于法之中,所谓非法之法也。

论者谓一代有一代之法,子孙以法祖为孝。夫非法之法,前王不胜其利欲之私以创之,后王或不胜其利欲之私以坏之。坏之者固足以害天下,其创之者亦未始非害天下者也。乃必欲周旋于此胶彼漆之中,以博宪章之余名[7],此俗儒之剿说也[8]。即论者谓天下之治乱不系于法之存亡。

夫古今之变,至秦而一尽,至元而又一尽,经此二尽之后,古圣王之所恻隐爱人而经营者荡然无具,苟非为之远思深览,一一通变,以复井田、封建、学校、卒乘之旧[9],虽小小更革,生民之戚戚终无已时也。

即论者谓有治人无治法,吾以谓有治法而后有治人。自非法之法桎梏天下人之手足,即有能治之人,终不胜其牵挽嫌疑之顾盼,有所设施,亦就其分之所得,安于苟简,而不能有度外之功名。使先王之法而在,莫不有法外之意存乎其间。其人是也,则可以无不行之意;其人非也,亦不至深刻罗网,反害天下。故曰有治法而后有治人。

——黄宗羲《明夷待访录·原法》

[1] 二帝:指唐尧、虞舜。三王:指三代的开国君主夏禹、商汤、周文王

(或周武王)。

[2] 祚命:上天所赐的福运。

[3] 汉建庶孽:指汉初所采取的同姓分封制。

[4] 方镇:即藩镇,一般指唐代节度使所掌控的军镇。此处指宋初宋太祖、宋太宗采取措施削弱节度使的军、政、财权,以加强中央集权。

[5] 箧(qiè怯):小箱子。

[6] 鳃(xǐ喜)鳃然:同"偲偲",畏难、忧惧的样子。虞:忧虑。

[7] 宪章:典章制度。

[8] 剿(chāo抄)说:掠取别人的说法。

[9] 卒乘(shèng圣):士兵与战车。代指军队。

守法人物

鬻拳自刑[1]

[解题] 题目系选注者所拟。鬻拳为了顾全国家大局，对君主实行兵谏以后，自断双足为刑罚；不纳败师，葬君主于偏室以后自杀，葬于庭前。鬻拳这样既恪尽职守又严遵法度的行为，可谓是早期守法人物的典范。

十九年春，楚子御之[2]，大败于津[3]。还，鬻拳弗纳。送伐黄，败黄师于踖陵[4]。还，及湫[5]，有疾。夏六月庚申卒，鬻拳葬诸夕室[6]，亦自杀也，而葬于绖皇[7]。

初，鬻拳强谏楚子，楚子弗从，临之以兵[8]，惧而从之。鬻拳曰："吾惧君以兵，罪莫大焉。"遂自刖也。楚人以为大阍[9]，谓之大伯，使其后掌之。

君子曰："鬻拳可谓爱君矣，谏以自纳于刑，刑犹不忘纳君于善。"

——《左传·庄公十九年》

[1] 鬻拳(？—公元前675)：春秋时楚大夫，楚国宗室后裔。
[2] 楚子：此处指楚文王熊赀(？—公元前675)，公元前689—公元前675年在位。御之：带兵作战。此处指楚国与巴人作战。
[3] 津：在今湖北江陵、枝江一带。
[4] 踖(jí及)陵：黄国地名，在今河南潢川县西南境。
[5] 湫(jiǎo脚)：楚地名。
[6] 夕室：斜向之室，不是正室。

[7] 绖(dié)皇:即"窒皇",殿前之庭。

[8] 兵:兵器。

[9] 大阍:楚国官名,典守都城城门。

保申谏楚文王

[解题] 题目系选注者所拟。《说苑》，又名《新苑》，西汉刘向编。该书20卷，汇集了700余篇历史故事，主要宣扬儒家的哲学思想、政治理想以及伦理观念。楚文王即位之初贪图安逸，寻欢作乐，不理朝政。师傅保申坚持依照法纪对其加以教育，虽然因王者之尊只是象征性地实施了刑罚，但从保申所讲"耻之不变，痛之何益"可以看出，对于刑罚的作用，相对于"痛"，他更看重刑罚使人知"耻"的一面，展现出浓厚的教化意味。

荆文王得如黄之狗[1]，箘、簬之矰[2]，以畋于云梦[3]，三月不反[4]；得舟之姬，淫期年不听朝[5]。保申谏曰[6]："先王卜以臣为保吉，今王得如黄之狗，箘簬之矰，畋于云泽，三月不反；及得舟之姬，淫期年不听朝。王之罪当笞。"匍伏将笞王[7]，王曰："不穀免于襁褓，托于诸侯矣，愿请变更而无笞[8]。"保申曰："臣承先王之命不敢废，王不受笞，是废先王之命也；臣宁得罪于王，无负于先王。"王曰："敬诺。"乃席王[9]，王伏，保申束细箭五十[10]，跪而加之王背，如此者再[11]，谓王起矣。王曰："有笞之名一也。"遂致之[12]。保申曰："臣闻之，君子耻之，小人痛之；耻之不变，痛之何益？"保申趋出[13]，欲自流[14]，乃请罪于王，王曰："此不穀之过，保将何罪？"王乃变行从保申[15]，杀如黄之狗，折箘簬之矰，逐舟之姬，务治乎荆[16]；兼国三十[17]，令荆国广大至于此者,保申敢极言之功也[18]。

——《说苑·正谏》

[1] 荆:即楚,楚国的旧称。如黄:良犬名,又作"茹黄"、"如簧"。

[2] 箘、簬:均竹名,可制箭杆。矰(zēng 增):一种系有丝线(缴)以便射后收回的射鸟的短箭。

[3] 畋(tián 田):打猎。云梦:楚国地名,是楚王狩猎之地。

[4] 反:返回。

[5] 期(jī 鸡):一周年。

[6] 保:官职名,负责辅弼君王或者教导王室子弟。申:人名。

[7] 匍伏:即匍匐。

[8] "不穀"三句:意为我从脱离襁褓以后就位列诸侯(指自己身份尊贵),希望您能换一种刑罚,不要用鞭笞。不穀,古代诸侯自谦之词。穀,良,善。

[9] 席:为……铺席。

[10] 束:捆,系。

[11] 再:两次。

[12] 致:执行。

[13] 趋:急走或跑。

[14] 流:放逐,流放。

[15] 变行:改变行为。

[16] 务:致力于,专心从事于。

[17] 兼:合并,吞并。楚文王征服了权、邓、罗、绞、甲等。

[18] 极言:直言规劝。

子文责廷理

〔解题〕 题目系选注者所拟。子文是春秋时期楚国著名的政治人物，前后三次担任令尹，执掌国政二十余年，为楚国走向强大做出了很重要的贡献。本处节选内容通过子文责备廷理揣摩上位者的私心，不能公正执法而展现出他清正廉明、执法如山的高尚品格。子文充分认识到上位者的表率和引导作用，以身作则、率先垂范，是奉公守法的典型人物。

楚令尹子文之族有干法者[1]，廷理拘之[2]，闻其令尹之族也而释之。子文召廷理而责之曰："凡立廷理者，将以司犯王令而察触国法也[3]。夫直士持法，柔而不挠，刚而不折[4]。今弃法而背令而释犯法者，是为理不端，怀心不公也。岂吾营私之意也，何廷理之驳于法也[5]！吾在上位以率士民[6]，士民或怨，而吾不能免之于法。今吾族犯法甚明，而使廷理因缘吾心而释之，是吾不公之心，明著于国也。执一国之柄而以私闻，与吾生不以义，不若吾死也。[7]"遂致其族人于廷理曰[8]："不是刑也[9]，吾将死！"廷理惧，遂刑其族人。成王闻之，不及履而至于子文之室曰[10]："寡人幼少，置理失其人[11]，以违夫子之意。"于是黜廷理而尊子文，使及内政。国人闻之，曰："若令尹之公也，吾党何忧乎？"乃相与作歌曰："子文之族，犯国法程。廷理释之，子文不听。恤顾怨萌[12]，方正公平。"

——《说苑·至公》

〔1〕令尹:楚国官名,主管政事的百官长。子文:鬬縠於菟,芈姓,鬬氏,字子文,伯比之子,春秋楚成王时名臣。《论语·公冶长》:"令尹子文三仕为令尹,无喜色;三已之,无愠色。"干:犯。

〔2〕廷理:楚国官名,掌刑狱。亦简称"理"。

〔3〕"凡立"二句:意为凡是设立廷理的,都是用来调查和管理触犯王令与国法的事情。司,主管,管理。察,考察,调查。

〔4〕"夫直士"三句:意为正直的士人执掌律法,柔和而不会屈服,刚毅而不会折断。

〔5〕驳:混乱。

〔6〕率:引导,作……表率。

〔7〕"执一"三句:意为执掌一国的权柄却以自私闻名,使我活得没有道义,不如让我死。

〔8〕致:招来。

〔9〕是:代词,此人。不是刑,即不给此人判刑。

〔10〕及屦:指穿鞋。

〔11〕置理失其人:安排的法官不是合适的人选。

〔12〕恤顾:顾惜。

鬬子文逃禄

〔解题〕题目系选注者所拟。《国语》是中国最早的一部国别体史书,凡二十一卷(篇),分周、鲁、齐、晋、郑、楚、吴、越八国记事。记事时间,起自西周中期,下迄春秋战国之交,前后约五百年。以记言为主。鬬子文体恤百姓,清廉奉公以保护人民,为人民谋利为己任,可称为官者的楷模。

昔鬬子文三舍令尹[1],无一日之积,恤民之故也。成王闻子文之朝不及夕也[2],于是乎每朝设脯一束[3]、糗一筐[4],以羞子文[5]。至于今秩之。成王每出子文之禄,必逃,王止而后复。人谓子文曰:"人生求富,而子逃之,何也?"对曰:"夫从政者,以庇民也。民多旷者[6],而我取富焉,是勤民以自封也[7],死无日矣。我逃死,非逃富也。"故庄王之世,灭若敖氏[8],唯子文之后在,至于今处郧,为楚良臣。是不先恤民而后己之富乎?

——《国语·楚语下》

[1] 舍:舍弃,离开。
[2] 成王:楚成王(?—公元前628),名恽(一作頵),楚文王少子。朝不及夕:犹言其家无余粮,食不果腹。
[3] 脯:肉干。
[4] 糗(qiǔ 秋上声):干粮。
[5] 羞:进献食物,此处指为鬬子文准备食物。

〔6〕旷:穷匮。

〔7〕封:敛藏。

〔8〕庄王:楚庄王(?—公元前591),熊侣,公元前613—公元前591年在位。春秋五霸之一。若敖氏:楚武王、文王、成王时均以若敖氏主政;庄王时,该家族内讧,后令尹子越叛乱,为庄王所败,家族多被剿灭。

不以私害公

〔解题〕题目系选注者所拟。本处所选论述了狐偃在推荐人才时,不以私仇妨害公事,推荐与自己有嫌隙的人为官,公私分明,唯才是举,堪为楷模。

晋文公问于咎犯曰[1]:"谁可使为西河守者[2]?"咎犯对曰:"虞子羔可也。"公曰:"子羔非汝之雠也?"对曰:"君问可为守者,非问臣之雠也。"子羔见咎犯而谢之曰:"幸赦臣之过,荐之于君,得为西河守。"咎犯曰:"荐子者,公也;怨子者,私也。吾不以私事害公义。子其去矣,顾吾射子也[3]!"

——《说苑·至公》

[1] 晋文公:姬姓,名重耳,公元前636—公元前628年在位,春秋五霸之一。咎犯:狐偃(约公元前715—公元前629),姬姓,狐氏,字子犯,是晋文公的舅舅,又称舅犯、咎犯、臼犯。
[2] 西河守:西河的郡守。
[3] 顾:回头。

虞邱子荐才

〔**解题**〕题目系选注者所拟。本处所选,对作为社会个体的人所需要具备的基本道德与行为规范进行了阐述,认为人需常存谦抑之心,奉公守法,谨记职守。虞邱子,楚庄王时为令尹十数年。

楚令尹虞邱子,复于庄王曰:"臣闻奉公行法,可以得荣;能浅行薄,无望上位;不名仁智[1],无求显荣;才之所不著,无当其处。臣为令尹十年矣,国不加治,狱讼不息,处士不升,淫祸不讨[2],久践高位,妨群贤路,尸禄素餐,贪欲无厌,臣之罪当稽于理[3]。臣窃选国俊下里之士曰孙叔敖,秀羸多能,其性无欲,君举而授之政,则国可使治,而士民可使附。"庄王曰:"子辅寡人,寡人得以长于中国[4],令行于绝域[5],遂霸诸侯,非子如何!"虞邱子曰:"久固禄位者,贪也;不进贤达能者,诬也;不让以位者,不廉也。不能三者,不忠也。为人臣不忠,君王又何以为忠?臣愿固辞。"庄王从之,赐虞邱子菜地三百,号曰"国老"。以孙叔敖为令尹。少焉,虞邱子家干法[6],孙叔敖执而戮之。虞邱子喜,入见于王曰:"臣言孙叔敖,果可使持国政。奉国法而不党,施刑戮而不骫[7],可谓公平。"庄王曰:"夫子之赐也已。"

——《说苑·至公》

［1］名:具备。

［2］淫祸:邪恶和祸乱。

［3］稽于理:受到法官的审查。

［4］长:做盟主。中国:中原地区。

［5］绝域:极偏远的地方。

［6］干法:犯法,违法。

［7］猳(wěi委):枉曲。

为法伏剑

〔解题〕题目系选注者所拟。汉初今文经学家韩婴讲授《诗》,推诗人之意作《内传》四卷、《外传》六卷,后《内传》亡佚。《韩诗外传》杂编各种史实与传闻,多述孔子轶闻、诸子杂说和春秋故事,并在末尾引《诗》以证事。此处节选记录了晋国执掌刑狱的官员李离为法伏剑的故事。以今天的观点来看,李离因判案过失而自杀确有矫枉过正之处,但李离的言行中,充分体现出在当时难能可贵的几点精神:一是勇于承担责任,"法失则刑,刑失则死",强调了执法人员断案要有负责精神;二是法律高于君令,要以死维护法律的尊严。所以司马迁在《史记·循吏列传》里点评说:"李离伏剑,为法而然。"

晋文侯使李离为大理[1],过听杀人[2],自拘于廷,请死于君。君曰:"官有贵贱,罚有轻重,下吏有罪,非子之罪也。"李离对曰:"臣居官为长,不与下吏让位;受爵为多,不与下吏分利[3]。今过听杀人,而下吏蒙其死,非所闻也。不受命。"君曰:"自以为罪,则寡人亦有罪矣。"李离曰:"法失则刑,刑失则死[4]。君以臣为能听微决疑[5],故使臣为理。今过听杀人之罪,罪当死。"君曰:"弃位委官[6],伏法亡国[7],非所望。趣去[8],无忧寡人之心。"李离对曰:"政乱国危,君之忧也;军败卒乱,将之忧也。夫无能以事君,阁行以临官[9],是无功不食禄也。臣不能以虚自诬。"遂伏剑而死。君子闻之曰："忠矣乎!《诗》曰:'彼君子兮,不素餐兮。'[10]李先生之谓也。"

——《韩诗外传》卷二

[1] 大理:官名,掌管刑狱。
[2] 过:过失,错误。听:听察,审理。
[3] "臣居"四句:意为臣下作为长官,不会把职位让给下级官吏;领受的爵禄多,不会把财利让给下级官吏。
[4] "法失"二句:意为(法官)断法失误则(自身)应判刑,判刑失误则(自身)应受死罪。
[5] 听微决疑:审察细微之处,决断疑难之事。
[6] 委:丢弃,抛弃。
[7] 伏法:依法被处以死刑。亡国:此处指放弃对国家的职责。
[8] 趣:同"促",赶快,急速。
[9] 阇(àn案):愚昧。
[10] "彼君子"二句:见《诗·魏风·伐檀》。

叔向刑不隐亲

〔解题〕题目系选注者所拟。叔向在处置其弟叔鱼贪赃枉法一案时,能够秉公而断,刑不隐亲,坚持公平正义的原则。

晋邢侯与雍子争鄐田[1],久而无成。士景伯如楚[2],叔鱼摄理[3],韩宣子命断旧狱[4],罪在雍子。雍子纳其女于叔鱼,叔鱼蔽罪邢侯[5]。邢侯怒,杀叔鱼与雍子于朝。宣子问其罪于叔向。叔向曰:"三人同罪,施生戮死可也[6]。雍子自知其罪,而赂以买直,鲋也鬻狱[7],邢侯专杀,其罪一也。己恶而掠美为昏,贪以败官为墨,杀人不忌为贼。《夏书》曰:'昏、墨、贼,杀。'皋陶之刑也。请从之。"乃施邢侯而尸雍子与叔鱼于市[8]。仲尼曰:"叔向,古之遗直也。治国制刑,不隐于亲,三数叔鱼之恶,不为末减[9]。曰义也夫,可谓直矣。平丘之会,数其贿也,以宽卫国,晋不为暴。归鲁季孙,称其诈也,以宽鲁国,晋不为虐。邢侯之狱,言其贪也,以正刑书,晋不为颇[10]。三言而除三恶,加三利,杀亲益荣,犹义也夫!"

——《左传·昭公十四年》

[1] 邢侯:楚申公巫臣之子。巫臣奔晋,晋与之邢。雍子:原为楚臣,后至晋国,晋与之鄐(chù 触)。

[2] 士景伯:士弥牟,晋理官,掌管刑狱。

[3] 叔鱼:即羊舌鲋(fù 付),字叔鱼。叔向之弟。摄理:代理。

〔4〕 韩宣子（？—前514）：姬姓，韩氏，名起，谥宣，故称。晋六卿之一。

〔5〕 蔽罪：判罪。

〔6〕 施：治罪。

〔7〕 鬻狱：收受贿赂而不秉公断狱。

〔8〕 尸：陈尸示众。

〔9〕 末减：减轻。

〔10〕"平丘"十二句：叔向三数叔鱼之恶。平丘会盟于公元前529年秋，叔鱼向卫国索贿未果，遭到叔向的批评；会上谴责鲁国侵略邻国，拘捕鲁国执政季平子（季孙意如）押往晋国。后晋放归季孙，季孙贵礼不肯归，叔向让叔鱼去说服，季孙惧而归。平丘，在今河南封丘。颇，偏。

去 私

[**解题**] 题目系选注者所拟。祁黄羊为国君举贤进能,只考虑适合与否,不顾及与私人之关系;腹䵍的儿子杀了人,他坚持遵从大义不为儿子求生。这两人都堪称贵公去私的典范。

晋平公问于祁黄羊曰[1]:"南阳无令,其谁可而为之?"祁黄羊对曰:"解狐可。"平公曰:"解狐非子之雠邪?"对曰:"君问可,非问臣之雠也。"平公曰:"善。"遂用之。国人称善焉。居有间,平公又问祁黄羊曰:"国无尉[2],其谁可而为之?"对曰:"午可。"平公曰:"午非子之子邪?"对曰:"君问可,非问臣之子也。"平公曰:"善。"又遂用之。国人称善焉。孔子闻之曰:"善哉!祁黄羊之论也,外举不避雠,内举不避子。祁黄羊可谓公矣。"

墨者有钜子腹䵍[3],居秦,其子杀人,秦惠王曰[4]:"先生之年长矣,非有它子也,寡人已令吏弗诛矣,先生之以此听寡人也。"腹䵍对曰:"墨者之法曰:'杀人者死,伤人者刑。'此所以禁杀伤人也。夫禁杀伤人者,天下之大义也。王虽为之赐,而令吏弗诛,腹䵍不可不行墨者之法。"不许惠王,而遂杀之。子,人之所私也。忍所私以行大义,钜子可谓公矣。

——《吕氏春秋·孟春纪》

[1] 晋平公(?—前532):姬姓,名彪,春秋时期晋国国君,公元前

557—公元前532年在位。祁黄羊:祁奚(前620—前545),姬姓,祁氏,名奚,字黄羊,春秋时晋国大夫。

[2]国无尉:国都缺少管理军事的长官。

[3]钜子:又作"巨子",墨家学派的首领人物。腹䵍(tūn吞),人名。

[4]秦惠王(前356—前311),又称秦惠文王,嬴姓,赵氏,名驷,秦孝公之子,战国时期秦国国君,公元前337—公元前311年在位。

魏献子拒女乐

[解题] 题目系选注者所拟。魏献子(？—前509)，姬姓，名舒，亦名荼。是春秋时期晋国执政的大夫，魏戊是他的儿子。魏戊将讼案上交其父处理，却见其父有接受讼者贿赂之心，于是请人代为劝谏其父。贿赂必将影响判案的公平公正，魏戊所为，有助于维护其父司法的公正，正是孔子所说"父有诤子，则身不陷于不义"(《孝经·谏诤》)。

冬，梗阳人有狱[1]，魏戊不能断，以狱上。其大宗赂以女乐[2]，魏子将受之。魏戊谓阎没、女宽曰[3]："主以不贿闻于诸侯，若受梗阳人，贿莫甚焉。吾子必谏！"皆许诺。退朝，待于庭。馈入，召之。比置，三叹。既食，使坐。魏子曰："吾闻诸伯叔，谚曰：'唯食忘忧。'吾子置食之间三叹，何也？"同辞而对曰："或赐二小人酒[4]，不夕食。馈之始至，恐其不足，是以叹。中置，自咎曰：'岂将军食之而有不足？'是以再叹。及馈之毕，愿以小人之腹，为君子之心，属厌而已[5]。"献子辞梗阳人。

——《左传·昭公二十八年》

[1] 梗阳：今山西清徐。狱：讼案。
[2] 大宗：中国古代宗法社会以嫡系长房为"大宗"，其余诸子皆为"小宗"。此指讼者家族大宗。

[3] 阎没、女宽:二人皆为晋大夫。

[4] 或:有人。

[5] 属厌:饱足。厌,通"餍"。

魏绛以刑佐民

〔**解题**〕 题目系选注者所拟。魏绛,姬姓,魏氏,名绛,春秋时晋国卿大夫,谥号为庄,史称魏庄子。晋侯弟弟扬干扰乱军阵,魏绛为严肃军纪,杀了扬干的仆人。晋侯始怒,欲杀之,但在大臣的劝导下,读了魏绛的上书,认识到了以法治民的正确性。

晋侯之弟扬干乱行于曲梁[1],魏绛戮其仆。晋侯怒,谓羊舌赤曰[2]:"合诸侯以为荣也,扬干为戮[3],何辱如之?必杀魏绛,无失也!"对曰:"绛无贰志,事君不辟难,有罪不逃刑,其将来辞,何辱命焉?"言终,魏绛至,授仆人书[4],将伏剑。士鲂、张老止之[5]。公读其书曰:"日君乏使[6],使臣斯司马[7]。臣闻师众以顺为武,军事有死无犯为敬。君合诸侯,臣敢不敬?君师不武,执事不敬,罪莫大焉。臣惧其死,以及扬干,无所逃罪。不能致训,至于用钺。臣之罪重,敢有不从,以怒君心,请归死于司寇[8]。"公跣而出[9],曰:"寡人之言,亲爱也。吾子之讨,军礼也。寡人有弟,弗能教训,使干大命,寡人之过也。子无重寡人之过,敢以为请。"

晋侯以魏绛为能以刑佐民矣,反役[10],与之礼食,使佐新军。

——《左传·襄公三年》

[1] 行:阵,作战队伍的行列。曲梁:晋地名,在今河北邯郸曲梁城。

鲁襄公三年(前570),晋、鲁、宋、卫、郑等诸侯会盟于曲梁西南的鸡泽。

［2］羊舌赤:复姓羊舌,名赤,字伯华,采邑于铜鞮,晋国大夫。

［3］戮:侮辱。

［4］书:写给晋侯的奏疏。

［5］士鲂(？—前560):祁姓,士氏,后采邑于彘,为彘氏,名鲂,谥号恭,晋卿大夫。

［6］日:往日,从前。

［7］斯:为,是。

［8］司寇:古代掌理刑狱的官。

［9］跣(xiǎn 显):赤脚。

［10］反役:自役返,从行役返回。反,通"返"。

季文子居官清廉

〔解题〕题目系选注者所拟。鲁国正卿季文子一生为官清廉,家无私积,毫无自私自利之心,堪为表率。

季文子卒[1],大夫入敛,公在位[2]。宰庀家器为葬备[3],无衣帛之妾,无食粟之马,无藏金玉,无重器备。君子是以知季文子之忠于公室也。相三君矣[4],而无私积,可不谓忠乎?

——《左传·襄公五年》

[1] 季文子(?—前568):即季孙行父,姬姓,季氏,春秋时期鲁国正卿,谥文。
[2] 公在位:依礼,大夫入殓,国君需亲视,于东序设君位。
[3] 宰:家宰,家臣之首。庀(pǐ 痞):具,备办。
[4] 相三君:季文子辅佐过鲁宣公、成公、襄公。

公仪休嗜鱼

〔**解题**〕 题目系选注者所拟。公仪休作为鲁相,能够尊奉法度,按原则行事,清廉克己。

公仪休相鲁,而嗜鱼,一国尽争买鱼而献之,公仪子不受。其弟谏曰:"夫子嗜鱼而不受者,何也?"对曰:"夫唯嗜鱼,故不受也。夫即受鱼,必有下人之色;有下人之色,将枉于法;枉于法,则免于相;免于相,虽嗜鱼,此必不能致我鱼,我又不能自给鱼。即无受鱼而不免于相,虽不受鱼,我能长自给鱼。"此明夫恃人不如自恃也;明于人之为己者,不如己之自为也。

——《韩非子·外储说右下》

晏子不受封邑

〔解题〕 题目系选注者所拟。晏婴作为齐国卿相,衣食节俭,注重个人德行的培养,体现了其廉洁奉公的高洁品性。

晏子相齐,衣十升之布[1],食脱粟之食[2],五卯、苔菜而已[3],左右以告公,公为之封邑,使田无宇致台与无盐[4]。晏子对曰:"昔吾先君太公受之营丘,为地五百里,为世国长。自太公至于公之身,有数十公矣,苟能说其君以取邑[5],不至公之身,趣齐搏以求升土[6],不得容足而寓焉。婴闻之,臣有德益禄,无德退禄,恶有不肖父为不肖子,为封邑以败其君之政者乎!"遂不受。

——《晏子春秋·内篇杂下》

[1] 十升之布:指粗布。古代布以经线八十缕为一升。
[2] 脱粟之食:粗粮,指仅去皮壳的粗米。
[3] 五卯:当作"五卵",卵盐,大盐。苔菜:水藻,又称鱼衣。
[4] 田无宇:即陈桓子。台、无盐:均为地名。
[5] 说:通"悦",取悦于。
[6] 趣:通"趋",言皆至齐国求取封邑。

善 为 吏 者

〔解题〕题目系选注者所拟。本处所选通过子羔与守门人的对话,体现了善为吏者,依法而治,能够公正地为人处世,方能树德而远怨。

子羔为卫政[1],刖人之足[2]。卫之君臣乱,子羔走郭门[3],郭门闭,刖者守门,曰:"于彼有缺。"子羔曰:"君子不逾[4]。"曰:"于彼有窦[5]。"子羔曰:"君子不遂[6]。"曰:"于此有室。"子羔入,追者罢。子羔将去,谓刖者曰:"吾不能亏损主之法令,而亲刖子之足。吾在难中,此乃子之报怨时也,何故逃我?"刖者曰:"断足固我罪也,无可奈何。君之治臣也,倾侧法令[7],先后臣以法[8],欲臣之免于法也,臣知之。狱决罪定,临当论刑,君愀然不乐,见于颜色,臣又知之。君岂私臣哉?天生仁人之心,其固然也。此臣之所以脱君也。"孔子闻之曰:"善为吏者树德,不善为吏者树怨,公行之也,其子羔之谓欤?"

——《说苑·至公》

[1] 子羔:姓高,名柴,字子羔,又称季羔,孔子弟子,其人性至孝。曾在卫国主持国政。

[2] 刖:一种刑罚,砍去犯人双脚。

[3] 郭:外城。

[4] 逾:翻墙。

[5] 窦:小豁洞。

[6] 遂:通"隧",指从洞中钻出去。

[7] 倾侧:竭尽所能仔细斟酌。

[8] 先后:反复衡量。

田 稷 母

[**解题**]《列女传》七卷(母仪传、贤明传、仁智传、贞顺传、节义传、辩通传、孽嬖传),是西汉刘向有感于汉成帝后宫之事始撰,记述了上古至汉代105名妇女的嘉言懿行,为中国最早专门阐述妇女生活准则的教科书。田稷之母深明大义,教诲其子需廉洁奉公,忠信不欺。

齐田稷子之母也[1]。田稷子相齐,受下吏之货金百镒[2],以遗其母。母曰:"子为相三年矣,禄未尝多若此也,岂修士大夫之费哉!安所得此?"对曰:"诚受之于下。"其母曰:"吾闻士修身洁行,不为苟得。竭情尽实,不行诈伪。非义之事,不计于心。非理之利,不入于家。言行若一,情貌相副。今君设官以待子,厚禄以奉子,言行则可以报君。夫为人臣而事其君,犹为人子而事其父也。尽力竭能,忠信不欺,务在效忠,必死奉命,廉洁公正,故遂而无患。今子反是,远忠矣。夫为人臣不忠,是为人子不孝也。不义之财,非吾有也。不孝之子,非吾子也。子起。"田稷子惭而出,反其金,自归罪于宣王,请就诛焉。宣王闻之,大赏其母之义,遂舍稷子之罪,复其相位,而以公金赐母。君子谓稷母廉而有化。《诗》曰:"彼君子兮,不素飧兮。"[3]无功而食禄,不为也,况于受金乎!

颂曰:田稷之母,廉洁正直。责子受金,以为不德。忠孝之事,尽财竭力。君子受禄,终不素食。

——《列女传·母仪传》

[1] 田稷子:齐宣王(前320—前301年在位)时为相。
[2] 镒:古代重量单位,合二十两,一说二十四两。
[3] "彼君子"二句:见《诗·魏风·伐檀》。飧(sūn 孙):吃晚饭。

赵奢为田部吏

〔**解题**〕题目系选注者所拟。赵奢,嬴姓,赵氏,名奢。战国时代东方六国的八名将之一。其为官秉公执法,品德高尚,不徇私情,重视法律的公平正义在治理国家中的重要作用。

赵奢者,赵之田部吏也。收租税而平原君家不肯出租,奢以法治之,杀平原君用事者九人。平原君怒,将杀奢。奢因说曰:"君于赵为贵公子,今纵君家而不奉公则法削,法削则国弱,国弱则诸侯加兵,诸侯加兵,是无赵也,君安得有此富乎?以君之贵,奉公如法则上下平,上下平则国强,国强则赵固,而君为贵戚,岂轻于天下邪?"平原君以为贤,言之于王。王用之治国赋,国赋大平,民富而府库实。

——《史记·廉蔺列传》

申屠嘉刚毅守节

[解题] 题目系选注者所拟。申屠嘉(？—前155)，复姓申屠，名嘉，梁国睢阳(今河南省商丘市)人。随刘邦起事，后位极人臣，为西汉一代名相。其为人廉洁正直，执法严明；曾上书汉景帝戒除公款吃喝，并坚持不在家中接待客人，可谓品德高尚，是奉公勤政之楷模。

嘉为人廉直，门不受私谒。是时太中大夫邓通方隆爱幸[1]，赏赐累巨万。文帝尝燕饮通家，其宠如是。是时丞相入朝，而通居上傍，有怠慢之礼。丞相奏事毕，因言曰："陛下爱幸臣，则富贵之；至于朝廷之礼，不可以不肃！"上曰："君勿言，吾私之。"罢朝坐府中，嘉为檄召邓通诣丞相府[2]，不来，且斩通。通恐，入言文帝。文帝曰："汝第往[3]，吾今使人召若。"通至丞相府，免冠，徒跣[4]，顿首谢。嘉坐自如，故不为礼，责曰："夫朝廷者，高皇帝之朝廷也。通小臣，戏殿上，大不敬，当斩。吏今行斩之！"通顿首，首尽出血，不解。文帝度丞相已困通，使使者持节召通[5]，而谢丞相曰："此吾弄臣，君释之。"邓通既至，为文帝泣曰："丞相几杀臣。"

——《史记·张丞相列传》

[1] 邓通：蜀郡南安(今四川乐山)人，汉文帝宠臣。
[2] 檄：文体名，古代政府用于征召、晓谕、声讨的文书。

〔3〕第:姑且。
〔4〕跣:赤足。
〔5〕节:符节,古代使臣所持的凭证。

张释之执法

〔**解题**〕题目系选注者所拟。张释之,字季,堵阳(今河南南阳方城)人,西汉法官。在文帝时为廷尉,执法公正,司马迁称他"守法不阿意",《汉书》也称"张释之为廷尉,天下无冤民"。从《史记》的记载,可以看出张释之率直敢言,不阿谀奉承;执法公平,不因对方的身份而随意更改律法规定和量刑轻重的原则,堪为天下法官的表率。

顷之,上行出中渭桥[1],有一人从桥下走出[2],乘舆马惊[3]。于是使骑捕,属之廷尉。释之治问。曰:"县人来[4],闻跸[5],匿桥下。久之,以为行已过,即出,见乘舆车骑,即走耳。"廷尉奏当[6],一人犯跸,当罚金[7]。文帝怒曰:"此人亲惊吾马,吾马赖柔和,令他马,固不败伤我乎?而廷尉乃当之罚金?"释之曰:"法者天子所与天下公共也。今法如此而更重之,是法不信于民也。且方其时,上使立诛之则已。今既下廷尉,廷尉,天下之平也,一倾而天下用法皆为轻重,民安所措其手足?唯陛下察之。"良久,上曰:"廷尉当是也。"

其后有人盗高庙坐前玉环[8],捕得,文帝怒,下廷尉治。释之案律盗宗庙服御物者为奏[9],奏当弃市。上大怒曰:"人之无道,乃盗先帝庙器,吾属廷尉者,欲致之族[10],而君以法奏之,非吾所以共承宗庙意也。"释之免冠顿首谢曰:"法如是足也。且罪等,然以逆顺为差[11]。今盗宗庙器而族之,有如万分之一[12],假令愚民取长陵一抔土,陛下何以加其法乎?"久之,文帝与太后言之,乃许廷尉当。是时,中尉条侯周亚夫与梁相山都侯王恬开见释之持议平[13],乃结为亲友。张廷尉由此天下称之。

——《史记·张释之冯唐列传》

[1] 中渭桥:汉时,渭河上有东、西、中三桥,中渭桥在长安城北。

[2] 走:跑。

[3] 乘舆:古代帝王或诸侯所用车舆。

[4] 县人:指长安县人。

[5] 跸(bì 必):帝王出行清道,禁止行人通行;有时也可指代帝王车驾。

[6] 当:判处该受何罪。

[7] "一人"二句:按汉法令,"跸先至而犯者罚金四两"。

[8] 高庙:高祖刘邦宗庙。

[9] 案:依照,按照。

[10] 族:灭族。

[11] 逆顺:轻重。本句意为而且罪名相同,也根据轻重有所差别。

[12] 有如万分之一:假如万一。

[13] 王恬开:原名王恬启,避汉景帝讳改,频阳(今陕西富平县美原镇)人,曾任卫尉、卫将军、廷尉等职。

桐乡啬夫朱邑

〔解题〕题目系选注者所拟。朱邑（？—前61），字仲卿，庐江舒县（今安徽庐江）人。朱邑为人廉洁，秉公办事、奉公守节，以仁义之心广施于民，广为举荐贤才，深受吏民的爱戴和尊敬。

朱邑字仲卿，庐江舒人也。少时为舒桐乡啬夫[1]，廉平不苛，以爱利为行，未尝笞辱人，存问耆老孤寡，遇之有恩，所部吏民爱敬焉。迁补太守卒史，举贤良为大司农丞，迁北海太守，以治行第一入为大司农。为人淳厚，笃于故旧，然性公正，不可交以私。天子器之，朝廷敬焉。

是时，张敞为胶东相，与邑书曰："明主游心太古，广延茂士[2]，此诚忠臣竭思之时也。直敞远守剧郡[3]，驭于绳墨，匈臆约结[4]，固亡奇也。虽有，亦安所施？足下以清明之德，掌周稷之业，犹饥者甘糟糠，穰岁余粱肉[5]。何则？有亡之势异也。昔陈平虽贤，须魏倩而后进[6]；韩信虽奇，赖萧公而后信[7]。故事各达其时之英俊，若必伊尹、吕望而后荐之，则此人不因足下而进矣。"邑感敞言，贡荐贤士大夫，多得其助者。身为列卿，居处俭节，禄赐以共九族乡党，家亡余财。

神爵元年卒。天子闵惜，下诏称扬曰："大司农邑，廉洁守节，退食自公，亡强外之交，束脩之馈，可谓淑人君子。遭离凶灾，朕甚闵之。其赐邑子黄金百斤，以奉其祭祀。"

初，邑病且死，属其子曰："我故为桐乡吏，其民爱我，必葬我桐乡。后世子孙奉尝我,不如桐乡民。"及死,其子葬之桐乡西郭外,民果共为邑起冢立祠,岁时祠祭,至今不绝。

——《汉书·循吏传》

[1] 啬夫:此处指秦汉时期所设乡官,以听讼、收赋税为职务。
[2] 茂士:才德优秀的人。
[3] 剧郡:大郡。
[4] 匈:同"胸"。约结:郁结。
[5] 穰岁:丰年。
[6] 魏倩:即魏无知,陈平因其推荐而得到刘邦的任用。
[7] 萧公:即萧何。

鲍宣忠直

〔解题〕题目系选注者所拟。鲍宣(前30—3),字子都,渤海高城(今河北盐山东南)人,哀帝时为谏大夫、司隶。鲍宣好学明经,为当世名儒,秉性耿直,品性高洁,敢于直言上书。为官忠于职守,敢于执法,不屑苟谀。本处节选鲍宣为司隶时因严格执法与丞相孔光发生矛盾,闭门抗拒御史属官抓捕从事,终至髡钳之刑,展现了鲍宣宁折不弯的执法精神。

鲍宣字子都,渤海高城人也。好学,明经,为县乡啬夫,守束州丞。后为都尉、太守功曹,举孝廉为郎,病去官,复为州从事。大司马、卫将军王商辟宣,荐为议郎,后以病去。哀帝初,大司空何武除宣为西曹掾,甚敬重焉,荐宣为谏大夫,迁豫州牧。岁余,丞相司直郭钦奏:"宣举错烦苛,代二千石署吏听讼,所察过诏条[1]。行部乘传去法驾,驾一马,舍宿乡亭,为众所非。"宣坐免。归家数月,复征为谏大夫。

宣每居位,常上书谏争,其言少文多实。是时,帝祖母傅太后欲与成帝母俱称尊号,封爵亲属,丞相孔光、大司空师丹、何武、大司马傅喜始执正议,失傅太后指,皆免官。丁、傅子弟并进,董贤贵幸,宣以谏大夫从其后,上书谏曰[2]:

"……凡民有七亡[3]:阴阳不和,水旱为灾,一亡也;县官重责更赋租税[4],二亡也;贪吏并公,受取不已[5],三亡也;豪强大姓蚕食亡厌,四亡也;苛吏徭役,失农桑时,五亡也;

部落鼓鸣,男女遮迣[6],六亡也;盗贼劫略,取民财物,七亡也。七亡尚可,又有七死:酷吏殴杀,一死也;治狱深刻,二死也;冤陷亡辜,三死也;盗贼横发,四死也;怨雠相残,五死也;岁恶饥饿,六死也;时气疾疫,七死也。民有七亡而无一得,欲望国安,诚难;民有七死而无一生,欲望刑措,诚难。此非公卿、守、相贪残成化之所致邪?群臣幸得居尊官,食重禄,岂有肯加恻隐于细民,助陛下流教化者邪?志但在营私家,称宾客[7],为奸利而已。以苟容曲从为贤,以拱默尸禄为智[8],谓如臣宣等为愚。陛下擢臣岩穴[9],诚冀有益毫毛,岂徒欲使臣美食大官[10],重高门之地哉!

……

方阳侯孙宠、宜陵侯息夫躬辩足以移众[11],强可用独立,奸人之雄,或世尤剧者也,宜以时罢退。及外亲幼童未通经术者,皆宜令休就师傅[12]。急征故大司马傅喜使领外亲。故大司空何武、师丹、故丞相孔光、故左将军彭宣,经皆更博士,位皆历三公,智谋威信,可与建教化,图安危。龚胜为司直[13],郡国皆慎选举,三辅委输官不敢为奸,可大委任也。陛下前以小不忍退武等,海内失望。陛下尚能容亡功德者甚众,曾不能忍武等邪!治天下者当用天下之心为心,不得自专快意而已也。上之皇天见谴,下之黎庶怨恨,次有谏争之臣,陛下苟欲自薄而厚恶臣,天下犹不听也。臣虽愚戆[14],独不知多受禄赐,美食太官,广田宅,厚妻子,不与恶人结仇怨以安身邪?诚迫大义,官以谏争为职,不敢不竭愚。惟陛下少留神明,览《五经》之文,原圣人之至意,深思天地之戒。臣宣呐钝于辞,不胜惓惓[15],尽死节而已。"

上以宣名儒,优容之。

……

丞相孔光四时行园陵[16],官属以令行驰道中[17],宣出逢之,使吏钩止丞相掾史[18],没入其车马,摧辱宰相。事下御史中丞,侍御史至司隶官,欲捕从事[19],闭门不肯内[20]。宣坐距闭使者[21],亡人臣礼,大不敬,不道,下廷尉狱。博士弟子济南王咸举幡太学下,曰:"欲救鲍司隶者会此下。"诸生会者千余人[22]。朝日,遮丞相孔光自言[23],丞相车不得行,又守阙上书[24]。上遂抵宣罪减死一等,髡钳[25]。

——《汉书·王贡两龚鲍传》

[1] 过诏条:谓超出诏定的六条之外。

[2] 所上为《谏哀帝书》。

[3] 亡:失业。

[4] 更赋:一种以纳钱代更役的赋税。

[5] 贪吏并公,受取不已:谓贪官污吏假公济私。并:依也。

[6] 遮迣:列队遮拦。

[7] 称宾客:使宾客满足。

[8] 拱默:拱手而默,谓无所作为。尸禄:指尸位素餐,无所作为而得俸禄。

[9] 岩穴:代指隐居。

[10] 大官:即太官,指太官令,掌膳食。

[11] 孙宠:曾任骑都尉,与息夫躬告东平王谋反,封方阳侯。息夫躬:《汉书》卷四十五有传。移众:意谓扰乱人心。

[12] 休:退也。

[13] 司直:丞相司直,督查京城百官。

[14] 愚戆(zhuàng 壮):愚笨刚直。

[15] 惓惓:同"拳拳",真挚诚恳的样子。

[16] 行:巡行,巡视。园陵:帝王的墓地。

[17] 驰道:帝王行驶马车的道路。

[18] 钩止:拘留,扣留。掾史:属官。

[19] 从事:属吏。
[20] 内(nà):同"纳",使进入,放进。
[21] 距:通"拒"。
[22] 诸生:指太学生。
[23] 遮:拦住,拦阻。
[24] 守阙:守候于宫门。
[25] 髡钳:指剃去头发,用铁圈束颈的刑罚。

祭遵布被

[**解题**] 题目系选注者所拟。《后汉书》是由南朝宋范晔所撰的一部纪传体断代史。其所记史事,起于刘秀起兵,终于汉献帝禅位,囊括了东汉一朝195年的历史。作为"正史",与《史记》、《汉书》、《三国志》合称"四史"。祭遵(？—33年),字弟孙,颍川颍阳(今属河南许昌)人。东汉大将,"云台二十八将"之一。祭遵身为重臣,却生活简朴,不重私欲,临终遗诫牛车载丧。祭遵以身任国,克己奉公,执法严明,不畏强权,被汉光武帝刘秀赞为忧国奉公的楷模[1]。

祭遵字弟孙,颍川颍阳人也。少好经书。家富给,而遵恭俭,恶衣服。丧母,负土起坟。尝为部吏所侵,结客杀之。初,县中以其柔也,既而皆惮焉。

及光武破王寻等,还过颍阳,遵以县吏数进见,光武爱其容仪,署为门下史。从征河北,为军市令。舍中儿犯法[2],遵格杀之。光武怒,命收遵[3]。时,主簿陈副谏曰:"明公常欲众军整齐,今遵奉法不避,是教令所行也。"光武乃贳之[4],以为刺奸将军。谓诸将曰:"当备祭遵!吾舍中儿犯法尚杀之,必不私诸卿也。"寻拜为偏将军[5],从平河北,以功封列侯。

……

遵为人廉约小心,克己奉公,赏赐辄尽与士卒,家无私财,身衣韦裤,布被,夫人裳不加缘[6],帝以是重焉。及卒,愍悼之尤甚[7]。遵丧至河南县,诏遣百官先会丧所,车驾素服临之,望哭哀恸。还幸城门,过其车骑,涕泣不能已。丧礼成,复亲祠以太牢,如宣帝临霍光故事。诏大长秋、谒者、河南尹护丧事,大司农给费。博士范升上疏,追称遵曰:"臣闻先王崇政,尊美屏恶。昔高祖大圣,深见远虑,班爵割地,与下分功,著录勋臣,颂其德美。生则宠以殊礼,奏事不名,入门不趋。死则畴其爵邑[8],世无绝嗣,丹书铁券,传于无穷。斯诚大汉厚下安人长久之德,所以累世十余,历载数百,废而复兴,绝而复续者也。陛下以至德受命,先明汉道,褒序辅佐,封赏功臣,同符祖宗。征虏将军颍阳侯遵,不幸早薨。陛下仁恩,为之感伤,远迎河南,恻怛之恸,形于圣躬,丧事用度,仰给县官,重赐妻子,不可胜数。送死有以加生,厚亡有以过存,矫俗厉化,卓如日月。古者臣疾君视,臣卒君吊,德之厚者也。陵迟以来久矣。及至陛下,复兴斯礼,群下感动,莫不自励。臣窃见遵修行积善,竭忠于国,北平渔阳,西拒陇、蜀,先登坻上,深取略阳。众兵既退,独守冲难[9]。制御士心,不越法度。所在吏人,不知有军[10]。清名闻于海内,廉白著于当世。所得赏赐,辄尽与吏士,身无奇衣,家无私财。同产兄午以遵无子,娶妾送之,遵乃使人逆而不受,自以身任于国,不敢图生虑继嗣之计。临死遗诫牛车载丧,薄葬洛阳。问以家事,终无所言。任重道远,死而后已。遵为将军,取士皆用儒术,对酒设乐,必雅歌投壶[11]。又建为孔子立后,奏置《五经》大夫。虽在军旅,不忘俎豆,可谓好礼悦乐,守死善道者也。礼,生有爵,死有谥,爵以殊尊卑,谥以明善恶。臣愚以为宜因遵薨,论叙众功,详案《谥法》,以礼成之。显章国家笃古之制,为后嗣法。"帝乃下升章以示公卿。至葬,车驾复临,赠以将军、侯印绶,朱轮容车[12],介士军陈送葬[13],谥曰成侯。既葬,车驾复临其坟,存见夫人室家。其后会朝,帝每叹曰:"安得忧国奉公之臣如祭征虏者乎!"遵之见思若此。

——《后汉书·铫期王霸祭遵列传》

[1] 光武帝(前5—公元57),刘秀,字文叔,南阳郡蔡阳县人,出生于陈留郡济阳县(今河南开封),东汉开国皇帝,公元25—公元57年在位。
[2] 舍中儿:家奴。
[3] 收:拘捕。
[4] 贳(shì事):赦免,宽纵。
[5] 寻:不久,随即。
[6] 缘(yuàn愿):衣服边上的镶绲,衣服的边。
[7] 愍:哀怜。
[8] 畴:齐等,使相等。指功臣死后,子孙袭封,与先人齐等。
[9] 冲:兵冲,军事要冲。
[10] 不知有军:指不侵扰。
[11] 雅歌:伴以雅乐歌唱的诗歌。投壶:古代宴会礼制。亦为娱乐活动。
[12] 容车:送葬时载运死者衣冠、画像的车。
[13] 介士:披甲的武士。

孔奋奉公爱民

〔解题〕题目系选注者所拟。孔奋(生卒年不详),字君鱼,扶风茂陵(今陕西西安西北)人。孔子的第十五世孙。东汉名臣。孔奋之立身行事以君子仁义礼智信为标准,为官则以惠民富民为务,爱民如子;事亲则恭谨至孝,克己宽人。虽生于乱世膏腴之地,却清正廉明,奉公爱民,并且一以贯之,始终保持着高尚的节操,深得治下吏民的爱戴。

孔奋字君鱼,扶风茂陵人也。曾祖霸[1],元帝时为侍中。奋少从刘歆受《春秋左氏传》,歆称之,谓门人曰:"吾已从君鱼受道矣。"

遭王莽乱,奋与老母、幼弟避兵河西。建武五年,河西大将军窦融请奋署议曹掾,守姑臧长[2]。八年,赐爵关内侯。时天下扰乱,惟河西独安,而姑臧称为富邑,通货羌胡,市日四合[3],每居县者,不盈数月辄致丰积。奋在职四年,财产无所增。事母孝谨,虽为俭约,奉养极求珍膳。躬率妻、子,同甘菜茹。时天下未定,士多不修节操,而奋力行清洁,为众人所笑,或以为身处脂膏,不能以自润,徒益苦辛耳。奋既立节,治贵仁平,太守梁统深相敬待,不以官属礼之,常迎于大门,引入见母。

陇蜀既平,河西守令咸被征召,财货连毂,弥竟川泽。惟奋无资,单车就路。姑臧吏民及羌胡更相谓曰:"孔君清廉仁贤,举县蒙恩,如何今去,不共报德!"遂相赋敛牛、马、器物千万以上,追送数百里。奋谢之而已,一无所受。既至京师,除武都郡丞。

时陇西余贼隗茂等夜攻府舍,残杀郡守,贼畏奋追急,乃执其妻子,欲以为质。奋年已五十,唯有一子,终不顾望,遂穷力讨之。吏民感义,莫不倍用命焉。郡多氐人[4],便习山谷,其大豪齐钟留者,为群氐所信向。奋乃率厉钟留等令要遮抄击[5],共为表里。贼窘惧逼急,乃推奋妻子以置军前,冀当退却,而击之愈厉,遂禽灭茂等,奋妻、子亦为所杀。世祖下诏褒美,拜为武都太守。

奋自为府丞,已见敬重,及拜太守,举郡莫不改操。为政明断,甄善疾非,见有美德,爱之如亲,其无行者,忿之若仇,郡中称为清平。

——《后汉书·郭杜孔张廉王苏羊贾陆列传》

[1] 霸:即孔霸,字次儒。孔子十二世孙。昭帝末为博士,宣帝时为太中大夫,高密相。元帝即位,以帝师赐爵关内侯,号褒成君。谥烈君。

[2] 守:暂代某职务。姑臧:县名。

[3] 市日四合:指每天有四次集市。

[4] 氐:我国古代民族。多居住在今西北地区。

[5] 要遮抄击:在要道隐蔽,阻击抄袭贼兵。

强项令董宣

〔**解题**〕题目系选注者所拟。董宣,生卒年不详。字少平,陈留圉(今河南杞县)人。东汉初任北海相、江夏太守、洛阳令等职。董宣为官清廉,秉公执法,不畏强暴,敢于惩治豪族。担任洛阳令时,强硬击杀公主家奴,且拒不谢罪,即使面对皇帝也宁折不屈,因此被皇帝称为"强项令",而京师之人称他为"卧虎"。

董宣字少平,陈留圉人也。初为司徒侯霸所辟,举高第,累迁北海相。到官,以大姓公孙丹为五官掾。丹新造居宅,而卜工以为当有死者,丹乃令其子杀道行人,置尸舍内,以塞其咎。宣知,即收丹父子杀之。丹宗族亲党三十余人,操兵诣府,称冤叫号。宣以丹前附王莽,虑交通海贼,乃悉收系剧狱,使门下书佐水丘岑尽杀之[1]。青州以其多滥,奏宣考岑[2],宣坐征诣廷尉。在狱,晨夜讽诵,无忧色。及当出刑,官属具馔送之,宣乃厉色曰:"董宣生平未曾食人之食,况死乎!"升车而去。时,同刑九人,次应及宣,光武驰使驺骑特原宣刑[3],且令还狱。遣使者诘宣多杀无辜,宣具以状对,言水丘岑受臣旨意,罪不由之,愿杀臣活岑。使者以闻,有诏左转宣怀令,令青州勿案岑罪。岑官至司隶校尉。

后江夏有剧贼夏喜等寇乱郡境,以宣为江夏太守。到界,移书曰:"朝廷以太守能禽奸贼,故辱斯任。今勒兵界首,檄到,幸思自安之宜。"喜等闻,惧,即归降散。外戚阴氏为郡都尉,宣轻慢之,坐免。

后特征为洛阳令。时湖阳公主苍头白日杀人[4],因匿主家,吏不能得。及主出行,而以奴骖乘,宣于夏门亭候之,乃驻车叩马,以刀画地,大言数主之失,叱奴下车,因格杀之。主即还宫诉帝,帝大怒,召宣,欲箠杀之[5]。宣叩头曰:"愿乞一言而死。"帝曰:"欲何言?"宣曰:"陛下圣德中兴,而纵奴杀良人,将何以理天下乎?臣不须箠,请得自杀。"即以头击楹,流血被面。帝令小黄门持之[6],使宣叩头谢主,宣不从,强使顿之,宣两手据地,终不肯俯。主曰:"文叔为白衣时,臧亡匿死,吏不敢至门。今为天子,威不能行一令乎?"帝笑曰:"天子不与白衣同。"因敕强项令出。赐钱三十万,宣悉以班诸吏。由是搏击豪强,莫不震栗。京师号为"卧虎"。歌之曰:"枹鼓不鸣董少平。"

在县五年。年七十四,卒于官[7]。诏遣使者临视,唯见布被覆尸,妻子对哭,有大麦数斛、敝车一乘。帝伤之,曰:"董宣廉洁,死乃知之!"以宣尝为二千石,赐艾绶[8],葬以大夫礼。拜子并为郎中,后官至齐相。

——《后汉书·酷吏列传》

[1] 书佐:官名,主办文书的佐吏。又称门下书佐,位掾、史之下。水丘:姓。

[2] 奏宣考岑:指上书告发董宣,拷问水丘岑。

[3] 骖(zōu 邹)骑:驾驭车马的骑士。

[4] 苍头:奴仆。

[5] 箠(chuí 垂):鞭打。

[6] 小黄门:汉代低于黄门侍郎一级的宦官。后泛指宦官。

[7] 卒于官:谓死于任上。

[8] 艾绶:艾色的印绶,即绿绶。系印纽的绿色丝带。汉官秩二千石以上者用之。

苏章公私分明

〔解题〕题目系选注者所拟。苏章(生卒不详),字孺文,扶风平陵(今咸阳西北)人。苏章为人正直,能秉公执法、不徇私情,能对"私恩"与"公法"加以明确的区分,从而成为历代守法官吏的楷模。

章少博学,能属文[1]。安帝时,举贤良方正,对策高第,为议郎。数陈得失,其言甚直。出为武原令[2],时岁饥,辄开仓廪[3],活三千余户。顺帝时[4],迁冀州刺史。故人为清河太守,章行部案其奸臧[5]。乃请太守,为设酒肴,陈平生之好甚欢。太守喜曰:"人皆有一天,我独有二天。"章曰:"今夕苏孺文与故人饮者,私恩也;明日冀州刺史案事者,公法也。"遂举正其罪。州境知章无私,望风畏肃。换为并州刺史,以摧折权豪[6],忤旨[7],坐免[8]。隐身乡里,不交当世。后征为河南尹,不就。时天下日敝,民多悲苦,论者举章有干国才,朝廷不能复用,卒于家。

——《后汉书·郭杜孔张廉王苏羊贾陆列传》

[1] 属(zhǔ主)文:撰写文章。
[2] 武原:在今江苏睢宁古邳镇以北。
[3] 辄:就,便。
[4] 顺帝:汉顺帝刘保(115—144),汉安帝刘祜之子,东汉第七位皇

帝,公元125—公元144年在位,死后庙号敬宗(献帝除其庙号),谥号孝顺皇帝。

[5] 行部:巡行所辖部属。案:考察,查办。奸臧:同"奸赃",指通过贪污受贿或盗窃获得财物。

[6] 摧折:打击,毁坏。

[7] 忤:违逆。

[8] 坐免:犯法免官。

第五伦奉公尽节

〔解题〕 题目系选注者所拟。第五伦(生卒年不详),字伯鱼。京兆长陵(今陕西咸阳)人。东汉时期大臣。东汉建武(25—56)年间,第五伦被京兆尹阎兴召为主簿,负责监督铸钱,领长安市场。后被举为孝廉,候补淮阳国医工长。追拜会稽太守。永平年间,任蜀郡太守。永平十八年(75),接替牟融任司空。第五伦一心奉公,尽守节操,上书论说政事从不违心阿附。临官以洁,匡帝以奢,任官以贞洁著称,提倡节俭,反对苛政,在选拔人才任用官员方面颇有见地,其为政深为民众所喜。

第五伦字伯鱼,京兆长陵人也。其先齐诸田[1],诸田徙园陵者多,故以次第为氏。

伦少介然有义行[2]。王莽末,盗贼起,宗族闾里争往附之。伦乃依险固筑营壁,有贼,辄奋厉其众,引强持满以拒之[3],铜马、赤眉之属前后数十辈,皆不能下。伦始以营长诣郡尹鲜于褒,褒见而异之,署为吏。后褒坐事左转高唐令[4],临去,握伦臂诀曰:"恨相知晚。"

……

数年,鲜于褒荐之于京兆尹阎兴,兴即召伦为主簿。时长安铸钱多奸巧,乃署伦为督铸钱掾,领长安市。伦平铨衡[5],正斗斛[6],市无阿枉,百姓悦服。每读诏书,常叹息曰:"此圣主也,一见决矣。"等辈笑之曰:"尔说将尚不下,安能动万乘乎？"伦曰："未遇知己，道不同故耳。"

建武二十七年，举孝廉，补淮阳国医工长，随王之国。光武召见，甚异之。二十九年，从王朝京师，随官属得会见，帝问以政事，伦因此酬对政道，帝大悦。明日，复特召入，与语至夕。帝戏谓伦曰："闻卿为吏篣妇公[7]，不过从兄饭，宁有之邪？"伦对曰："臣三娶妻皆无父。少遭饥乱，实不敢妄过人食。"帝大笑。伦出，有诏以为扶夷长，未到官，追拜会稽太守。虽为二千石，躬自斩刍养马[8]，妻执炊爨[9]。受俸裁留一月粮，余皆贱贸与民之贫羸者。会稽俗多淫祀，好卜筮。民常以牛祭神，百姓财产以之困匮，其自食牛肉而不以荐祠者，发病且死先为牛鸣，前后郡将莫敢禁。伦到官，移书属县，晓告百姓。其巫祝有依托鬼神诈怖愚民，皆案论之。有妄屠牛者，吏辄行罚。民初颇恐惧，或祝诅妄言，伦案之愈急，后遂断绝，百姓以安。

永平五年，坐法征[10]，老小攀车叩马，啼呼相随，日裁行数里，不得前，伦乃伪止亭舍，阴乘船去。众知，复追之。及诣廷尉，吏民上书守阙者千余人。是时，显宗方案梁松事[11]，亦多为松讼者。帝患之，诏公车诸为梁氏及会稽太守上书者勿复受。会帝幸廷尉录囚徒，得免归田里。身自耕种，不交通人物。

数岁，拜为宕渠令[12]，显拔乡佐玄贺，贺后为九江、沛二郡守，以清洁称，所在化行，终于大司农。

伦在职四年，迁蜀郡太守。蜀地肥饶，人吏富实，掾史家资多至千万，皆鲜车怒马，以财货自达。伦悉简其丰赡者遣还之，更选孤贫志行之人以处曹任，于是争赇抑绝[13]，文职修理。所举吏多至九卿、二千石，时以为知人。

……

伦虽峭直,然常疾俗吏苛刻。及为三公,值帝长者,屡有善政,乃上疏褒称盛美,因以劝成风德,曰:

陛下即位,躬天然之德,体晏晏之姿,以宽弘临下,出入四年,前岁诛刺史、二千石贪残者六人。斯皆明圣所鉴,非群下所及。然诏书每下宽和而政急不解,务存节俭而奢侈不止者,咎在俗敝,群下不称故也。光武承王莽之余,颇以严猛为政,后代因之,遂成风化。郡国所举,类多辨职俗吏,殊未有宽博之选以应上求者也。陈留令刘豫,冠军令驷协,并以刻薄之姿,临人宰邑,专念掠杀,务为严苦,吏民愁怨,莫不疾之,而今之议者反以为能,违天心,失经义,诚不可不慎也。非徒应坐豫、协,亦当宜谴举者。务进仁贤以任时政,不过数人,则风俗自化矣。臣尝读书记,知秦以酷急亡国,又目见王莽亦以苛法自灭,故勤勤恳恳,实在于此。又闻诸王主贵戚,骄奢逾制,京师尚然,何以示远?故曰:"其身不正,虽令不从。"以身教者从,以言教者讼。夫阴阳和岁乃丰,君臣同心化乃成也。其刺史、太守以下,拜除京师及道出洛阳者,宜皆召见,可因博问四方,兼以观察其人。诸上书言事有不合者,可但报归田里,不宜过加喜怒,以明在宽。臣愚不足采。

及诸马得罪归国,而窦氏始贵,伦复上疏曰:

臣得以空虚之质,当辅弼之任。素性驽怯,位尊爵重,拘迫大义,思自策厉,虽遭百死,不敢择地,又况亲遇危言之世哉!今承百王之敝,人尚文巧,咸趋邪路,莫能守正。伏见虎贲中郎将窦宪,椒房之亲[14],典司禁兵,出入省闼[15],年盛志美,卑谦乐善,此诚其好士交结之方。然诸出入贵戚者,类多瑕衅禁锢之人,尤少守约安贫之节,士大夫无志之徒更相贩卖,云集其门。众煦飘山,聚蚊成雷,盖骄佚所从生也。三辅论议者,至云以贵戚废锢,当复以贵戚浣濯之,犹解酲当以酒也。彼险趣势之徒[16],诚不可亲近。臣愚愿陛下中官严敕宪等闭门自守,无妄交通士大夫,防其未萌,虑于无形,令宪永保福禄,君臣交欢,无纤介之隙。此臣之至所愿也。

伦奉公尽节,言事无所依违。诸子或时谏止,辄叱遣之,吏人奏记及便宜者,亦并封上,其无私若此。性质悫[17],少文采,在位以贞白称,时人方之前朝贡禹。然少蕴藉,不修威仪,亦以此见轻。或问伦曰:"公有私乎?"对曰:"昔人有与吾千里马者,吾虽不受,每三公有所选举,心不能忘,而亦终不用也。吾兄子常病,一夜十往,退而安寝;吾子有疾,虽不省视而竟夕不眠。若是者,岂可谓无私乎?"连以老病上疏乞身。元和三年,赐策罢,以二千石奉终其身,加赐钱五十万,公宅一区。后数年卒,时年八十余,诏赐秘器、衣衾、钱布。

少子颉嗣,历桂阳、庐江、南阳太守,所在见称。顺帝之为太子废也,颉为太中大夫,与太仆来历等共守阙固争。帝即位,擢为将作大匠,卒官。伦曾孙种。

论曰:第五伦峭核为方,非夫恺悌之士[18],省其奏议,惇惇归诸宽厚,将惩苛切之敝使其然乎?昔人以弦韦为佩,盖犹此矣。然而君子侈不僭上[19],俭不偪下[20],岂尊临千里而与牧圉等庸乎[21]?讵非矫激,则未可以中和言也。

——《后汉书·第五钟离宋寒列传》

[1] "其先"句:谓其祖先为战国时齐国的田氏。
[2] 介然:孤傲特异。
[3] 强:硬弓,需用强力拉开的弓。满:射箭时,弯弓引弦至箭头刚露

出弓把的位置。

［4］左转:贬官,降职。

［5］铨衡:衡量轻重的器具。

［6］斗斛:两种量器。亦泛指量器。

［7］笰(péng朋):通"搒",笞击。妇公:岳父。

［8］躬:亲自。刍:饲草。

［9］爨(cuàn窜):烧火做饭。

［10］坐法征:因违法被征召。

［11］显宗:汉明帝刘庄(28—75),初名刘阳,光武帝刘秀第四子,东汉第二位皇帝,公元57年—公元75年在位,庙号显宗。梁松:字伯孙,梁统之子。尚光武帝女儿舞阴公主,受光武遗诏辅政,官至太仆,后因私受请托、飞书诽谤而下狱死。

［12］宕渠:汉代宕渠县,在今四川渠县东北。

［13］赇(qiú球):贿赂的财物。

［14］椒房:后妃以椒涂壁,取其繁衍多子,故称椒房。这里代指后妃。

［15］省闼(tà踏):宫中,禁中。又称禁闼。古代中央政府诸省设于禁中,后因作中央政府的代称。

［16］诐(bì必):谄佞。

［17］悫(què确):恭谨,朴实。

［18］恺悌:亦作"岂弟",或作"恺弟"。和乐平易。

［19］僭:超越本分,冒用在上者的名义或职权行事。

［20］偪下:使下属感到为难。偪,同"逼"。

［21］牧圉:指养牛马的人。

张禹执法严明

〔**解题**〕题目系选注者所拟。张禹(？—113)，字伯达，赵国襄(今河北邢台)人。张禹志存高洁，安于清贫。施政之时不辞辛劳，足迹遍布荒僻之处，因地制宜为百姓谋福利，且执法严明，令人敬佩。

张禹字伯达，赵国襄国人也。

祖父况族姊为皇祖考夫人[1]，数往来南顿[2]，见光武。光武为大司马，过邯郸，况为郡吏，谒见光武。光武大喜，曰："乃今得我大舅乎！"因与俱北，到高邑，以为元氏令。迁涿郡太守。后为常山关长。会赤眉攻关城，况战殁。父歆，初以报仇逃亡，后仕为淮阳相，终于汲令。

禹性笃厚节俭。父卒，汲吏人赙送前后数百万[3]，悉无所受。又以田宅推与伯父，身自寄止[4]。

永平八年，举孝廉，稍迁[5]；建初中，拜扬州刺史。当过江行部，中土人皆以江有子胥之神[6]，难于济涉。禹将度，吏固请不听。禹厉言曰："子胥如有灵，知吾志在理察枉讼，岂危我哉？"遂鼓楫而过。历行郡邑，深幽之处莫不毕到，亲录囚徒，多所明举。吏民希见使者，人怀喜悦，怨德美恶，莫不自归焉。

元和二年，转兖州刺史，亦有清平称。三年，迁下邳相。徐县北界有蒲阳坡，傍多良田，而堙废莫修。禹为开水门，通引灌溉,遂成孰田数百顷。劝率吏民,假与种粮,亲自勉劳,遂大收谷实。邻郡贫者归之千余户,室庐相属,其下成市。后岁至垦千余顷,民用温给。功曹史戴闰,故太尉掾也,权动郡内。有小谴[7],禹令自致徐狱,然后正其法。自长史以下,莫不震肃。

永元六年,入为大司农,拜太尉,和帝甚礼之。十五年,南巡祠园庙,禹以太尉兼卫尉留守。闻车驾当进幸江陵,以为不宜冒险远,驿马上谏。诏报曰:"祠谒既讫,当南礼大江,会得君奏,临汉回舆而旋。"及行还,禹特蒙赏赐。

延平元年,迁为太傅,录尚书事。邓太后以殇帝初育,欲令重臣居禁内,乃诏禹舍宫中。给帷帐床褥,太官朝夕进食,五日一归府。每朝见,特赞,与三公绝席。禹上言:"方谅闇密静之时,不宜依常有事于苑囿。其广成、上林空地,宜且以假贫民。"太后从之。及安帝即位,数上疾乞身。诏遣小黄门问疾,赐牛一头,酒十斛,劝令就第。其钱布、刀剑、衣物,前后累至。

永初元年,以定策功封安乡侯[8],食邑千二百户,与太尉徐防、司空尹勤同日俱封。其秋,以寇贼水雨策免防、勤,而禹不自安,上书乞骸骨,更拜太尉。四年,新野君病,皇太后车驾幸其第。禹与司徒夏勤、司空张敏俱上表言:"新野君不安,车驾连日宿止,臣等诚窃惶惧。臣闻王者动设先置,止则交戟,清道而后行,清室而后御,离宫不宿,所以重宿卫也。陛下体烝烝之至孝[9],亲省方药,恩情发中,久处单外,百官露止[10],议者所不安。宜且还宫,上为宗庙社稷,下为万国子民。"比三上,固争,乃还宫。后连岁灾荒,府藏空虚,禹上疏求入三岁租税,以助郡国禀假[11]。诏许之。五年,以阴阳不和策免。七年,卒于家。使者吊祭。除小子曜为郎中。长子盛嗣。

——《后汉书·邓张徐张胡列传》

［1］祖考:已故的祖父。

［2］南顿:地名,今河南项城。

［3］赙(fù 付):赠送财物助人治丧。

［4］"身自"句:谓只身寄居。

［5］稍迁:逐级升迁。稍,逐渐。

［6］子胥:春秋楚大夫伍员的字。伍子胥被吴王夫差赐死后,曾浮尸于江。

［7］谴:罪,过错。

［8］定策:亦作"定册"。古时尊立天子,书其事于简册,以告宗庙,因称大臣谋立天子为定策。

［9］烝烝:纯一宽厚。

［10］露止:露天居住。

［11］禀假:俸给及借贷。

张磐不肯出狱

〔解题〕题目系选注者所拟。张磐(生卒年不详)在受污入狱后坚持要查实罪名,不肯接受朝廷赦免,体现了尊重法律、不愿苟免的精神。

复以尚为荆州刺史[1]。尚见胡兰余党南走苍梧[2],惧为己负,乃伪上言苍梧贼入荆州界,于是征交阯刺史张磐下廷尉[3]。辞状未正,会赦见原。磐不肯出狱,方更牢持械节[4],狱吏谓磐曰:"天恩旷然而君不出,可乎?"磐因自列曰:"前长沙贼胡兰作难荆州,余党散入交阯。磐身婴甲胄,涉危履险,讨击凶患,斩殄渠帅,余尽鸟窜冒遁,还奔荆州。刺史度尚惧磐先言,怖畏罪戾,伏奏见诬。磐备位方伯,为国爪牙,而为尚所枉,受罪牢狱。夫事有虚实,法有是非。磐实不辜,赦无所除。如忍以苟免,永受侵辱之耻,生为恶吏,死为敝鬼。乞传尚诣廷尉,面对曲直,足明真伪。尚不征者,磐埋骨牢槛,终不虚出,望尘受枉。"廷尉以其状上,诏书征尚到廷尉,辞穷受罪,以先有功得原。磐字子石,丹阳人,以清白称,终于庐江太守。

——《后汉书·张法滕冯度杨列传》

[1] 尚:度尚(117—116),字博平,山阳郡胡陆(今山东金乡)人,东汉名将。

[2] 胡兰:桂阳叛军首领,与荆州士兵朱盖等共同叛乱。

[3] "于是"句:东汉时,苍梧郡由交趾刺史部辖管。

[4] 械节:指刑具的接合处。

杨震暮夜却金

〔**解题**〕题目系选注者所拟。杨震(？—124)，字伯起。弘农华阴(今陕西华阴东)人。东汉时期名臣。杨震通晓经籍、博览群书，有"关西孔子杨伯起"之称。杨震不应州郡礼命数十年，至五十岁时，才开始步入仕途。被大将军邓骘征辟，又举茂才，历荆州刺史、东莱太守。杨震被人尊称为四知先生，源自其著名的暮夜却金的事迹，所谓天知地知你知我知，暗室亦不欺心。其品行操守之高洁可见一斑。同样值得敬佩的是杨震置自身安危利益于不顾的忠于职守的精神。

杨震字伯起，弘农华阴人也。八世祖喜，高祖时有功，封赤泉侯。高祖敞，昭帝时为丞相，封安平侯。父宝，习《欧阳尚书》。哀、平之世，隐居教授。居摄二年[1]，与两龚、蒋诩俱征，遂遁逃，不知所处。光武高其节。建武中，公车特征，老病不到，卒于家。

震少好学，受《欧阳尚书》于太常桓郁[2]，明经博览，无不穷究。诸儒为之语曰："关西孔子杨伯起。"常客居于湖，不答州郡礼命数十年，众人谓之晚暮，而震志愈笃。后有冠雀衔三鳣鱼[3]，飞集讲堂前，都讲取鱼进曰："蛇鳣者，卿大夫服之象也。数三者，法三台也[4]。先生自此升矣。"年五十，乃始仕州郡。

大将军邓骘闻其贤而辟之[5]，举茂才，四迁荆州刺史、东莱太守。当之郡,道经昌邑,故所举荆州茂才王密为昌邑令,谒见,至夜怀金十斤以遗震。震曰:"故人知君,君不知故人,何也?"密曰:"暮夜无知者。"震曰:"天知,神知,我知,子知。何谓无知!"密愧而出。后转涿郡太守。性公廉,不受私谒。子孙常蔬食步行,故旧长者或欲令为开产业,震不肯,曰:"使后世称为清白吏子孙,以此遗之,不亦厚乎!"

元初四年,征入为太仆,迁太常。先是博士选举多不以实,震举荐明经名士陈留杨伦等,显传学业,诸儒称之。

永宁元年,代刘恺为司徒。明年,邓太后崩,内宠始横。安帝乳母王圣[6],因保养之勤,缘恩放恣;圣子女伯荣出入宫掖,传通奸赂[7]。震上疏曰:

> 臣闻政以得贤为本,理以去秽为务。是以唐虞俊乂在官[8],四凶流放[9],天下咸服,以致雍熙。方今九德未事,嬖幸充庭。阿母王圣出自贱微,得遭千载,奉养圣躬,虽有推燥居湿之勤,前后赏惠,过报劳苦,而无厌之心,不知纪极,外交属托,扰乱天下,损辱清朝,尘点日月[10]。《书》诫牝鸡牡鸣[11],《诗》刺哲妇丧国[12]。昔郑严公从母氏之欲[13],恣骄弟之情,几至危国,然后加讨,《春秋》贬之,以为失教。夫女子小人,近之喜,远之怨,实为难养。《易》曰:'无攸遂,在中馈。'[14]言妇人不得与于政事也。宜速出阿母,令居外舍,断绝伯荣,莫使往来,令恩德两隆,上下俱美。惟陛下绝婉娈之私,割不忍之心,留神万机,诫慎拜爵,减省献御,损节征发。令野无《鹤鸣》之叹,朝无《小明》之悔,《大东》不兴于今,劳止不怨于下[15]。拟踪往古,比德哲王,岂不休哉!

奏御,帝以示阿母等,内幸皆怀忿恚。而伯荣骄淫尤甚,

与故朝阳侯刘护从兄瑰交通,瑰遂以为妻,得袭护爵,位至侍中。震深疾之,复诣阙上疏曰:

> 臣闻高祖与群臣约,非功臣不得封,故经制父死子继,兄亡弟及,以防篡也。伏见诏书封故朝阳侯刘护再从兄瑰袭护爵为侯。护同产弟威,今犹见在。臣闻天子专封封有功,诸侯专爵爵有德。今瑰无佗功行[16],但以配阿母女,一时之间,既位侍中,又至封侯,不稽旧制,不合经义,行人喧哗,百姓不安。陛下宜览镜既往,顺帝之则。

书奏不省。

延光二年,代刘恺为太尉。帝舅大鸿胪耿宝荐中常侍李闰兄于震,震不从。宝乃自往候震曰:"李常侍国家所重,欲令公辟其兄,宝唯传上意耳。"震曰:"如朝廷欲令三府辟召,故宜有尚书敕。"遂拒不许,宝大恨而去。皇后兄执金吾阎显亦荐所亲厚于震,震又不从。司空刘授闻之,即辟此二人,旬日中皆见拔擢。由是震益见怨。

时诏遣使者大为阿母修第,中常侍樊丰及侍中周广、谢恽等更相扇动,倾摇朝廷。震复上疏曰:

> 臣闻古者九年耕必有三年之储,故尧遭洪水,人无菜色。臣伏念方今灾害发起,弥弥滋甚,百姓空虚,不能自赡。重以螟蝗,羌虏抄掠,三边震扰,战斗之役至今未息,兵甲军粮不能复给。大司农帑藏匮乏,殆非社稷安宁之时。伏见诏书为阿母兴起津城门内第舍,合两为一,连里竟街,雕修缮饰,穷极巧伎。今盛夏土王,而攻山采石,其大匠左校别部将作合数十处[17],转相迫促,为费巨亿。周广、谢恽兄弟,与国无肺腑枝叶之属,依倚近幸奸佞之人,与樊丰、王永等分威共权,属托州郡,倾动大臣。宰司

辟召,承望旨意,招来海内贪污之人,受其货赂,至有臧锢弃世之徒复得显用[18]。白黑溷淆,清浊同源,天下谨哗,咸曰财货上流,为朝结讥。臣闻师言:"上之所取,财尽则怨,力尽则叛。"怨叛之人,不可复使,故曰:"百姓不足,君谁与足?"惟陛下度之。

丰、恽等见震连切谏不从,无所顾忌,遂诈作诏书,调发司农钱谷、大匠见徒材木,各起家舍、园池、庐观,役费无数。

震因地震,复上疏曰:

臣蒙恩备台辅,不能奉宣政化,调和阴阳,去年十二月四日,京师地动。臣闻师言:"地者阴精,当安静承阳。"而今动摇者,阴道盛也。其日戊辰,三者皆土,位在中宫,此中臣近官盛于持权用事之象也。臣伏惟陛下以边境未宁,躬自菲薄,宫殿垣屋倾倚,枝柱而已,无所兴造,欲令远近咸知政化之清流,商邑之翼翼也。而亲近幸臣,未崇断金[19],骄溢逾法,多请徒士,盛修第舍,卖弄威福。道路谨哗,众所闻见。地动之变,近在城郭,殆为此发。又冬无宿雪,春节未雨,百僚燋心,而缮修不止,诚致旱之征也。《书》曰:"僭恒阳若,臣无作威作福玉食。"唯陛下奋乾刚之德,弃骄奢之臣,以掩讦言之口[20],奉承皇天之戒,无令威福久移于下。

震前后所上,转有切至,帝既不平之,而樊丰等皆侧目愤怨,俱以其名儒,未敢加害。寻有河间男子赵腾诣阙上书,指陈得失。帝发怒,遂收考诏狱,结以罔上不道。震复上疏救之曰:"臣闻尧、舜之世,谏鼓谤木,立之于朝;殷、周哲王,小人怨詈,则还自敬德。所以达聪明,开不讳,博采负薪,尽极下情也。今赵腾所坐激讦谤语为罪,与手刃犯法有差。乞为亏除,全腾之命,以诱乌鸢舆人之言[21]。"帝不省,腾竟伏尸都市。

会三年春,东巡岱宗,樊丰等因乘舆在外,竞修第宅,震部掾高舒召大匠令史考校之,得丰等所诈下诏书,具奏,须行还上之。丰等闻,惶怖,会太史言星变逆行,遂共谮震云:"自赵腾死后,深用怨怼;且邓氏故吏,有恚恨之心。"及车驾行还,便时太学,夜遣使者策收震太尉印绶,于是柴门绝宾客。丰等复恶之,乃请大将军耿宝奏震大臣不服罪,怀恚望,有诏遣归本郡。震行至城西几阳亭,乃慷慨谓其诸子门人曰:"死者士之常分。吾蒙恩居上司,疾奸臣狡猾而不能诛,恶嬖女倾乱而不能禁,何面目复见日月! 身死之日,以杂木为棺,布单被裁足盖形,勿归冢次,勿设祭祠。"因饮鸩而卒,时年七十余。弘农太守移良承樊丰等旨,遣吏于陕县留停震丧,露棺道侧,谪震诸子代邮行书,道路皆为陨涕。

岁余,顺帝即位,樊丰、周广等诛死,震门生虞放、陈翼诣阙追讼震事。朝廷咸称其忠,乃下诏除二子为郎,赠钱百万,以礼改葬于华阴潼亭,远近毕至。先葬十余日,有大鸟高丈余,集震丧前,俯仰悲鸣,泪下沾地,葬毕,乃飞去。郡以状上。时连有灾异,帝感震之枉,乃下诏策曰:"故太尉震,正直是与,俾匡时政,而青蝇点素,同兹在藩[22]。上天降威,灾眚屡作[23],尔卜尔筮,惟震之故。朕之不德,用彰厥咎,山崩栋折,我其危哉! 今使太守丞以中牢具祠,魂而有灵,倘其歆享。"于是时人立石鸟象于其墓所。

震之被谮也,高舒亦得罪,以减死论。及震事显,舒拜侍御史,至荆州刺史。

——《后汉书·杨震列传》

[1] 居摄:指君主年幼,由大臣居其位代理政务。西汉末,汉平帝崩,

王莽摄政,因以居摄纪年。

[2] 桓郁:东汉沛郡龙亢人,字仲恩。桓荣之子,少以父任为郎。以《尚书》教授,门徒常数百。曾以经授二帝,恩宠甚笃,显于当世。

[3] 鳣(zhān 沾):鲟鳇鱼。

[4] 三台:原为星名,喻三公。东汉以太尉、司徒、司空为三公,是中央三种最高官衔的合称。

[5] 邓骘:东汉南阳新野(今属河南)人,字昭伯,邓训之子。其妹为和帝皇后。官至车骑将军、仪同三司。与邓太后定策立安帝,被封上蔡侯,拜大将军,专朝政,崇节俭,罢力役。及太后卒,安帝亲政,被陷害,不食而死。

[6] 安帝:刘祜(94—125),汉章帝刘炟之孙,清河孝王刘庆之子,东汉第六位皇帝,公元106—125年在位,谥号孝安皇帝,庙号恭宗。

[7] "传通"句:指传递消息收受贿赂。

[8] 俊乂(yì 义):才俊之士。

[9] 四凶:相传为尧舜时代四个恶名昭彰的部族首领。

[10] "尘点"句:谓使光洁之日月蒙尘。

[11] 牝鸡牡鸣:意同"牝鸡司晨"。母鸡报晓。比喻妇人篡权专政。牝,雌。

[12] 哲妇:多谋虑的妇人。语出《诗·大雅·瞻卬》:"哲夫成城,哲妇倾城。懿厥哲妇,为枭为鸱。"

[13] 郑严公:即春秋郑庄公,《左传》中《郑伯克段于鄢》记载他故意纵容其弟共叔段与其母武姜,后杀共叔段。"严公"乃避汉明帝刘庄讳而改。

[14] "《易》曰"数句:语出《易·家人》:"无攸遂,在中馈。"孔颖达疏:"妇人之道……其所职,主在于家中馈食供祭而已。"

[15] "令野"数句:以《诗经》中的篇章比拟劝谏。《诗·小雅·鹤鸣》喻指贤才隐于野;《诗·小雅·小明》喻指官吏后悔仕于乱世;《诗·小雅·大东》喻指苦乐悬殊和劳逸不均。

[16] 佗:别的,其他的。

[17] 大匠:官名,掌管修建宫室的官员。

[18] 臧锢:谓因收受贿赂而被监禁。

[19] 未崇断金:《易·系辞上》:"二人同心,其利断金。"这里指奸佞之

臣不能与皇帝同心。

〔20〕讻:巧言貌。

〔21〕"以诱"句:指获得众人的言谏。刍荛,指草野之人,多用作自谦浅陋的见解;舆人,众人。

〔22〕"而青蝇"二句:指青蝇玷污了白素,犹如恶人颠倒黑白。

〔23〕眚(shěng省):日月蚀,也指灾异。

张陵申公宪以报私恩

〔解题〕题目系选注者所拟。张陵,生卒年及生平皆不详。其身为尚书,秩俸不过六百石,但是敢于呵斥、劾奏被称为"跋扈将军"的大将军梁冀,其人虽非名吏,但奉公守法、持身正直,亦值得留名青史。

春,正月朔,群臣朝会,大将军冀带剑入省[1]。尚书蜀郡张陵呵叱令出,敕虎贲、羽林夺剑。冀跪谢,陵不应,即劾奏冀,请廷尉论罪。有诏,以一岁俸赎;百僚肃然。河南尹不疑尝举陵孝廉[2],乃谓陵曰:"昔举君,适所以自罚也!"陵曰:"明府不以陵不肖,误见擢序,今申公宪以报私恩!"不疑有愧色。

——《资治通鉴·汉纪四十五》

[1] 冀:梁冀(?—159),东汉权臣,汉顺帝梁皇后之兄,飞扬跋扈、残暴妄为。省:宫廷。
[2] 不疑:梁不疑,梁冀之弟。

不畏强御陈仲举

〔解题〕题目系选注者所拟。陈蕃（？—168），字仲举，汝南平舆（今河南平舆北）人。陈蕃生逢东汉桓灵之世，外戚、宦官、党人混战不休，他一生宦海沉浮，却始终刚直不阿，心怀天下公义，忠君、辅国、挽社稷于倾颓，最终以身殉国。他用自己的一生，践行了奉公以谨，为政以明的信条。陈蕃"以遁世为非义，故屡退而不去；以仁心为己任，虽道远而弥厉"，其品行与节操足可流芳百世，为后人敬仰。

陈蕃字仲举，汝南平舆人也。祖河东太守。蕃年十五，尝闲处一室，而庭宇芜秽。父友同郡薛勤来候之，谓蕃曰："孺子何不洒扫以待宾客？"蕃曰："大丈夫处世，当扫除天下，安事一室乎！"勤知其有清世志，甚奇之。

初仕郡，举孝廉，除郎中。遭母忧，弃官行丧。服阕，刺史周景辟别驾从事，以谏争不合，投传而去[1]。后公府辟举方正，皆不就。

太尉李固表荐，征拜议郎，再迁为乐安太守。……

大将军梁冀威震天下，时遣书诣蕃，有所请托，不得通，使者诈求谒，蕃怒，笞杀之，坐左转修武令。稍迁，拜尚书。

时，零陵、桂阳山贼为害，公卿议遣讨之，又诏下州郡，一切皆得举孝廉、茂才。蕃上疏驳之曰："昔高祖创业，万邦息肩，抚养百姓，同之赤子。今二郡之民，亦陛下赤子也。致令赤子为害，岂非所在贪虐，使其然乎？宜严敕三府，隐核牧守令长，其有在政失和，侵暴百姓者，即便举奏，更选清贤奉公之人，能班宣法令情在爱惠者，可不劳王师，而群贼弭息矣。又三署郎吏二千余人，三府掾属过限未除，但当择善而授之，简恶而去之。岂烦一切之诏，以长请属之路乎！"以此忤左右，故出为豫章太守。性方峻，不接宾客，士民亦畏其高。征为尚书令，送者不出郭门。

迁大鸿胪。会白马令李云抗疏谏，桓帝怒，当伏重诛。蕃上书救云，坐免归田里。复征拜议郎，数日迁光禄勋。时，封赏逾制，内宠猥盛[2]，蕃乃上疏谏曰：

> 臣闻有事社稷者，社稷是为；有事人君者，容悦是为。今臣蒙恩圣朝，备位九列，见非不谏，则容悦也。夫诸侯上象四七[3]，垂燿在天，下应分土，藩屏上国。高祖之约，非功臣不侯。而闻追录河南尹邓万世父遵之微功，更爵尚书令黄俊先人之绝封，近习以非义授邑，左右以无功传赏，授位不料其任，裂土莫纪其功[4]，至乃一门之内，侯者数人，故纬象失度，阴阳谬序，稼用不成，民用不康。臣知封事已行，言之无及，诚欲陛下从是而止。又比年收敛，十伤五六，万人饥寒，不聊生活，而采女数千，食肉衣绮[5]，脂油粉黛不可赀计[6]。鄙谚言"盗不过五女门"，以女贫家也。今后宫之女，岂不贫国乎！是以倾宫嫁而天下化[7]，楚女悲而西宫灾[8]。且聚而不御，必生忧悲之感，以致并隔水旱之困。夫狱以禁止奸违，官以称才理物。若法亏于平，官失其人，则王道有缺。而令天下之论，皆谓狱由怨起，爵以贿成。夫不有臭秽，则苍蝇不飞。陛下宜采求失得，择从忠善。尺一选举[9]，委尚书三公，使褒责诛赏，各有所归，岂不幸甚！

帝颇纳其言,为出宫女五百余人,但赐俊爵关内侯,则万世南乡侯[10]。

……

永康元年,帝崩。窦后临朝,诏曰:"夫民生树君,使司牧之,必须良佐,以固王业。前太尉陈蕃,忠清直亮。其以蕃为太傅,录尚书事。"时,新遭大丧,国嗣未立,诸尚书畏惧权官,托病不朝。蕃以书责之曰:"古人立节,事亡如存。今帝祚未立,政事日蹙,诸君奈何委荼蓼之苦[11],息偃在床?于义不足,焉得仁乎!"诸尚书惶怖,皆起视事。

灵帝即位[12],窦太后复优诏蕃曰:"盖褒功以劝善,表义以厉俗,无德不报,《大雅》所叹。太傅陈蕃,辅弼先帝,出内累年。忠孝之美,德冠本朝;謇愕之操[13],华首弥固。今封蕃高阳乡侯,食邑三百户。"

蕃上疏让曰:

使者即臣庐,授高阳乡侯印绶,臣诚悼心,不知所裁。臣闻让,身之文,德之昭也,然不敢盗以为名。窃惟割地之封,功德是为。臣孰自思省,前后历职,无他异能,合亦食禄,不合亦食禄。臣虽无素洁之行,窃慕"君子不以其道得之,不居也"。若受爵不让,掩面就之,使皇天震怒,灾流下民,于臣之身,亦何所寄?顾惟陛下哀臣朽老,戒之在得。

窦太后不许,蕃复固让,章前后十上,竟不受封。

初,桓帝欲立所幸田贵人为皇后。蕃以田氏卑微,窦族良家,争之甚固。帝不得已,乃立窦后。及后临朝,故委用于蕃。蕃与后父大将军窦武,同心尽力,征用名贤,共参政事,天下之士,莫不延颈想望太平。而帝乳母赵娆,旦夕在太后侧,中常侍曹节、王甫等与共交搆,谄事太后。太后信之,数出诏命,有所封拜,及其支类[14],多行贪虐。蕃常疾之,志诛中官,会窦武亦有谋。蕃自以既从人望而德于太后,必谓其志可申,乃先上疏曰:

> 臣闻言不直而行不正,则为欺乎天而负乎人。危言极意,则群凶侧目,祸不旋踵。钧此二者,臣宁得祸,不敢欺天也。今京师嚣嚣,道路喧哗,言侯览、曹节、公乘昕、王甫、郑飒等与赵夫人诸女尚书并乱天下。附从者升进,忤逆者中伤。方今一朝群臣,如河中木耳,泛泛东西,耽禄畏害。陛下前始摄位,顺天行诛,苏康、管霸并伏其辜。是时,天地清明,人鬼欢喜,奈何数月复纵左右?元恶大奸,莫此之甚。今不急诛,必生变乱,倾危社稷,其祸难量。愿出臣章宣示左右,并令天下诸奸知臣疾之。

太后不纳,朝廷闻者莫不震恐。蕃因与窦武谋之,语在《武传》。

及事泄,曹节等矫诏诛武等。蕃时年七十余,闻难作,将官属诸生八十余人[15],并拔刃突入承明门,攘臂呼曰:"大将军忠以卫国,黄门反逆,何云窦氏不道邪?"王甫时出,与蕃相连,适闻其言,而让蕃曰:"先帝新弃天下,山陵未成,窦武何功,兄弟父子,一门三侯?又多取掖庭宫人,作乐饮宴,旬月之间,赀财亿计。大臣若此,是为道邪?公为栋梁,枉桡阿党,复焉求贼!"遂令收蕃。蕃拔剑叱甫,甫兵不敢近,乃益人围之数十重,遂执蕃送黄门北寺狱。黄门从官驺蹴踏蕃曰[16]:"死老魅!复能损我曹员数,夺我曹禀假不?"即日害之。徙其家属于比景,宗族、门生、故吏皆斥免禁锢。

蕃友人陈留朱震,时为铚令[17],闻而弃官哭之,收葬蕃尸,匿其子逸于甘陵界中。事觉系狱,合门桎梏。震受考掠,誓死不言,故逸得免。后黄巾贼起,大赦党人,乃追还逸,官至鲁相。

震字伯厚,初为州从事,奏济阴太守单匡臧罪,并连匡兄中常侍车骑将军超。桓帝收匡下廷尉,以谴超,超诣狱谢。三府谚曰:"车如鸡栖马如狗,疾恶如风朱伯厚。"

论曰:桓、灵之世,若陈蕃之徒,咸能树立风声,抗论惛俗。而驱驰崄陁之中,与刑人腐夫同朝争衡,终取灭亡之祸者,彼非不能洁情志,违埃雾也。愍夫世士以离俗为高,而人伦莫相恤也。以遁世为非义,故屡退而不去;以仁心为己任,虽道远而弥厉。及遭际会,协策窦武,自谓万世一遇也。憛憛乎伊、望之业矣!功虽不终,然其信义足以携持民心。汉世乱而不亡,百余年间,数公之力也。

——《后汉书·陈王列传》

[1] 传:任官的凭信。投传,投弃任官的凭信,即弃官。

[2] 狠:繁多。

[3] 上象四七:指诸侯与天上的二十八星宿相对应。

[4] 裂土:分封土地。

[5] 绮:有花纹的丝织品。

[6] 赀:估量,计算。

[7] 倾宫嫁而天下化:语出《帝王纪》:"纣作倾宫,多采美女以充之。武王伐殷,乃归倾宫之女于诸侯。"

[8] 灾:灾异。语出《左传·僖公二十年》。指当时鲁僖公迫于齐桓公压力,以齐国媵妾为嫡,楚女废居西宫,悲愁怨旷而生灾异。

[9] 尺一:亦称"尺一牍"、"尺一板"。古时诏板长一尺一寸,故称天子的诏书为"尺一"。

[10] 则:划分等级。

[11] 荼蓼:两种味道苦的杂草,常用来比喻艰难困苦。

[12] 灵帝:汉灵帝刘宏(157—189),生于冀州河间国(今河北深州),汉章帝刘炟的玄孙。永康元年(167)十二月,汉桓帝刘志逝世,刘宏被外戚窦氏挑选为皇位继承人。公元168—公元189年在位。

[13] 謇(jiǎn简)谔:亦作"謇谔",正直敢言。

[14] 及其支类:指封爵授官甚至遍及曹节、王甫的爪牙。

[15] 将:率领。

[16] 驺(zōu邹):驾车的随从。踧(cù促):踩、踏。

[17] 铚(zhì至):古地名,在今安徽省淮北市濉溪县。

天下模楷李元礼

〔解题〕题目系选注者所拟。李膺（110—169），字元礼，颍川郡襄城（今河南襄城县）人，汉桓帝时官至司隶校尉，汉灵帝建宁二年死于党锢之祸。李膺为人亢直严明、执法不阿，被时人誉为"八俊"之首。

李膺字元礼，颍川襄城人也。祖父修，安帝时为太尉。父益，赵国相。膺性简亢，无所交接，唯以同郡荀淑、陈寔为师友。

初举孝廉，为司徒胡广所辟，举高第，再迁青州刺史。守令畏威明，多望风弃官。复征，再迁渔阳太守。寻转蜀郡太守，以母老乞不之官。转护乌桓校尉。鲜卑数犯塞，膺常蒙矢石，每破走之，虏甚惮慑。以公事免官，还居纶氏[1]，教授常千人。南阳樊陵求为门徒，膺谢不受。陵后以阿附宦官，致位太尉，为节志者所羞。荀爽尝就谒膺，因为其御[2]，既还，喜曰："今日乃得御李君矣。"其见慕如此。

……

再迁，复拜司隶校尉。时，张让弟朔为野王令[3]，贪残无道，至乃杀孕妇，闻膺厉威严，惧罪逃还京师，因匿兄让弟舍，藏于合柱中。膺知其状，率将吏卒破柱取朔，付洛阳狱。受辞毕，即杀之。让诉冤于帝，诏膺入殿，御亲临轩，诘以不先请便加诛辟之意。膺对曰："昔晋文公执卫成公归于京师[4]，《春秋》是焉[5]。《礼》云公族有罪,虽曰宥之,有司执宪不从。昔仲尼为鲁司寇,七日而诛少正卯[6]。今臣到官已积一旬,私惧以稽留为愆,不意获速疾之罪。诚自知衅责,死不旋踵[7],特乞留五日,克殄元恶[8],退就鼎镬,始生之愿也。"帝无复言,顾谓让曰:"此汝弟之罪,司隶何愆?"乃遣出之。自此诸黄门常侍皆鞠躬屏气,休沐不敢复出宫省。帝怪问其故,并叩头泣曰:"畏李校尉。"

是时,朝廷日乱,纲纪颓阤[9],膺独持风裁,以声名自高。士有被其容接者[10],名为登龙门。及遭党事,当考实膺等。案经三府,太尉陈蕃却之。曰:"今所考案,皆海内人誉,忧国忠公之臣。此等犹将十世宥也,岂有罪名不章而致收掠者乎?"不肯平署。帝愈怒,遂下膺等于黄门北寺狱。膺等颇引宦官子弟,宦官多惧,请帝以天时宜赦,于是大赦天下。膺免归乡里,居阳城山中,天下士大夫皆高尚其道,而污秽朝廷。

……

后张俭事起,收捕钩党,乡人谓膺曰:"可去矣。"对曰:"事不辞难,罪不逃刑,臣之节也。吾年已六十,死生有命,去将安之?"乃诣诏狱。考死,妻子徙边,门生、故吏及其父兄,并被禁锢。

时侍御史蜀郡景毅子顾为膺门徒,而未有录牒[11],故不及于谴。毅乃慨然曰:"本谓膺贤,遣子师之,岂可以漏夺名籍,苟安而已!"遂自表免归,时人义之。

——《后汉书·党锢列传》

[1] 纶氏:汉代地名,在今河南登封西南。

[2] 御:驾驭车马的人。

[3] 张让:东汉桓、灵时宦官,汉灵帝极为宠幸。野王:地名,在今河南

沁阳。

[4]"昔晋文公"句:公元前632年,卫成公与大夫元咺在晋国争讼,晋国判卫成公败诉,将其拘禁并送到东周国都监狱里。

[5] 是:认为……正确。

[6] 少正卯:与孔子同时期的鲁国大夫,名卯,少正是官名,少正卯亦开私学,被称为"闻人"。据典籍记载,孔子代理鲁国政时以少正卯乱政而诛之。

[7] 旋踵:旋转脚后跟,比喻时间极短。

[8] 克殄:歼灭。

[9] 颓阤(zhì 至):崩溃。

[10] 容接:优容接待。

[11] 牒:名册。

范滂别母

〔解题〕题目系选注者所拟。范滂（137—169），字孟博，汝南征羌（今河南漯河市召陵区）人。少厉清节,举孝廉。曾任清诏使、光禄勋主事。江夏"八俊"之一。范滂少时便怀有澄清天下之志,其为官,清厉公正,严明律己,不畏豪强,亦不以私义所动。最终舍生取义,凛然赴死,子伏其死而母欢其义,临终前的范滂别母也成为光耀千古之绝唱。

范滂字孟博,汝南征羌人也。少厉清节,为州里所服,举孝廉,光禄四行[1]。时冀州饥荒,盗贼群起,乃以滂为清诏使[2],案察之。滂登车揽辔,慨然有澄清天下之志。乃至州境,守令自知臧污,望风解印绶去。其所举奏,莫不厌塞众议。迁光禄勋主事。时,陈蕃为光禄勋,滂执公仪诣蕃[3],蕃不止之,滂怀恨,投版弃官而去[4]。郭林宗闻而让蕃曰："若范孟博者,岂宜以公礼格之？今成其去就之名,得无自取不优之议也？"蕃乃谢焉。

复为太尉黄琼所辟。后诏三府掾属举谣言[5],滂奏刺史、二千石权豪之党二十余人。尚书责滂所劾猥多[6],疑有私故。滂对曰："臣之所举,自非叨秽奸暴[7],深为民害,岂以污简札哉！间以会日迫促,故先举所急,其未审者,方更参实。臣闻农夫去草,嘉谷必茂；忠臣除奸,王道以清。若臣言有贰,甘受显戮。"吏不能诘。滂睹时方艰,知意不行,因投劾去。

太守宗资先闻其名,请署功曹,委任政事。滂在职,严整疾恶。其有行违孝悌,不轨仁义者,皆扫迹斥逐,不与共朝。显荐异节,抽拔幽陋。滂外甥西平李颂,公族子孙,而为乡曲所弃,中常侍唐衡以颂请资,资用为吏。滂以非其人,寝而不召[8]。资迁怒,捶书佐朱零。零仰曰:"范滂清裁,犹以利刃齿腐朽。今日宁受笞死,而滂不可违。"资乃止。郡中中人以下,莫不归怨,乃指滂之所用以为"范党"。

后牢脩诬言钩党,滂坐系黄门北寺狱。狱吏谓曰:"凡坐系皆祭皋陶。"滂曰:"皋陶贤者,古之直臣。知滂无罪,将理之于帝;如其有罪,祭之何益!"众人由此亦止。狱吏将加掠考,滂以同囚多婴病,乃请先就格,遂与同郡袁忠争受楚毒。桓帝使中常侍王甫以次辨诘,滂等皆三木囊头[9],暴于阶下,余人在前,或对或否,滂、忠于后越次而进。王甫诘曰:"君为人臣,不惟忠国,而共造部党,自相褒举,评论朝廷,虚构无端,诸所谋结,并欲何为?皆以情对,不得隐饰。"滂对曰:"臣闻仲尼之言,'见善如不及,见恶如探汤'。欲使善善同其清,恶恶同其污,谓王政之所愿闻,不悟更以为党。"甫曰:"卿更相拔举,迭为唇齿,有不合者,见则排斥,其意如何?"滂乃慷慨仰天曰:"古之循善,自求多福;今之循善,身陷大戮。身死之日,愿埋滂于首阳山侧,上不负皇天,下不愧夷、齐。"甫愍然为之改容。乃得并解桎梏。

滂后事释,南归。始发京师,汝南、南阳士大夫迎之者数千两。同囚乡人殷陶、黄穆,亦免俱归,并卫侍于滂,应对宾客。滂顾谓陶等曰:"今子相随,是重吾祸也。"遂遁还乡里。

初,滂等系狱,尚书霍谞理之。及得免,到京师,往候谞而不为谢。或有让滂者。对曰:"昔叔向婴罪,祁奚救之,未闻羊舌有谢恩之辞,祁老有自伐之色。"竟无所言。

建宁二年,遂大诛党人,诏下急捕滂等。督邮吴导至县,抱诏书,闭传舍,伏床而泣。滂闻之,曰:"必为我也。"即自诣狱。县令郭揖大惊,出解印绶,引与俱亡。曰:"天下大矣,子何为在此?"滂曰:"滂死则祸塞,何敢以罪累君,又令老母流离乎!"其母就与之诀。滂白母曰:"仲博孝敬,足以供养,滂从龙舒君归黄泉,存亡各得其所。惟大人割不可忍之恩,勿增感戚。"母曰:"汝今得与李、杜齐名[10],死亦何恨!既有令名,复求寿考,可兼得乎?"滂跪受教,再拜而辞。顾谓其子曰:"吾欲使汝为恶,则恶不可为;使汝为善,则我不为恶。"行路闻之,莫不流涕。时年三十三。

——《后汉书·党锢列传》

[1] 光禄四行:光禄勋举荐人才的四种科目,即敦厚、质朴、逊让、节俭。

[2] 清诏使:东汉三公府设清诏员,奉皇帝诏令巡视郡县。

[3] 公仪:官家的礼仪。

[4] 版:笏板。

[5] 举谣言:采访反映民间疾苦的歌谣民谚来考察郡县治理的情况,而后向朝廷报告。

[6] 猥:繁多。

[7] 叨:残忍。

[8] 寝:隐蔽,止息。

[9] 三木囊头:指手、足、颈均被锁上木制刑具,头用布囊蒙住。

[10] 李、杜:指李膺、杜密。

国之司直毛玠

〔解题〕题目系选注者所拟。《三国志》是西晋陈寿编写的一部主要记载魏、蜀、吴三国鼎立时期历史的纪传体国别史,详细记载了从魏文帝黄初元年(220)到晋武帝太康元年(280)六十年的历史,全书一共六十五卷。毛玠(?—216),字孝先,陈留平丘(今河南封丘)人,东汉末年魏国名臣,以清廉公正著称。毛玠虽身居高位,却布衣蔬食,以俭率人,带动天下风气,士莫不以廉节自励;为官勤勉,法令所在,公正无私。

毛玠字孝先,陈留平丘人也。少为县吏,以清公称。将避乱荆州,未至,闻刘表政令不明,遂往鲁阳。太祖临兖州[1],辟为治中从事。玠语太祖曰:"今天下分崩,国主迁移,生民废业,饥馑流亡,公家无经岁之储,百姓无安固之志,难以持久。今袁绍、刘表,虽士民众强,皆无经远之虑,未有树基建本者也。夫兵义者胜,守位以财,宜奉天子以令不臣,修耕植,畜军资,如此则霸王之业可成也。"太祖敬纳其言,转幕府功曹。

太祖为司空丞相,玠尝为东曹掾,与崔琰并典选举。其所举用,皆清正之士,虽於时有盛名而行不由本者,终莫得进。务以俭率人,由是天下之士莫不以廉节自励,虽贵宠之臣,舆服不敢过度。太祖叹曰:"用人如此,使天下人自治,吾复何为哉!"文帝为五官将,亲自诣玠,属所亲眷。玠答曰:"老臣以能守职,幸得免戾,今所说人非迁次,是以不敢奉命。"大军还邺,议所并省[2]。玠请谒不行,时人惮之,咸欲省东曹。乃共白曰:"旧西曹为上,东曹为次,宜省东曹。"太祖知其情,令曰:"日出於东,月盛於东,凡人言方,亦复先东,何以省东曹?"遂省西曹。初,太祖平柳城,班所获器物,特以素屏风素冯几赐玠,曰:"君有古人之风,故赐君古人之服。"玠居显位,常布衣蔬食,抚育孤兄子甚笃,赏赐以振施贫族,家无所余。迁右军师。魏国初建,为尚书仆射,复典选举。时太子未定,而临菑侯植有宠,玠密谏曰:"近者袁绍以嫡庶不分,覆宗灭国。废立大事,非所宜闻。"后群僚会,玠起更衣,太祖目指曰:"此古所谓国之司直,我之周昌也。"

崔琰既死,玠内不悦。后有白玠者:"出见黥面反者,其妻子没为官奴婢,玠言曰'使天不雨者盖此也'。"太祖大怒,收玠付狱。大理锺繇诘玠曰:"自古圣帝明王,罪及妻子。书云:'左不共左,右不共右,予则孥戮女。'司寇之职,男子入于罪隶,女子入于舂稿。汉律,罪人妻子没为奴婢,黥面。汉法所行黥墨之刑,存於古典。今真奴婢祖先有罪,虽历百世,犹有黥面供官,一以宽良民之命,二以宥并罪之辜。此何以负於神明之意,而当致旱?案典谟,急恒寒若[3],舒恒燠若[4],宽则亢阳,所以为旱。玠之吐言,以为宽邪,以为急也?急当阴霖,何以反旱?成汤圣世,野无生草,周宣令主,旱魃为虐。亢旱以来,积三十年,归咎黥面,为相值不?卫人伐邢,师兴而雨,罪恶无征,何以应天?玠讥谤之言,流於下民,不悦之声,上闻圣听。玠之吐言,势不独语,时见黥面,凡为几人?黥面奴婢,所识知邪?何缘得见,对之叹言?时以语谁?见答云何?以何日月?於何处所?事已发露,不得隐欺,具以状对。"玠曰:"臣闻萧生缢死[5],困於石显;贾子放外,逸在绛、灌[6];白起赐剑於杜邮[7];晁错致诛於东市;伍员绝命於吴都[8]：斯数子者，或妒其前，或害其后。臣垂龆执简[9]，累勤取官，职在机近，人事所窜。属臣以私，无势不绝，语臣以冤，无细不理。人情淫利，为法所禁，法禁于利，势能害之。青蝇横生，为臣作谤，谤臣之人，势不在他。昔王叔、陈生争正王廷，宣子平理。命举其契，是非有宜，曲直有所，春秋嘉焉，是以书之。臣不言此，无有时、人。说臣此言，必有征要。乞蒙宣子之辨，而求王叔之对。若臣以曲闻，即刑之日，方之安驷之赠；赐剑之来，比之重赏之惠。谨以状对。"时桓阶、和洽进言救琰。琰遂免黜，卒于家。太祖赐棺器钱帛，拜子机郎中。

——《三国志·魏书·崔毛徐何邢鲍司马传》

［1］太祖：指曹操。曹操（155—220），字孟德，沛国谯县（今安徽亳州）人。东汉末年杰出的政治家、军事家、文学家，曹魏政权的奠基人。曹操在世时，官至丞相，受封为魏王，谥为"武王"。其长子曹丕称帝后，追尊为武皇帝，庙号太祖。

［2］议所并省：指讨论裁撤官署机构。

［3］"急恒"句：指国家的政令法规如果急迫会导致气候寒冷。恒，法则、规程。

［4］燠：温暖，热。

［5］萧生：指萧望之，萧望之为萧何六世孙，汉元帝时，被宦官弘恭、石显所诬，下狱自杀。

［6］"贾子外放"二句：周勃、灌婴等人因嫉妒贾谊，进言诽谤其年少初学，专欲擅权，纷乱诸事，汉文帝因此疏远贾谊，并将其贬谪外放。

［7］白起：战国时秦国名将，后因不奉王命急攻赵，行军至杜邮时，秦昭襄王赐剑令其自尽。

［8］伍员：即伍子胥，春秋时期楚国人，吴国大夫，吴王夫差听信谗言，赐剑令其自尽。

［9］垂龆：指年少。

刘毅直法不挠

〔**解题**〕题目系选注者所拟。《晋书》唐房玄龄等人合著,记载的历史上起三国时期司马懿早年,下至东晋恭帝元熙二年(420)刘裕废晋帝自立,以宋代晋。该书同时还以"载记"形式,记述了十六国政权的状况。刘毅(216—285),字仲雄,东莱掖县(今山东莱州)人,西汉城阳景王刘章的后代,曹魏及西晋官员。刘毅素秉方正亮直之气,正直不阿,曾令一众庸碌官员望其名而逃;对待政务严谨公正,执法严明,虽至亲有过亦不姑息。所谓正身率道,崇公忘私,刘毅一身风骨可称楷模。

刘毅,字仲雄,东莱掖人。汉城阳景王章之后。父喈,丞相属。毅幼有孝行,少厉清节,然好臧否人物,王公贵人望风惮之。侨居平阳,太守杜恕请为功曹,沙汰郡吏百余人[1],三魏称焉。为之语曰:"但闻刘功曹,不闻杜府君。"魏末,本郡察孝廉,辟司隶都官从事,京邑肃然。毅将弹河南尹,司隶不许,曰:"攫兽之犬,鼷鼠蹈其背。"毅曰:"既能攫兽,又能杀鼠,何损于犬!"投传而去。同郡王基荐毅于公府,曰:"毅方正亮直,介然不群,言不苟合,行不苟容。往日侨仕平阳,为郡股肱,正色立朝,举纲引墨,朱紫有分,《郑》、《卫》不杂,孝弟著于邦族,忠贞效于三魏。昔孙阳取骐骥于吴坂[2],秦穆拔百里于商旅[3]。毅未遇知己,无所自呈。前已口白,谨复申请。"太常郑袤举博士,文帝辟为相国掾[4],辞疾,积年不就。

时人谓毅忠于魏氏,而帝怒其顾望,将加重辟。毅惧,应命,转主簿。

武帝受禅[5],为尚书郎、驸马都尉,迁散骑常侍、国子祭酒。帝以毅忠蹇正直,使掌谏官。转城门校尉,迁太仆,拜尚书,坐事免官。咸宁初,复为散骑常侍、博士祭酒。转司隶校尉,纠正豪右,京师肃然。司部守令望风投印绶者甚众,时人以毅方之诸葛丰、盖宽饶[6]。皇太子朝,鼓吹将入东掖门,毅以为不敬,止之于门外,奏劾保傅以下。诏赦之,然后得入。

帝尝南郊,礼毕,喟然问毅曰:"卿以朕方汉何帝也?"对曰:"可方桓、灵。"帝曰:"吾虽德不及古人,犹克己为政。又平吴会,混一天下。方之桓、灵,其已甚乎!"对曰:"桓、灵卖官,钱入官库;陛下卖官,钱入私门。以此言之,殆不如也。"帝大笑曰:"桓、灵之世,不闻此言。今有直臣,故不同也。"散骑常侍邹湛进曰:"世谈以陛下比汉文帝,人心犹不多同。昔冯唐答文帝,云不能用颇、牧而文帝怒[7],今刘毅言犯顺而陛下欢。然以此相校,圣德乃过之矣。"帝曰:"我平天下而不封禅,焚雉头裘[8],行布衣礼,卿初无言。今于小事,何见褒之甚?"湛曰:"臣闻猛兽在田,荷戈而出,凡人能之。蜂虿作于怀袖,勇夫为之惊骇,出于意外故也。夫君臣有自然之尊卑,言语有自然之逆顺。向刘毅始言,臣等莫不变色。陛下发不世之诏,出思虑之表,臣之喜庆,不亦宜乎!"

在职六年,迁尚书左仆射。时龙见武库井中,帝亲观之,有喜色。百官将贺,毅独表曰:"昔龙降郑时门之外,子产不贺。龙降夏庭[9],沫流不禁,卜藏其漦[10],至周幽王,祸衅乃发。《易》称'潜龙勿用,阳在下也'。证据旧典,无贺龙之礼。"诏报曰:"正德未修,诚未有以膺受嘉祥。省来示,以为瞿然。贺庆之事,宜详依典义,动静数示。"尚书郎刘汉等议,以为:"龙体既苍,杂以素文,意者大晋之行,戢武兴文之应也[11]。而毅乃引衰世妖异,以疑今之吉祥。又以龙在井为潜,皆失其意。潜之为言,隐而不见。今龙彩质明焕,示人以物,非潜之谓也。毅应推处。"诏不听。后阴气解而复合,毅上言:"必有阿党之臣,奸以事君者,当诛而不诛故也。"

……

毅夙夜在公,坐而待旦,言议切直,无所曲挠,为朝野之所式瞻[12]。尝散斋而疾[13],其妻省之,毅便奏加妻罪而请解斋。妻子有过,立加杖捶,其公正如此。然以峭直,故不至公辅。帝以毅清贫,赐钱三十万,日给米肉。年七十,告老。久之,见许,以光禄大夫归第,门施行马,复赐钱百万。

后司徒举毅为青州大中正,尚书以毅悬车致仕[14],不宜劳以碎务。陈留相乐安孙尹表曰:"礼,凡卑者执劳,尊得居逸,是顺叙之宜也。司徒魏舒、司隶校尉严询与毅年齿相近,往者同为散骑常侍,后分授外内之职,资途所经,出处一致。今询管四十万户州,兼董司百僚[15],总摄机要,舒所统殷广,兼执九品,铨十六州论议[16],主者不以为剧。毅但以知一州,便谓不宜累以碎事,于毅太优,询、舒太劣。若以前听致仕,不宜复与迁授位者,故光禄大夫郑袤为司空是也。夫知人则哲,惟帝难之。尚可复委以宰辅之任,不可谘以人伦之论,臣窃所未安。昔郑武公年过八十,入为周司徒,虽过悬车之年,必有可用。毅前为司隶,直法不挠,当朝之臣,多所按劾。谚曰:'受尧之诛,不能称尧。'直臣无党,古今所悉。是以汲黯死于淮阳,董仲舒裁为诸侯之相。而毅独遭圣明,不离辇毂,当世之士咸以为荣。毅虽身偏有风疾,而志气聪明,一州品第,不足劳其思虑。毅疾恶之心小过,主者必疑其论议伤物,故高其优礼,令去事实,此为机阁毅,使绝人伦之路也。臣州茂德惟毅,越毅不用,则清谈倒错矣。"

于是青州自二品已上凭毅取正。光禄勋石鉴等共奏曰:"谨按陈留相孙尹表及与臣等书如左。臣州履境海岱,而参风齐、鲁,故人俗务本,而世敦德让,今虽不充于旧,而遗训犹存,是以人伦归行,士识所守也。前被司徒符,当参举州大中正。佥以光禄大夫毅[17],纯孝至素,著在乡闾。忠允亮直,竭于事上,仕不为荣,惟期尽节。正身率道,崇公忘私,行高义明,出处同揆。故能令义士宗其风景,州闾归其清流。虽年耆偏疾,而神明克壮,实臣州人士所思准系者矣。诚以毅之明格,能不言而信,风之所动,清浊必偃,以称一州咸同之望故也。窃以为礼贤尚德,教之大典,王制夺与,动为开塞,而士之所归,人伦为大。臣等虚劣,虽言废于前,今承尹书,敢不列启。按尹所执,非惟惜名议于毅之身,亦通陈朝宜夺与大准。以为尹言当否,应蒙评议。"

由是毅遂为州都,铨正人流,清浊区别,其所弹贬,自亲贵者始。太康六年卒,武帝抚几惊曰:"失吾名臣,不得生作三公!"即赠仪同三司,使者监护丧事。羽林左监北海王宫上疏曰:"中诏以毅忠允匪躬,赠班台司,斯诚圣朝考绩以毅著勋之美事也。臣谨按,谥者行之迹,而号者功之表。今毅功德并立,而有号无谥,于义不体。臣窃以《春秋》之事求之,谥法主于行而不系爵。然汉、魏相承,爵非列侯,则皆没而高行,不加之谥,至使三事之贤臣,不如野战之将。铭迹所殊,臣愿圣世举《春秋》之远制,改列爵之旧限,使夫功行之实不相掩替,则莫不率赖。若以革旧毁制,非所仓卒,则毅之忠益,虽不攻城略地,论德进爵,亦应在例。臣敢惟行甫请周之义,谨牒毅功行如右。"帝出其表使八坐议之,多同宫议。奏寝不报。

——《晋书·刘毅传》

〔1〕沙汰:淘汰;拣选。

〔2〕孙阳:号伯乐,秦国人。善于选取良驹。

〔3〕"秦穆"句:指秦穆公用五张黑羊皮从市井之中换回的一代名相百里奚之事。

〔4〕文帝:指晋文帝司马昭(211—265),字子上,河内温县(今河南温县)人,三国时期曹魏权臣,公元255年,任大将军,专揽国政,公元264年,受封为晋王。其死后数月,其子司马炎代魏称帝,建立晋朝,追尊司马昭为文帝,庙号太祖。

〔5〕武帝:司马炎(236—290),字安世,河内温县(今河南温县)人,公元265年,袭爵晋王,数月后逼迫魏元帝曹奂禅让给自己,国号晋,建都洛阳,成为晋朝开国皇帝,公元290年病逝,谥号武皇帝,庙号世祖,史称晋武帝。

〔6〕方:比拟,类比。

〔7〕冯唐:西汉贤臣,安陵(今属陕西咸阳)人。曾对汉文帝直言不讳即使有廉颇、李牧这样的将才也无法得到任用。

〔8〕雉头裘:用雉头羽毛织成的皮衣,后借指奇装异服。

〔9〕龙降夏庭:夏朝末年有龙降临在王庭,夏王派卜筮官占卜的结果是必须保存并收藏龙的涎液;周代时此涎液化为蜥蜴,使后宫妇人无孕生女,这女子就是后来造成周朝灭亡的褒姒。

〔10〕漦(chí 迟):鱼、龙之类的涎沫。

〔11〕戢:停止。

〔12〕式瞻:敬仰,仰慕。

〔13〕散斋:古代规定在祭祀父母前的七天不能和妇人交接、不奏乐、不吊。

〔14〕悬车致仕:指古人年七十而辞官家居,不用官车。

〔15〕董司:监督掌管。

〔16〕铨:衡量,鉴别。

〔17〕佥(qiān 签):都。

张辅不畏豪强

[**解题**] 题目系选注者所拟。张辅(？—305)，字世伟，南阳西鄂(位于今河南南召县)人，东汉时著名天文学家、发明家张衡的后代，西晋官员，官至秦州刺史，封宜昌亭侯。张辅任蓝田县令时，不畏当地豪强。对于依仗强弩将军庞宗横行乡里的赵浚，以法治之，颇受百姓称颂。任御史中丞时，对于强聘妻女之韩预亦加以贬斥。

张辅，字世伟，南阳西鄂人，汉河间相衡之后也。少有干局[1]，与从母兄刘乔齐名。初补蓝田令，不为豪强所屈。时强弩将军庞宗，西州大姓，护军赵浚，宗妇族也，故僮仆放纵，为百姓所患。辅绳之，杀其二奴，又夺宗田二百余顷以给贫户，一县称之。转山阳令，太尉陈准家僮亦暴横，辅复击杀之。累迁尚书郎，封宜昌亭侯。

转御史中丞。时积弩将军孟观与明威将军郝彦不协，而观因军事害彦，又贾谧、潘岳、石崇等共相引重，及义阳王威有诈冒事，辅并纠劾之。梁州刺史杨欣有姊丧，未经旬，车骑长史韩预强聘其女为妻。辅为中正，贬预以清风俗，论者称之。及孙秀执权，威构辅于秀，秀惑之，将绳辅以法。辅与秀笺曰："辅徒知希慕古人，当官而行，不复自知小为身计。今义阳王诚弘恕，不以介意。然辅母年七十六，常见忧虑，恐辅将以怨疾获罪。愿明公留神省察辅前后行事，是国之愚臣而已。"秀虽凶狡,知辅雅正,为威所诬,乃止。

后迁冯翊太守。是时长沙王乂以河间王颙专制关中[2],有不臣之迹,言于惠帝,密诏雍州刺史刘沈、秦州刺史皇甫重使讨颙。于是沈等与颙战于长安,辅遂将兵救颙,沈等败绩。颙德之,乃以辅代重为秦州刺史。当赴颙之难,金城太守游楷亦皆有功,转梁州刺史,不之官。楷闻辅之还,不时迎辅,阴图之。又杀天水太守封尚,欲扬威西土。召陇西太守韩稚会议,未决。稚子朴有武干,斩异议者,即收兵伐辅。辅与稚战于遮多谷口,辅军败绩,为天水故帐下督富整所杀。

——《晋书·张辅传》

[1] 干局:指办事的才干器局。

[2] 河间王颙:即司马颙,字文载,河内温县(今河南温县)人,晋宣帝司马懿三弟安平献王司马孚之孙,太原烈王司马瑰之子,晋武帝司马炎的堂兄弟,西晋宗室、八王之乱中的八王之一。

苟晞执法不徇私情

〔解题〕题目系选注者所拟。苟晞（？—311），字道将，河内山阳（今河南修武县）人。西晋末年名将，官至大将军、太子太傅、录尚书事，封东平郡侯。精通兵法，时人比之韩信、白起。在八王之乱中，先后投靠多王，战败汲桑、吕朗、刘根、公师藩、石勒等，威名甚盛，人称"屠伯"。苟晞执法严谨，即使亲眷违法，仍然依法责之，不徇私情。

苟晞，字道将，河内山阳人也。少为司隶部从事，校尉石鉴深器之。东海王越为侍中，引为通事令史，累迁阳平太守。齐王冏辅政，晞参冏军事，拜尚书右丞，转左丞，廉察诸曹，八坐以下皆侧目惮之[1]。及冏诛，晞亦坐免。长沙王乂为骠骑将军，以晞为从事中郎。惠帝征成都王颖，以为北军中候。及帝还洛阳，晞奔范阳王虓，虓承制用晞行兖州刺史。

汲桑之破邺也[2]，东海王越出次官渡以讨之，命晞为前锋。桑素惮之，于城外为栅以自守。晞将至，顿军休士，先遣单骑示以祸福。桑众大震，弃栅宵遁，婴城固守。晞陷其九垒，遂定邺而还。西讨吕朗等，灭之。后高密王泰讨青州贼刘根，破汲桑故将公师藩，败石勒于河北，威名甚盛，时人拟之韩白。进位抚军将军、假节、都督青、兖诸军事，封东平郡侯，邑万户。

晞练于官事[3]，文簿盈积，断决如流，人不敢欺。其从母依之,奉养甚厚。从母子求为将,晞距之曰:"吾不以王法贷人,将无后悔邪?"固欲之,晞乃以为督护。后犯法,晞杖节斩之,从母叩头请救,不听。既而素服哭之,流涕曰:"杀卿者兖州刺史,哭弟者苟道将。"其杖法如此。

——《晋书·苟晞传》

[1] 八坐:亦作"八座",指古代中国中央政府的八种高级官员。历朝制度不一,所指不同。东汉以六曹尚书并令、仆射为"八坐";三国魏,南朝宋、齐以五曹尚书、二仆射、一令为"八坐";隋、唐以六尚书、左右仆射及令为"八坐"。清代则用作对六部尚书的称呼。后世文学作品多以指称尚书之类高官。

[2] 汲桑:西晋清河贝丘(在今山东博兴)人。牧民首领。晋怀帝永嘉元年(307),汲桑发动起义,自称大将军,以石勒为扫虏将军,攻打郡县,释放囚徒,攻占邺城(今河北临漳西南),杀新蔡王司马腾。

[3] 练:熟悉,熟稔。

刘娥上表

〔解题〕题目系选注者所拟。刘娥(？—314)，字丽华，新兴(今山西忻州)人，是十六国时期前赵昭武帝刘聪的第三任皇后，为人贤惠明达，常进谏规劝刘聪，为刘聪所敬重。

刘聪妻刘氏[1]，名娥，字丽华，伪太保殷女也。幼而聪慧，昼营女工，夜诵书籍，傅母恒止之[2]，娥敦习弥厉。每与诸兄论经义，理趣超远，诸兄深以叹伏。性孝友，善风仪进止。

聪既僭位，召为右贵嫔，甚宠之。俄拜为后，将起鸳仪殿以居之[3]，其廷尉陈元达切谏，聪大怒，将斩之。娥时在后堂，私敕左右停刑，手疏启曰："伏闻将为妾营殿，今昭德足居，鸳仪非急。四海未一，祸难犹繁，动须人力资财，尤宜慎之。廷尉之言，国家大政。夫忠臣之谏，岂为身哉？帝王距之[4]，亦非顾身也。妾仰谓陛下上寻明君纳谏之昌，下忿暗主距谏之祸，宜赏廷尉以美爵，酬廷尉以列土，如何不惟不纳，而反欲诛之？陛下此怒由妾而起，廷尉之祸由妾而招，人怨国疲，咎归于妾，距谏害忠，亦妾之由。自古败国丧家，未始不由妇人者也。妾每览古事，忿之忘食，何意今日妾自为之！后人之观妾，亦犹妾之视前人也，复何面目仰侍巾栉[5]，请归死此堂，以塞陛下误惑之过。"聪览之色变，谓其群下曰："朕比得风疾[6]，喜怒过常。元达，忠臣也，朕甚愧之。"以娥表示元达曰："外辅如公，内辅如此后，朕无忧矣。"及娥死，伪谥武宣皇后。

——《晋书·刘娥传》

[1] 刘聪:字玄明,匈奴族,新兴(今山西忻州)人,汉赵(前赵)光文帝刘渊第四子,刘渊死后,太子刘和即位,刘聪杀而代之。

[2] 傅母:古代保育、辅导贵族子女的老年男女。

[3] 鵛(huáng 黄):同"凰"。

[4] 距:通"拒",拒绝;排斥。

[5] 巾栉:手巾和梳篦。仰侍巾栉,指服侍夫君盥洗,这是古代为人妻妾的谦词。

[6] 比(bì 必):近来。风疾:疯病。

江秉之御繁以简

〔解题〕 题目系选注者所拟。江秉之(381—440),字玄叔,济阳考城(今河南兰考)人,历任乌程、建康、山阴令,累迁新安、临海太守。所至皆有政绩,以简约勤政,清廉奉公著称。

江秉之,字玄叔,济阳考城人也。祖逌[1],晋太常。父纂,给事中。

秉之少孤,弟妹七人,并皆幼稚,抚育姻娶,罄其心力。初为刘穆之丹阳前军府参军。高祖督徐州,转主簿,仍为世子中军参军。宋受禅[2],随例为员外散骑侍郎,补太子詹事丞。少帝即位[3],入为尚书都官郎[4],出为永世、乌程令,以善政著名东土[5]。征建康令,为治严察,京邑肃然。殷景仁为领军,请为司马。复出为山阴令,民户三万,政事烦扰,讼诉殷积,阶庭常数百人,秉之御繁以简,常得无事。宋世唯顾觊之亦以省务著绩,其余虽复刑政修理,而未能简事。以在县有能,迁补新安太守。

元嘉十二年,转在临海,并以简约见称。所得禄秩[6],悉散之亲故,妻子常饥寒。人有劝其营田者,秉之正色曰:"食禄之家,岂可与农人竞利!"在郡作书案一枚,及去官,留以付库。十七年,卒,时年六十。

——《宋书·江秉之传》

[1] 逌(yōu):通"攸"。

[2] 宋受禅:晋恭帝元熙二年(420),恭帝禅位于刘裕,改元永初,是为南朝宋之开端。

[3] 少帝:南朝宋少帝刘义符(406—424),刘裕长子,在位时间为公元423—424年。

[4] 都官郎:官职名。魏晋南北朝时设置,为尚书省都官曹长官通称,亦称都官郎中,职掌刑狱,亦佐督军事。

[5] 东土:其时特指浙江、苏南一带,与西晋相对而言,故称东土。

[6] 秩:俸禄。

范述曾励志清白

[解题] 题目系选注者所拟。范述曾(431—509),字子玄,一字颖彦,吴郡钱唐(今杭州)人。历任游击将军、永嘉太守、中散大夫等职。其为政清廉奉公,示民以恩信。不仅受到当时人的推崇,其清正高尚的节操也被后人所称赞。

范述曾,字子玄,吴郡钱唐人也。幼好学,从余杭吕道惠受《五经》,略通章句。道惠学徒常有百数,独称述曾曰:"此子必为王者师。"齐文惠太子[1]、竟陵文宣王幼时[2],高帝引述曾为之师友[3]。起家为宋晋熙王国侍郎[4]。齐初,至南郡王国郎中令[5],迁尚书主客郎[6]、太子步兵校尉,带开阳令。述曾为人謇谔[7],在宫多所谏争,太子虽不能全用,然亦弗之罪也。竟陵王深相器重,号为"周舍"[8]。时太子左卫率沈约亦以述曾方汲黯[9]。以父母年老,乞还就养,乃拜中散大夫。

明帝即位,除游击将军,出为永嘉太守。为政清平,不尚威猛,民俗便之。所部横阳县,山谷险峻,为逋逃所聚,前后二千石讨捕莫能息。述曾下车,开示恩信,凡诸凶党,缚负而出,编户属籍者二百余家。自是商贾流通,居民安业。在郡励志清白,不受馈遗,明帝闻甚嘉之,下诏褒美焉。征为游击将军。郡送故旧钱二十余万,述曾一无所受。始之郡,不将家属;及还,吏无荷担者。民无老少,皆出拜辞,号哭闻于数十里。

东昏时[10],拜中散大夫,还乡里。高祖践阼[11],乃轻舟出诣阙,仍辞还东。高祖诏曰:"中散大夫范述曾,昔在齐世,忠直奉主,往莅永嘉,治身廉约,宜加礼秩,以厉清操。可太中大夫,赐绢二十匹。"

述曾生平得奉禄,皆以分施。及老,遂壁立无所资。以天监八年卒,时年七十九。注《易文言》,著杂诗赋数十篇。

——《梁书·范述曾传》

[1] 齐文惠太子:即萧长懋,南朝齐武帝长子,武帝即位后,立为皇太子。永明十一年(493)病逝,谥文惠太子。

[2] 竟陵文宣王:即萧子良,南朝齐武帝二子,武帝即位后,封竟陵王,南朝宋末历任宁朔将军、会稽太守。礼才下士,广结宾客。谥号文宣。

[3] 高帝:即南朝齐开国皇帝齐高帝萧道成,公元479—482年在位。

[4] 晋熙王:刘燮,字仲绥,南朝宋明帝第六子,后出继晋熙王刘昶。历任郢州、扬州刺史、司徒等职。南朝齐建国后,解司徒,降封阴安县侯,以谋反诛。

[5] 南郡王:萧子夏,字云广,齐武帝第二十三子,封南郡王,年最幼而颇多宠爱。永泰元年(498)为齐明帝所杀。

[6] 尚书主客郎:官名。尚书省主客曹长官通称。三国魏设南主客郎,西晋有南、北、左、右主客郎,东晋省并,仅设主客郎,亦称主客郎中。

[7] 謇谔:正直忠诚,敢于直言。

[8] 周舍:春秋时期人,生卒年不详,晋国正卿赵鞅家臣,好直谏,自称愿为谔谔之臣,墨笔操牍,以记其君之过。卒后,赵鞅称为"千羊之皮不如一狐之腋"。

[9] 方:比拟,比喻。汲黯:西汉名臣。字长孺,濮阳(今河南濮阳)人。其为人耿直,好直谏廷诤,汉武帝刘彻称其为"社稷之臣"。

[10] 东昏:东昏侯萧宝卷(483—501),字智藏,齐明帝萧鸾次子,南朝齐第六位皇帝,498—501年在位。萧宝卷荒淫无道,为梁武帝所杀,追贬为东昏侯。永元:萧宝卷的年号。

［11］高祖：梁武帝萧衍(464—549)，字叔达，小字练儿，南朝梁的开国皇帝。502—549年在位，谥号武皇帝，庙号高祖。

孙谦清廉奉公

〔解题〕题目系选注者所拟。孙谦(425—516),字长逊,东莞莒县(今山东莒县东莞镇)人。历任巴东、建平二郡太守,虽身居高位却勤俭自奉,安贫乐道,始终不怠,以清廉奉公著称于史,后人评价其为"孙谦仕三朝,清誉美名传"。

孙谦,字长逊,东莞莒人也。少为亲人赵伯符所知。谦年十七,伯符为豫州刺史,引为左军行参军,以治干称。父忧去职[1],客居历阳,躬耕以养弟妹,乡里称其敦睦。宋江夏王义恭闻之[2],引为行参军,历仕大司马、太宰二府。出为句容令,清慎强记,县人号为神明。

泰始初,事建安王休仁[3],休仁以为司徒参军,言之明帝[4],擢为明威将军,巴东、建平二郡太守。郡居三峡,恒以威力镇之。谦将述职,敕募千人自随。谦曰:"蛮夷不宾[5],盖待之失节耳。何烦兵役,以为国费。"固辞不受。至郡,布恩惠之化,蛮獠怀之,竞饷金宝,谦慰喻而遣,一无所纳。及掠得生口,皆放还家。俸秩出吏民者,悉原除之。郡境翕然[6],威信大著。视事三年,征还为抚军中兵参军。元徽初,迁梁州刺史,辞不赴职,迁越骑校尉、征北司马府主簿。建平王将称兵,患谦强直,托事遣使京师,然后作乱。及建平诛,迁左军将军。

齐初,为宁朔将军、钱唐令,治烦以简,狱无系囚。及去官,百姓以谦在职不受饷遗,追载缣帛以送之,谦却不受。每去官,辄无私宅,常借官空车厩居焉。永明初,为冠军长史、江夏太守,坐被代辄去郡,系尚方。顷之,免为中散大夫。明帝将废立[7],欲引谦为心膂,使兼卫尉,给甲仗百人,谦不愿处际会,辄散甲士,帝虽不罪,而弗复任焉。出为南中郎司马。东昏永元元年,迁□□大夫。

天监六年,出为辅国将军、零陵太守,已衰老,犹强力为政,吏民安之。先是,郡多虎暴,谦至绝迹。及去官之夜,虎即害居民。谦为郡县,常勤劝课农桑,务尽地利,收入常多于邻境。九年,以年老,征为光禄大夫。既至,高祖嘉其清洁,甚礼异焉。每朝见,犹请剧职自效。高祖笑曰:"朕使卿智,不使卿力。"十四年,诏曰:"光禄大夫孙谦,清慎有闻,白首不怠,高年旧齿,宜加优秩。可给亲信二十人,并给扶。"

谦自少及老,历二县五郡,所在廉洁。居身俭素,床施蓬除屏风[8],冬则布被莞席,夏日无帱帐,而夜卧未尝有蚊蚋,人多异焉。年逾九十,强壮如五十者,每朝会,辄先众到公门。力于仁义,行己过人甚远。从兄灵庆常病寄于谦,谦出行还问起居。灵庆曰:"向饮冷热不调,即时犹渴。"谦退遣其妻。有彭城刘融者,行乞疾笃无所归,友人舆送谦舍,谦开厅事以待之。及融死,以礼殡葬之。众咸服其行义。十五年,卒官,时年九十二。诏赙钱三万、布五十匹。高祖为举哀,甚悼惜之。

——《梁书·孙谦传》

[1] 忧:居丧。多指居父母丧。

[2] 江夏王义恭:刘义恭(413—465),南朝宋武帝刘裕第五子,公元424年受封江夏王。

[3] 建安王休仁:刘休仁(443—471),南朝宋文帝第十二子,公元452

年受封建安王。

〔4〕明帝:宋明帝刘彧(439—472),字休炳,小字荣期,南朝宋第七位皇帝,465—472年在位,谥号为明,庙号太宗。

〔5〕宾:服从,归顺。

〔6〕翕然(xī西):安宁,和顺。

〔7〕明帝:齐明帝萧鸾(452—498),字景栖,小名玄度,南兰陵(今属江苏常州)人,南北朝时期南朝齐第五任皇帝,494—498年在位。493年,萧鸾堂兄齐武帝萧赜死时,以萧鸾为辅政大臣,辅佐皇太孙萧昭业。494年,萧鸾废杀萧昭业,改立其弟萧昭文;不久又废萧昭文为海陵王,自立为帝。498年,萧鸾去世,庙号高宗,谥号明皇帝。

〔8〕蘧(qú渠)蒢:即蘧蒢,用苇或竹编制的粗席。

何远正身率职

〔**解题**〕题目系选注者所拟。何远（470—521），字义方，东海郯县（今山东郯城）人。为人耿直清高，轻财好义；为官奉公克俭，不徇私情，史家称"其清公实为天下第一"。

何远，字义方，东海郯人也。父慧炬，齐尚书郎。

……

顷之，迁武昌太守。远本倜傥，尚轻侠，至是乃折节为吏，杜绝交游，馈遗秋毫无所受。武昌俗皆汲江水，盛夏远患水温，每以钱买民井寒水；不取钱者，则挑水还之[1]。其佗事率多如此[2]。迹虽似伪，而能委曲用意焉。车服尤弊素，器物无铜漆。江左多水族，甚贱，远每食不过干鱼数片而已。然性刚严，吏民多以细事受鞭罚者，遂为人所讼，征下廷尉，被劾数十条。当时士大夫坐法，皆不受立[3]，远度己无赃，就立三七日不款[4]，犹以私藏禁仗除名。

后起为镇南将军、武康令。愈厉廉节，除淫祀，正身率职，民甚称之。太守王彬巡属县，诸县盛供帐以待焉，至武康，远独设糗水而已[5]。彬去，远送至境，进斗酒双鹅为别。彬戏曰："卿礼有过陆纳，将不为古人所笑乎？"高祖闻其能，擢为宣城太守。自县为近畿大郡，近代未之有也。郡经寇抄，远尽心绥理，复著名迹。期年，迁树功将军、始兴内史。时泉陵侯渊朗为桂州，缘道剽掠，入始兴界，草木无所犯。

远在官,好开途巷,修葺墙屋,民居市里,城隍厩库,所过若营家焉。田秩俸钱,并无所取,岁暮,择民尤穷者,充其租调,以此为常。然其听讼犹人,不能过绝,而性果断,民不敢非,畏而惜之。所至皆生为立祠,表言治状,高祖每优诏答焉。天监十六年,诏曰:"何远前在武康,已著廉平;复莅二邦,弥尽清白。政先治道,惠留民爱,虽古之良二千石,无以过也。宜升内荣,以显外绩。可给事黄门侍郎。"远即还,仍为仁威长史。顷之,出为信武将军,监吴郡。在吴颇有酒失,迁东阳太守。远处职,疾强富如仇雠,视贫细如子弟,特为豪右所畏惮。在东阳岁余,复为受罚者所谤,坐免归。

远耿介无私曲,居人间,绝请谒,不造诣。与贵贱书疏,抗礼如一。其所会遇,未尝以颜色下人,以此多为俗士所恶。其清公实为天下第一。居数郡,见可欲终不变其心,妻子饥寒,如下贫者。及去东阳归家,经年岁口不言荣辱,士类益以此多之。其轻财好义,周人之急,言不虚妄,盖天性也。每戏语人云:"卿能得我一妄语,则谢卿以一缣[6]。"众共伺之,不能记也。

后复起为征西谘议参军、中抚司马。普通二年,卒,时年五十二。高祖厚赠赐之。

——《梁书·何远传》

[1] 挻(liǎn 脸):担运、提。
[2] 佗:同他、它。别的,其他的。
[3] 立:立刑。即立测,古代一种逼问犯人口供的刑讯方法。对于鞭打仍不招供的犯人,令其带刑具站在高一尺仅容双足的土台之上,不使其休息,从而逼取口供。
[4] "就立"句:指何远受立测之刑二十一天也不认罪。款,招供、供认。
[5] 糗(qiǔ 求上声):炒熟的米麦,亦泛指干粮。
[6] 缣:双丝织的浅黄色细绢。

魏显祖重刑罚

〔解题〕 题目系选注者所拟。北魏献文帝拓跋弘(454—476),南北朝时期北魏第六位皇帝,庙号显祖,465—471年在位。献文帝聪睿机悟、英武果断,重视依法办事、刑狱谨慎,但是他笃好佛学,将皇位传给年仅5岁的儿子,后离奇驾崩。

魏显祖勤于为治,赏罚严明,慎择牧守,进廉退贪。诸曹疑事,旧多奏决,又口传诏敕,或致矫擅。上皇命事无大小,皆据律正名,不得为疑奏;合则制可,违则弹诘,尽用墨诏[1],由是事皆精审。尤重刑罚,大刑多令覆鞫[2],或囚系积年。群臣颇以为言[3],上皇曰:"滞狱诚非善治,不犹愈于仓猝而滥乎[4]!夫人幽苦则思善,故智者以囹圄为福堂,朕特苦之,欲其改悔而加矜恕尔。"[5]由是囚系虽滞,而所刑多得其宜。又以赦令长奸,故自延兴以后,不复有赦。

——《资治通鉴·宋纪十五》

[1] 墨诏:皇帝亲笔书写的诏书。
[2] 覆:通"复"。鞫(jū 居):审问。
[3] 言:议论。
[4] 愈:胜过。仓猝:同"仓卒",匆忙急迫。
[5] 矜恕:怜悯宽恕。

郦道元执法清刻

〔**解题**〕 题目系选注者所拟。郦道元(约470—527),字善长,范阳涿州(今河北涿州)人,北魏官员,著《水经注》,是中国古代最全面系统的综合性地理著作。郦道元为官严猛,执法清正,对北魏皇族和豪强都多所得罪,因而仕途坎坷,后死于叛乱之中。

道元字善长。初袭爵永宁侯,例降为伯。御史中尉李彪以道元执法清刻,自太傅掾引为(治)书侍御史[1]。彪为仆射李冲所奏,道元以属官坐免。景明中,为冀州镇东府长史。刺史于劲,顺皇后父也,西讨关中,亦不至州,道元行事三年,为政严酷,吏人畏之,奸盗逃于他境。后试守鲁阳郡[2],道元表立黉序[3],崇劝学教。诏曰:"鲁阳本以蛮人,不立大学。今可听之,以成良守文翁之化[4]。"道元在郡,山蛮伏其威名,不敢为寇。延昌中,为东荆州刺史,威猛为政,如在冀州。蛮人诣阙讼其刻峻,请前刺史寇祖礼。及以遣戍兵七十人送道元还京,二人并坐免官。

……

道元素有严猛之称,权豪始颇惮之。而不能有所纠正,声望更损。司州牧、汝南王悦嬖近左右丘念[5],常与卧起。及选州官,多由于念。念常匿悦第,时还其家,道元密访知,收念付狱。悦启灵太后[6],请全念身,有敕赦之。道元遂尽其命,因以劾悦。

时雍州刺史萧宝夤反状稍露[7],侍中、城阳王徽素忌道元[8],因讽朝廷,遣为关右大使。宝夤虑道元图己,遣其行台郎中郭子恢围道元于阴盘驿亭。亭在冈上,常食冈下之井。既被围,穿井十余丈不得水。水尽力屈,贼遂逾墙而入。道元与其弟道(阙)二子俱被害。道元瞋目叱贼,厉声而死。宝夤犹遣敛其父子,殡于长安城东。事平,丧还,赠吏部尚书、冀州刺史、安定县男。

道元好学,历览奇书,撰注《水经》四十卷,《本志》十三篇。又为《七聘》及诸文皆行于世。然兄弟不能笃睦,又多嫌忌,时论薄之。子孝友袭。

——《北史·郦道元传》

[1] (治)书侍御史:御史中丞副职,监察、弹劾高级官员,收捕犯官。
[2] 鲁阳:地名,今河南鲁山县。
[3] 黉(hóng 红):学校。序:学校。
[4] 文翁:名党,字仲翁,西汉循吏,为蜀郡守,兴教育、举贤能,有教化之功。
[5] 嬖近:宠幸亲昵。
[6] 灵太后:北魏宣武帝的妃子,司徒胡国珍的女儿,北魏孝明帝的生母,武帝死后被尊为皇太后,死后谥为灵太后。
[7] 萧宝夤:南齐明帝萧鸾之子,萧衍篡位之时逃到北魏,后反叛。
[8] 徽:元徽,字显顺,善于阿谀取容,受灵太后宠幸。

高道穆整肃法纪

〔**解题**〕题目系选注者所拟。高恭之(？—531)，字道穆，北魏孝庄帝时官至御史中尉。高道穆出身尊荣富贵，学涉经史，为御史纠劾不避权豪，与孝庄帝君臣相得，深参政务，重设司直、整肃法纪。

高恭之，字道穆，自云辽东人也。祖潜，献文初，赐爵阳关男。诏以沮渠牧犍女赐潜为妻[1]，封武威公主，拜驸马都尉。

父崇，字积善，少聪敏，以端谨称。家资富厚，而崇志尚俭素。初，崇舅氏坐事诛，公主痛本生绝胤，遂以崇继牧犍后，改姓沮渠。景明中，启复本姓，袭爵，除洛阳令。为政清断，吏人畏其威风，发擿不避强御[2]，县内肃然。卒，赠沧州刺史，谥曰成。

道穆以字行于世，学涉经史，所交皆名流俊士。幼孤，事兄如父。每谓人曰："人生厉心立行，贵于见知，当使夕脱羊裘，朝佩珠玉。若时不我知，便须退迹江海，自求其志。"御史中尉元匡高选御史，道穆奏记求用于匡，匡遂引为御史。其所纠擿，不避权豪。正光中，出使相州。前刺史李世哲，即尚书令崇之子，多有非法，逼买人宅，广兴屋宇，皆置鸱尾[3]，又于马埒堠上为木人执节[4]。道穆绳纠，悉毁去之，并表发其赃货。尔朱荣讨蠕蠕[5]，道穆监其军事，荣甚惮之。萧宝夤西征，以为行台郎中，委以军机之事。后属兄谦之被害[6]，情不自安，遂托身于孝庄[7]。孝庄时为侍中，深相保护。及即位，赐爵龙城侯，除太尉长史，领中书舍人。及元颢逼武牢[8]，或劝帝赴关西者，帝以问道穆，道穆言关中残荒，请车驾北度，循河东下。帝然之。其夜到河内郡北，帝命道穆烛下作诏书，布告远近，于是四方知乘舆所在。寻除给事黄门侍郎、安喜县公。于时尒朱荣欲回师待秋，道穆谓荣曰："大王拥百万之众，辅天子而令诸侯，此桓、文之举也。今若还师，令颢重完守具，可谓养虺成蛇，悔无及矣。"荣深然之。及孝庄反政，因宴次谓尒朱荣曰："前若不用高黄门计，社稷不安，可为朕劝其酒，令醉。"荣因陈其作监军时，临事能决，实可任用。寻除御史中尉，仍兼黄门。

道穆外执直绳，内参机密，凡是益国利人之事，必以奏闻，谏争尽言，无所顾惮。选用御史，皆当世名辈，李希宗、李绘、阳休之、阳斐、封君义、邢子明、苏淑、宋世良等三十人。于时用钱稍薄，道穆表曰："百姓之业，钱货为本，救弊改铸，王政所先。自顷以来，私铸薄滥，官司纠绳，挂网非一。在市铜价，八十一文得铜一斤，私铸薄钱，斤余二百。既示之以深利，又随之以重刑，得罪者虽多，奸铸者弥众。今钱徒有五铢之文，而无二铢之实，薄甚榆荚，上贯便破，置之水上，殆欲不沉。因循有渐，科防不切，朝廷失之，彼复何罪。昔汉文帝以五分钱小，改铸四铢。至武帝复改三铢为半两。此皆以大易小，以重代轻也。论今据古，宜改铸大钱，文载年号，以记其始。则一斤所成，止七十六文。铜价至贱，五十有余，其中人功、食料、锡炭、铅钞，纵复私营，不能自润。直置无利，自应息心，况复严刑广设也。以臣测之，必当钱货永通，公私获允。"后遂用杨侃计，铸永安五铢钱。

仆射尒朱世隆当朝权盛[9]，因内见，衣冠失仪，道穆便即弹纠。帝姊寿阳公主行犯清路,执赤棒卒呵之不止,道穆令卒棒破其车。公主深恨,泣以诉帝。帝曰:"高中尉清直人,彼所行者公事,岂可私恨责之也?"道穆后见帝,帝曰:"一日家姊行路相犯,深以为愧。"道穆免冠谢,帝曰:"朕以愧卿,卿反谢朕!"寻敕监仪注[10]。又诏:"秘书图籍及典书缃素,多致零落,可令道穆总集帐目,并牒儒学之士,编比次第。"

道穆又上疏曰:"高祖太和之初,置廷尉司直,论刑辟是非,虽事非古始,交济时要。窃见御史出使,悉受风闻,虽时获罪人,亦不无枉滥。何者?得尧之罚,不能不怨。守令为政,容有爱憎,奸猾之徒,恒思报恶,多有妄造无名,共相诬谤。御史一经检究,耻于不成,杖木之下,以虚为实。无罪不能自雪者,岂可胜道哉!臣虽愚短,守不假器,绣衣所指[11],冀以清肃。若仍更蹈前失,或伤善人,则尸禄之责,无所逃罪。如臣鄙见,请依太和故事,还置司直十人,名隶廷尉,秩以五品,选历官有称,心平性正者为之。御史若出纠劾,即移廷尉,令知人数。廷尉遣司直与御史俱发。所到州郡,分居别馆。御史检了,移付司直。司直覆问事讫,与御史俱还。中尉弹闻,廷尉科案,一如旧式。庶使狱成罪定,无复稽宽,为恶取败,不得称枉。若御史、司直纠劾失实,悉依所断狱罪之。听以所检,迭相纠发。如二使阿曲,有不尽理,听罪家诣门下通诉,别加案检。如此,则肺石之傍[12],怨讼可息;藁棘之下,受罪吞声者矣。"诏从之,复置司直。

及尔朱荣死,帝召道穆,付赦书,令宣于外,谓曰:"今当得精选御史矣。"先是,荣等常欲以其亲党为御史,故有此诏。及尔朱世隆等战于大夏门北,道穆受诏督战。又赞成太府卿李苗断桥之计,世隆等于是北遁。加卫将军、大都督,兼尚书右仆射、南道大行台。时虽外托征蛮,而帝恐北军不利,欲为南巡之计。未发,会尒朱兆入洛[13],道穆虑祸,托病去官。世隆以其忠于前朝,遂害之。太昌中,赠车骑大将军、仪同三司、雍州刺史。

子士镜袭爵,为北豫州刺史。

——《北史·高道穆传》

[1] 沮渠牧犍:北凉最后一位国君,其妻为北魏太武帝拓跋焘之妹,封武威公主,公主死,由其女袭封。

[2] 发擿(tī梯):揭发,揭露。

[3] 鸱尾:即鸱吻,是古代房屋正脊两端的兽状装饰,样式与个数都有等级要求。

[4] 埒(liè列):马射场周围的矮墙。堠(hòu后):瞭望敌情的土堡。

[5] 尒朱荣:契胡人,北魏末期权臣,具有卓越的军事才能,但残忍嗜杀,后为孝庄帝所杀。蠕蠕:即柔然,是古代中国北方的少数民族。

[6] "后属兄"句:因高恭之曾纠劾李世哲,其家人深恨之,李世哲之弟李神轨得宠于灵太后,寻机陷害赐死了高谦之。

[7] 孝庄:北魏孝庄帝元子攸(507—531),字彦达,曾为孝明帝伴读。528年,尒朱荣杀灵太后,立其为帝;531年,被尒朱荣堂侄尒朱兆杀死。

[8] 元颢:北魏宗室,尒朱荣攻进洛阳时投降南梁,被封为魏王,后在南梁支持下攻克洛阳,改元建武,四个月后兵败被杀。

[9] 尒朱世隆:尒朱荣堂弟。

[10] 仪注:礼仪制度。

[11] 绣衣:汉武帝曾设官员,身穿绣衣、手持军符,到民间执法,号为"绣衣御史"或"绣衣直指",后常指皇帝特派的执法大臣。

[12] 肺石:古代设于朝廷门外的红色石头,形状类肺,民有不平,可击石鸣冤。

[13] 尒朱兆:尒朱荣堂侄,公元530年,尔朱兆攻入洛阳,杀孝庄帝,立元晔为帝。

羊敦奉法清约

〔解题〕题目系选注者所拟。羊敦(生卒年不详),字元礼,太山钜平(在今山东泰安)人。其为人性情高雅,素行节俭;为政则奉公守法,廉洁自律,政绩斐然。赢得了上自朝廷,下至百姓的推崇与爱戴。

羊敦,字元礼,太山钜平人,梁州刺史祉弟子也。性尚闲素,学涉书史。以父灵引死王事,除给事中。出为本州别驾。公平正直,见有非法,敦终不判署。后为尚书左侍郎、徐州扶军长史。永安中,转廷尉司直[1],不拜。拜洛阳令。后为镇南将军、金紫光禄大夫,迁太府少卿,转卫将军、广平太守。治有能名,奸吏踢蹐[2],秋毫无犯。雅性清俭,属岁饥馑,家馈未至,使人外寻陂泽,采藕根而食之。遇有疾苦,家人解衣质米以供之。然其为治,亦尚威严。朝廷以其清白,赐谷一千斛、绢一百匹。兴和初卒[3],年五十二。吏民奔哭,莫不悲恸。赠都督徐、兖二州诸军事、卫大将军、吏部尚书、兖州刺史,谥曰贞。

武定初,齐献武王以敦及中山太守苏淑在官奉法[4],清约自居,宜见追褒,以厉天下,乃上言请加旌录。诏曰:"昔五袴兴谣[5],两歧致咏[6],皆由仁覃千里[7],化洽一邦。故广平太守羊敦、故中山太守苏淑,并器业和隐,干用贞济,善政闻国,清誉在民。方藉良才,遂登高秩,先后凋亡,朝野伤悼。追旌清德,盖惟旧章,可各赏帛一百匹、谷五百斛,班下郡国,咸使闻知。"

子隐,武定末,开府行参军。

——《魏书·羊敦传》

[1] 廷尉司直:官职名,掌管复核御史所弹劾之事,北齐以后称"大理寺司直"。

[2] 踟躇(jújí 局及):畏缩收敛,小心行事。踟,小心翼翼、谨慎从事貌。躇,小步行走,引申为局促。

[3] 兴和:东魏孝静帝元善见年号(539—542)。

[4] 齐献武王:即高欢(496—547),其子高洋建立北齐,追尊其为神武帝。

[5] 五袴:《后汉书·廉范传》记载,因廉范施行善政,百姓歌之曰:"廉叔度,来何暮?不禁火,民安作。平生无襦今五袴。"

[6] 两歧:亦作"两岐",《后汉书·张堪传》记载,张堪吏治清明,百姓歌曰:"桑无附枝,麦穗两岐。张君为政,乐不可支。"

[7] 覃:蔓延,延伸。

直绳褚玠

[**解题**] 题目系选注者所拟。褚玠（528—580），字温理，阳翟（今河南禹州）人。褚玠文采才干兼具，品行刚强坚毅，不因循守旧，不使法令废弛，锐意变革，廉洁自律，为世人所重。

褚玠，字温理，河南阳翟人也。曾祖炫，宋升明初与谢朏、江斅、刘俣入侍殿中，谓之四友。官至侍中、吏部尚书，谥贞子。祖沄，梁御史中丞。父蒙，太子舍人。

……

太建中，山阴县多豪猾，前后令皆以赃污免，高宗患之，谓中书舍人蔡景历曰："稽阴大邑，久无良宰，卿文士之内，试思其人。"景历进曰："褚玠廉俭有干用，未审堪其选不？"高宗曰："甚善，卿言与朕意同。"乃除戎昭将军、山阴令。县民张次的、王休达等与诸猾吏赇赂通奸，全丁大户，类多隐没。玠乃锁次的等，具状启台，高宗手敕慰劳[1]，并遣使助玠搜括，所出军民八百余户。

时舍人曹义达为高宗所宠，县民陈信家富于财，谄事义达，信父显文恃势横暴。玠乃遣使执显文，鞭之一百，于是吏民股栗，莫敢犯者。信后因义达谮玠，竟坐免官。玠在任岁余，守禄俸而已，去官之日，不堪自致，因留县境，种蔬菜以自给。或嗤玠以非百里之才，玠答曰："吾委输课最，不后列城[2]，除残去暴，奸吏局蹐。若谓其不能自润脂膏，则如来命。以为不达从政,吾未服也。"时人以为信然。皇太子知玠无还装,手书赐粟米二百斛,于是还都。太子爱玠文辞,令入直殿省。十年,除电威将军、仁威淮南王长史,顷之,以本官掌东宫管记。十二年,迁御史中丞,卒于官,时年五十二。

玠刚毅有胆决,兼善骑射。尝从司空侯安都于徐州出猎,遇有猛兽,玠引弓射之,再发皆中口入腹,俄而兽毙。及为御史中丞,甚有直绳之称。自梁末丧乱,朝章废弛,司宪因循,守而勿革,玠方欲改张,大为条例,纲维略举,而编次未讫,故不列于后焉。及卒,太子亲制志铭,以表惟旧。至德二年,追赠秘书监。所制章奏杂文二百余篇,皆切事理,由是见重于时。

——《陈书·褚玠传》

[1] 高宗:陈宣帝陈顼(530—582),字绍世,小字师利,陈武帝陈霸先之侄,南朝陈第四位皇帝,569—582年在位。谥号孝宣皇帝,庙号高宗。

[2] "吾委"二句:指运送物资,政绩考核,均不列于其他诸城邑长官之后。

赵绰执法不敢惜死

〔解题〕题目系选注者所拟。赵绰(生卒年不详),在隋文帝时长期担任大理寺官员,严守律令、处法平允,为了坚持执法的原则而不惜一死,是隋朝有名的法官。

赵绰,河东人也,性质直刚毅。在周初为天官府史,以恭谨恪勤,擢授夏官府下士。稍以明干见知,累转内史中士。父艰去职,哀毁骨立,世称其孝。既免丧,又为掌教中士。高祖为丞相,知其清正,引为录事参军。寻迁掌朝大夫,从行军总管是云晖击叛蛮,以功拜仪同,赐物千段[1]。

高祖受禅[2],授大理丞。处法平允,考绩连最[3],转大理正。寻迁尚书都官侍郎,未几转刑部侍郎。治梁士彦等狱,赐物三百段,奴婢十口,马二十匹。每有奏谳,正色侃然,上嘉之,渐见亲重。上以盗贼不禁,将重其法。绰进谏曰:"陛下行尧、舜之道,多存宽宥。况律者天下之大信,其可失乎!"上忻然纳之[4],因谓绰曰:"若更有闻见,宜数陈之也。"迁大理少卿。故陈将萧摩诃,其子世略在江南作乱,摩诃当从坐。上曰:"世略年未二十,亦何能为!以其名将之子,为人所逼耳。"因赦摩诃。绰固谏不可,上不能夺,欲绰去而赦之,固命绰退食。绰曰:"臣奏狱未决,不敢退朝。"上曰:"大理其为朕特赦摩诃也。"因命左右释之。刑部侍郎辛亶,尝衣绯裈[5],俗云利于官,上以为厌蛊[6],将斩之。绰曰:"据法不当死,臣不敢奉诏。"上怒甚,谓绰曰:"卿惜辛亶而不自惜也?"命左仆射高颎将绰斩之,绰曰:"陛下宁可杀臣,不得杀辛亶。"至朝堂,解衣当斩,上使人谓绰曰:"竟何如?"对曰:"执法一心,不敢惜死。"上拂衣而入,良久乃释之。明日,谢绰,劳勉之,赐物三百段。时上禁行恶钱[7],有二人在市,以恶钱易好者,武候执以闻,上令悉斩之。绰进谏曰:"此人坐当杖,杀之非法。"上曰:"不关卿事。"绰曰:"陛下不以臣愚暗,置在法司,欲妄杀人,岂得不关臣事?"上曰:"撼大木不动者,当退。"对曰:"臣望感天心,何论动木!"上复曰:"啜羹者,热则置之。天子之威,欲相挫耶?"绰拜而益前,诃之不肯退。上遂入。治书侍御史柳彧复上奏切谏,上乃止。上以绰有诚直之心,每引入阁中,或遇上与皇后同榻,即呼绰坐,评论得失。前后赏赐万计。其后进位开府,赠其父为蔡州刺史。

时河东薛胄为大理卿,俱名平恕。然胄断狱以情,而绰守法,俱为称职。上每谓绰曰:"朕于卿无所爱惜,但卿骨相不当贵耳。"仁寿中卒官,时年六十三。上为之流涕,中使吊祭,鸿胪监护丧事。有二子,元方、元袭。

——《隋书·赵绰传》

[1] 物:杂帛。

[2] 高祖:隋文帝杨坚(541—604),弘农郡华阴(今陕西华阴)人,隋朝开国皇帝,581—604年在位。

[3] 最:考绩的上等。

[4] 忻:同"欣"。

[5] 绯:深红色。裈(kūn 昆):满裆的裤子。

[6] 厌蛊:指行巫蛊之术致祸于人。

[7] 恶钱:质料低劣的钱币。

刘行本切谏方直

〔解题〕题目系选注者所拟。刘行本（生卒年不详），沛（今江苏徐州沛县）人。其为人方正，为官忠直，敢于直谏，重视宪章纲纪，从而正一时之风气。

刘行本，沛人也。父瓌，仕梁，历职清显。行本起家武陵国常侍。遇萧修以梁州北附[1]，遂与叔父璠同归于周，寓居京兆之新丰。每以讽读为事，精力忘疲，虽衣食乏绝，晏如也。性刚烈，有不可夺之志。周大冢宰宇文护引为中外府记室。武帝亲总万机[2]，转御正中士[3]，兼领起居注。累迁掌朝下大夫。周代故事，天子临轩，掌朝典笔砚，持至御坐，则承御大夫取以进之。及行本为掌朝，将进笔于帝，承御复欲取之。行本抗声谓承御曰："笔不可得。"帝惊视问之，行本言于帝曰："臣闻设官分职，各有司存。臣既不得佩承御刀，承御亦焉得取臣笔。"帝曰："然。"因令二司各行所职。及宣帝嗣位，多失德，行本切谏忤旨，出为河内太守。

高祖为丞相，尉迥作乱[4]，进攻怀州。行本率吏民拒之，拜仪同，赐爵文安县子。及践阼，征拜谏议大夫，检校治书侍御史。未几，迁黄门侍郎。上尝怒一郎，于殿前笞之。行本进曰："此人素清，其过又小，愿陛下少宽假之。"上不顾。行本于是正当上前曰："陛下不以臣不肖，置臣左右。臣言若是，陛下安得不听？臣言若非，当致之于理，以明国法，岂得轻臣而不顾也！臣所言非私。"因置笏于地而退,上敛容谢之,遂原所答者。

于时天下大同,四夷内附,行本以党项羌密迩封域[5],最为后服,上表劾其使者曰:"臣闻南蛮遵校尉之统,西域仰都护之威。比见西羌鼠窃狗盗,不父不子,无君无臣,异类殊方,于斯为下。不悟羁縻之惠,讵知含养之恩,狼戾为心,独乖正朔[6]。使人近至,请付推科[7]。"上奇其志焉。雍州别驾元肇言于上曰:"有一州吏,受人馈钱三百文,依律合杖一百。然臣下车之始,与其为约。此吏故违,请加徒一年。"行本驳之曰:"律令之行,并发明诏,与民约束。今肇乃敢重其教命,轻忽宪章。欲申己言之必行,忘朝廷之大信,亏法取威,非人臣之礼。"上嘉之,赐绢百匹。

在职数年,拜太子左庶子,领治书如故。皇太子虚襟敬惮[8]。时唐令则亦为左庶子[9],太子昵狎之,每令以弦歌教内人。行本责之曰:"庶子当匡太子以正道,何有嬖昵房帷之间哉!"令则甚惭而不能改。时沛国刘臻、平原明克让、魏郡陆爽并以文学为太子所亲。行本怒其不能调护,每谓三人曰:"卿等正解读书耳。"时左卫率长史夏侯福为太子所昵,尝于阁内与太子戏。福大笑,声闻于外。行本时在阁下闻之,待其出,行本数之曰:"殿下宽容,赐汝颜色。汝何物小人,敢为亵慢!"因付执法者治之。数日,太子为福致请,乃释之。太子尝得良马,令福乘而观之。太子甚悦,因欲令行本复乘之。行本不从,正色而进曰:"至尊置臣于庶子之位者,欲令辅导殿下以正道,非为殿下作弄臣也。"太子惭而止。复以本官领大兴令,权贵惮其方直,无敢至门者。由是请托路绝,法令清简,吏民怀之。未几,卒官,上甚伤惜之。及太子废,上曰:"嗟乎!若使刘行本在,勇当不及于此。"无子。

——《隋书·刘行本传》

［1］萧修:南梁宗室,武林侯萧谘之弟。

［2］武帝:北周武帝宇文邕(543—578),鲜卑族,南北朝时期北周皇帝。公元560—578年在位。

［3］御正:北周官名,职责为起草诏令、参与决策,其下有中大夫、下大夫、上士、中士等职。

［4］尉迥:指尉迟迥,鲜卑族,北周将领,杨坚独揽大权,因而起兵讨伐。

［5］密迩:十分接近。

［6］正朔:一年的第一天,借指历法。

［7］推科:审问断罪。

［8］皇太子:杨勇,杨坚长子,后被废。

［9］唐令则:好文章、解音律,以才艺得宠于皇太子杨勇,杨勇废,被诛。

赵轨清廉若水

〔解题〕题目系选注者所拟。赵轨,河南洛阳人,北魏、隋朝官员。因其清廉自奉,公而无私的高尚节操而为人民所爱戴,为世所传颂。

赵轨,河南洛阳人也。父肃,魏廷尉卿。轨少好学,有行检。周蔡王引为记室,以清苦闻。迁卫州治中。

高祖受禅,转齐州别驾,有能名。其东邻有桑,葚落其家,轨遣人悉拾还其主,诫其诸子曰:"吾非以此求名,意者非机杼之物,不愿侵人。汝等宜以为诫。"在州四年,考绩连最。持节使者郃阳公梁子恭状上,高祖嘉之,赐物三百段,米三百石,征轨入朝。父老相送者各挥涕曰:"别驾在官,水火不与百姓交,是以不敢以壶酒相送。公清若水,请酌一杯水奉饯。"轨受而饮之。既至京师,诏与奇章公牛弘撰定律令格式[1]。

时卫王爽为原州总管,上见爽年少,以轨所在有声,授原州总管司马。在道夜行,其左右马逸入田中,暴人禾[2]。轨驻马待明,访禾主酬直而去。原州人吏闻之,莫不改操。

后数年,迁硖州刺史[3],抚缉萌夷,甚有恩惠。寻转寿州总管长史。芍陂旧有五门堰,芜秽不修。轨于是劝课人吏,更开三十六门,灌田五千余顷,人赖其利。秩满归乡里,卒于家,时年六十二。子弘安、弘智,并知名。

——《隋书·赵轨传》

［1］牛弘：北周、隋朝官员,好学博文,为隋文帝定礼乐制度,进爵为奇章郡公。

［2］暴：损害、糟蹋。

［3］硖(xiá 侠)州：今宜昌。

库狄士文执法严猛

〔解题〕题目系选注者所拟。库狄士文(？—594)，代人(今山西代县)，鲜卑族，库狄乾次子。北周及隋初著名大臣，性喜清贫，律己甚严；执法刚正，不畏强权，使吏人股战，道不拾遗。

库狄士文[1]，代人也。祖干，齐左丞相。父敬，武卫将军、肆州刺史。士文性孤直，虽邻里至亲莫与通狎。少读书。在齐袭封章武郡王，官至领军将军。周武帝平齐，山东衣冠多迎周师，唯士文闭门自守。帝奇之，授开府仪同三司、随州刺史。

高祖受禅，加上开府，封湖陂县子，寻拜贝州刺史。性清苦，不受公料，家无余财。其子常啖官厨饼，士文枷之于狱累日，杖之一百，步送还京。僮隶无敢出门，所买盐菜，必于外境。凡有出入，皆封署其门，亲旧绝迹，庆吊不通。法令严肃，吏人股战，道不拾遗。有细过，必深文陷害。尝入朝，遇上置酒高会，赐公卿入左藏，任取多少。人皆极重，士文独口衔绢一匹，两手各持一匹。上问其故，士文曰："臣口手俱满，余无所须。"上异之，别加赏物，劳而遣之。士文至州，发擿奸隐，长吏尺布升粟之赃，无所宽贷。得千余人而奏之，上悉配防岭南，亲戚相送，哭泣之声遍于州境。至岭南，遇瘴疠死者十八九，于是父母妻子唯哭士文。士文闻之，令人捕捉，挝捶盈前[2]，而哭者弥甚。有京兆韦焜为贝州司马，河东赵达为清河令,二人并苛刻,唯长史有惠政。时人为之语曰:"刺史罗刹政,司马蝮蛇瞋,长史含笑判,清河生吃人。"上闻而叹曰:"士文之暴,过于猛兽。"竟坐免。

未几,以为雍州长史,士文谓人曰:"我向法深,不能窥候要贵,必死此官矣。"及下车[3],执法严正,不避贵戚,宾客莫敢至门,人多怨望。士文从父妹为齐氏嫔,有色,齐灭之后,赐薛国公长孙览为妾。览妻郑氏性妒,谮之于文献后,后令览离绝。士文耻之,不与相见。后应州刺史唐君明居母忧,娉以为妻,由是士文、君明并为御史所劾。士文性刚,在狱数日,愤恚而死。家无余财,有子三人,朝夕不继,亲友无内之者。

——《隋书·厍狄士文传》

[1] 厍(shè 射):姓。
[2] 挝(zhuā 抓)捶:击打、敲打。
[3] 下车:指官员到任。

魏徵论刑

[解题] 题目系选注者所拟。魏徵(580—643),字玄成,钜鹿郡(今河北巨鹿)人,唐朝政治家、思想家、文学家和史学家,因直言进谏,辅佐唐太宗共同创建"贞观之治"的大业,被后人称为"一代名相"。魏徵曾向唐太宗上疏阐明"明德慎罚","惟刑之恤"的思想,认为刑法恩赏的根本,在于劝善惩恶。执法当严明,不以个人喜恶而随意变更;滥施刑罚与施刑不公则会滋生社会弊端与不良风气。

魏徵,字玄成,魏州曲城人。少孤,落魄,弃赀产不营[1],有大志,通贯书术。

……

后幸洛阳,次昭仁宫,多所谴责。徵曰:"隋惟责不献食,或供奉不精,为此无限,而至于亡。故天命陛下代之,正当兢惧戒约,奈何令人悔为不奢。若以为足,今不啻足矣;以为不足,万此宁有足邪?"帝惊曰:"非公不闻此言。"

退又上疏曰:

> 《书》称"明德慎罚","惟刑之恤"。《礼》曰:"为上易事,为下易知,则刑不烦。""上多疑,则百姓惑;下难知,则君长劳。"夫上易事,下易知,君长不劳,百姓不惑,故君有一德,臣无二心。夫刑赏之本,在乎劝善而惩恶。帝王所与,天下画一,不以亲疏贵贱而轻重者也。今之刑

赍,或由喜怒,或出好恶。喜则矜刑于法中,怒则求罪于律外;好则钻皮出羽,恶则洗垢索瘢。盖刑滥则小人道长,赏谬则君子道消。小人之恶不惩,君子之善不劝,而望治安刑措,非所闻也。且暇豫而言,皆敦尚孔、老;至于威怒,则专法申、韩。故道德之旨未弘,而锲薄之风先摇。昔州犁上下其手而楚法以敝[2],张汤轻重其心而汉刑以谬[3],况人主而自高下乎!顷者罚人,或以供张不赡,或不能从欲,皆非致治之急也。夫贵不与骄期而骄自至,富不与奢期而奢自至,非徒语也[4]。

——《新唐书·魏徵传》

[1] 赍:通"资",资产、钱财。
[2] 州犁:即伯州犁,春秋时期晋国人,姬姓,郤氏旁支,伯宗之子,原为晋国贵族,其父伯宗被"三郤"所迫害,奔楚,为楚国太宰。伯州犁在楚国曾采用"上下其手"的暗示之法判断是非。
[3] 张汤:西汉杜陵(今陕西西安东南)人。曾任长安吏、内史掾和茂陵尉。后补侍御史。用法严酷,后人常以他作为酷吏的代表人物,但他为官清廉俭朴,不失为古代廉吏。
[4] 徒语:犹言空话。

徐有功卓然守法

〔解题〕题目系选注者所拟。徐有功（640—702），名宏敏，字有功，洛州偃师（今偃师市缑氏镇）人，武则天时期官至司刑寺少卿。其时酷吏横行，徐有功长期任职狱官，坚持宽仁为政、依法断狱，敢于与酷吏斗争，不惜以死守法。

徐有功，国子博士文远孙也。举明经，累转蒲州司法参军，绍封东莞男[1]。为政宽仁，不行杖罚。吏人感其恩信，递相约曰："若犯徐司法杖者，众必斥罚之。"由是人争用命，终于代满，不榖一人。载初元年，累迁司刑丞。时酷吏周兴、来俊臣、丘神勣、王弘义等构陷无辜，皆抵极法，公卿震恐，莫敢正言。有功独存平恕，诏下大理者，有功皆议出之，前后济活数十百家。常于殿庭论奏曲直，则天厉色诘之[2]，左右莫不悚栗，有功神色不挠，争之弥切。寻转秋官员外郎，转郎中。

俄而凤阁侍郎任知古、冬官尚书裴行本等七人被构陷当死，则天谓公卿曰："古人以杀止杀，我今以恩止杀。就群公乞知古等，赐以再生，各授以官，伫申来效。"俊臣、张知默等又抗表请申大法，则天不许之。俊臣乃独引行本，重验前罪，奏曰："行本潜行悖逆，告张知謇与庐陵王反不实，罪当处斩。"有功驳奏曰："俊臣乖明主再生之赐，亏圣人恩信之道。为臣虽当嫉恶，然事君必将顺其美。"行本竟以免死。

道州刺史李仁褒及弟榆次令长沙，又为唐奉一所构，高宗末私议吉凶,谋复李氏,将诛之。有功又固争之,不能得。秋官侍郎周兴奏有功曰:"臣闻两汉故事,附下罔上者腰斩,面欺者亦斩。又《礼》云:析言破律者杀。有功故出反囚,罪当不赦,请推按其罪。"则天虽不许系问,然竟坐免官。久之,起为左台侍御史,则天特褒异之。时远近闻有功授职,皆欣然相贺。

有功尝上疏论天官、秋官及朝堂三司理匦使愆失[3],其略曰:"陛下即位已来,海内职员一定,而天下选人渐多。掌选之曹用舍不平,补拟乖次,嘱请公行,颜面罔惧。遂使嚣谤满路,怨讟盈朝[4],浸以为常,殊无愧惮。又往属唐朝季年,时多逆节,鞫讯结断,刑狱至严。革命以来,载祀遽积[5],余风未殄[6],用法犹深。今推鞫者犹行酷法,妄劾断。臣即按验,奏而劾之,获其枉状,请即付法断罪,亦夺禄贬考,以惭其德。其三司受表及理匦申冤使,不速与夺,致令拥塞,有理不为申者,亦望准前弹奏,贬考夺禄。臣昔处法司,缘蒙擢用,臣无以上答至造,愿以执法酬恩。无纵诡随,不避强御,猛噬鸷击,是臣之分。如蒙允纳,请降敕施行,庶不越旬时,亦可以除残革弊,刑措不用,天下幸甚。"

后润州刺史窦孝谌妻庞氏为奴诬告,云夜解祈福,则天令给事中薛季昶鞫之。季昶锻炼成其罪[7],庞氏当坐斩。有功独明其无罪。而季昶等返陷有功党援恶逆,奏付法,法司结刑当弃市。有功方视事,令史垂泣以告,有功曰:"岂吾独死,而诸人长不死耶?"乃徐起而归。则天览奏,召有功诘之曰:"卿比断狱,失出何多?"对曰:"失出,臣下之小过;好生,圣人之大德。愿陛下弘大德,则天下幸甚。"则天默然。于是庞氏减死,流于岭表,有功除名为庶人。寻起为左司郎中,累迁司刑少卿。有功谓所亲曰:"今身为大理,人命所悬,必不能顺旨诡辞以求苟免。"故前后为狱官,以谏奏枉诛者,三经断死,而执志不渝,酷吏由是少衰,时人比汉之于、张焉[8]。或曰:"若狱官皆然,刑措何远。"久之,转司仆少卿。长安二年卒,年六十二,赠司刑卿。

中宗即位[9],制曰:"忠正之臣,自昔攸尚[10];褒赠之典,旧章所重。故赠大理卿徐有功,节操贞劲,器怀亮直,徇古人之志业,实一代之贤良,司彼刑书,深存敬慎。周兴、来俊臣等性惟残酷,务在诛夷,不顺其情,立加诬害。有功卓然守法,虽死不移,无屈挠之心,有忠烈之议。当其执断,并遇平反,定国、释之,何以加此。朕惟新庶政,追想前迹,其人既殁,其德可称。追往赠终,慰兹泉壤。可赠越州刺史,仍遣使就家吊祭,赐物百段,授一子官。"今上践祚,窦孝谌之子希瑊等请以身之官爵让有功子愔,以报旧恩。愔由是自太子司议郎、恭陵令累迁申王府司马,卒。

——《旧唐书·徐有功传》

[1] 绍封:绝封以后再重新袭绝。

[2] 则天:武则天(624—705),名曌(zhào 照),并州文水(今山西文水)人,是中国历史上唯一的女皇帝。公元690—705年在位,并改大唐国号为大周。

[3] 理匦使:唐代官名,唐睿宗垂拱二年(686),铸四铜匦于朝,许人投书,以御史中丞或侍御史一人为理匦使。匦(guǐ 轨):箱子,匣子。

[4] 讟(dú 读):怨言。

[5] 载祀:年。

[6] 殄:尽,绝。

[7] 锻炼:罗织罪名,陷人入罪。

[8] 于:指汉代于定国。张:指汉代张释之。于、张二人任执法官时,均严谨公正。

[9] 中宗:唐中宗李显(656—710),原名李哲,唐朝第四位皇帝,唐高宗李治与武则天第三子。683—684年、705—710年两度在位。

[10] 攸:语助词,无实义。

狄仁杰奉公明法

〔解题〕题目系选注者所拟。狄仁杰（630—700），字怀英，并州太原（今山西太原）人，唐代、武周政治家。狄仁杰为人正直，疾恶如仇，奉公明法，使法不以人主私情而偏；不徇私，不畏难，坚持公理与正义；每任一职，都心系民生，政绩卓著。

狄仁杰字怀英，并州太原人也。祖孝绪，贞观中尚书左丞。父知逊，夔州长史。仁杰儿童时，门人有被害者，县吏就诘之，众皆接对，唯仁杰坚坐读书。吏责之，仁杰曰："黄卷之中[1]，圣贤备在，犹不能接对，何暇偶俗吏，而见责耶！"后以明经举，授汴州判佐。时工部尚书阎立本为河南道黜陟使，仁杰为吏人诬告，立本见而谢曰："仲尼云：'观过知仁矣。'足下可谓海曲之明珠，东南之遗宝。"荐授并州都督府法曹。其亲在河阳别业，仁杰赴并州，登太行山，南望见白云孤飞，谓左右曰："吾亲所居，在此云下。"瞻望伫立久之，云移乃行。仁杰孝友绝人，在并州，有同府法曹郑崇质，母老且病，当充使绝域。仁杰谓曰："太夫人有危疾，而公远使，岂可贻亲万里之忧！"乃诣长史蔺仁基，请代崇质而行。时仁基与司马李孝廉不协，因谓曰："吾等岂独无愧耶？"由是相待如初。

仁杰，仪凤中为大理丞，周岁断滞狱一万七千人，无冤诉者。时武卫大将军权善才坐误斫昭陵柏树，仁杰奏罪当免职。高宗令即诛之，仁杰又奏罪不当死。帝作色曰："善才斫陵上树,是使我不孝,必须杀之。"左右瞩仁杰令出,仁杰曰:"臣闻逆龙鳞,忤人主,自古以为难,臣愚以为不然。居桀、纣时则难,尧、舜时则易。臣今幸逢尧、舜,不惧比干之诛。昔汉文时有盗高庙玉环,张释之廷诤,罪止弃市。魏文将徙其人,辛毗引裾而谏,亦见纳用。且明主可以理夺,忠臣不可以威惧。今陛下不纳臣言,瞑目之后,羞见释之、辛毗于地下。陛下作法,悬之象魏,徒流死罪,俱有等差。岂有犯非极刑,即令赐死?法既无常,则万姓何所措其手足?陛下必欲变法,请从今日为始。古人云:'假使盗长陵一抔土,陛下何以加之?'今陛下以昭陵一株柏杀一将军,千载之后,谓陛下为何主?此臣所以不敢奉制杀善才,陷陛下于不道。"帝意稍解,善才因而免死。居数日,授仁杰侍御史。

时司农卿韦机兼领将作、少府二司,高宗以恭陵玄宫狭小,不容送终之具,遣机续成其功。机于埏之左右为便房四所[2],又造宿羽、高山、上阳等宫,莫不壮丽。仁杰奏其太过,机竟坐免官。左司郎中王本立恃宠用事,朝廷慑惧,仁杰奏之,请付法寺,高宗特原之。仁杰奏曰:"国家虽乏英才,岂少本立之类,陛下何惜罪人而亏王法?必欲曲赦本立,请弃臣于无人之境,为忠贞将来之诫。"本立竟得罪,由是朝廷肃然。

……

初,越王之乱,宰相张光辅率师讨平之。将士恃功,多所求取,仁杰不之应。光辅怒曰:"州将轻元帅耶?"仁杰曰:"乱河南者,一越王贞耳。今一贞死而万贞生。"光辅质其辞,仁杰曰:"明公董戎三十万[3],平一乱臣,不戢兵锋[4],纵其暴横,无罪之人,肝脑涂地,此非万贞何耶?且凶威协从,势难自固,及天兵暂临,乘城归顺者万计,绳坠四面成蹊。公奈何纵邀功之人,杀归降之众?但恐冤声腾沸,上彻于天。如得尚方斩马剑加于君颈,虽死如归。"光辅不能诘,心甚衔之。还都,奏仁杰不逊,左授复州刺史。入为洛州司马。

……

未几,为来俊臣诬构下狱。时一问即承者例得减死,来俊臣逼协仁杰,令一问承反。仁杰叹曰:"大周革命,万物唯新,唐朝旧臣,甘从诛戮。反是实!"俊臣乃少宽之。判官王德寿谓仁杰曰:"尚书必得减死。德寿意欲求少阶级,凭尚书牵杨执柔,可乎?"仁杰曰:"若何牵之?"德寿曰:"尚书为春官时,执柔任其司员外,引之可也。"仁杰曰:"皇天后土,遣仁杰行此事!"以头触柱,流血被面,德寿惧而谢焉。既承反,所司但待日行刑,不复严备。仁杰求守者得笔砚,拆被头帛书冤,置绵衣中,谓德寿曰:"时方热,请付家人去其绵。"德寿不之察。仁杰子光远得书,持以告变。则天召见,览之而问俊臣。俊臣曰:"仁杰不免冠带,寝处甚安,何由伏罪?"则天使人视之,俊臣遽命仁杰巾带而见使者。乃令德寿代仁杰作谢死表,附使者进之。则天召仁杰,谓曰:"承反何也?"对曰:"向若不承反,已死于鞭笞矣。""何为作谢死表?"曰:"臣无此表。"示之,乃知代署也。故得免死。贬彭泽令。武承嗣屡奏请诛之,则天曰:"朕好生恶杀,志在恤刑。涣汗已行[5],不可更返。"

万岁通天年,契丹寇陷冀州,河北震动,征仁杰为魏州刺史。前刺史独孤思庄惧贼至,尽驱百姓入城,缮修守具。仁杰既至,悉放归农亩,谓曰:"贼犹在远,何必如是。万一贼来,吾自当之,必不关百姓也。"贼闻之自退,百姓咸歌诵之,相与立碑以纪恩惠。俄转幽州都督。

……

——《旧唐书·狄仁杰传》

[1] 黄卷:指书籍。葛洪《抱朴子·疾谬》:"杂碎故事,盖是穷巷诸生,章句之士,吟咏而向枯简,匍匐以守黄卷者所宜识。"杨明照校笺:"古人写书用纸,以黄蘖汁染之防蠹,故称书为黄卷。"

[2] 埏(yán 严):墓道。

[3] 董:监督,管理。

[4] 戢:收起武器,引申为停止战争。

[5] 涣汗:指帝王旨意。

姚崇贬黜奸邪

〔**解题**〕题目系选注者所拟。姚崇(651—721),本名元崇,字元之,陕州硖石(今河南陕县)人,唐代著名政治家。姚崇实行仁政,废除严峻刑法,贬黜奸邪,执法公平,吏治清明,心系百姓疾苦。

姚崇,字元之,陕州硖石人。父懿,字善懿,贞观中,为嶲州都督[1],赠幽州大都督,谥文献。

崇少倜傥,尚气节,长乃好学。仕为孝敬挽郎,举下笔成章[2],授濮州司仓参军,五迁夏官郎中[3]。契丹扰河北,兵檄丛进,崇奏决若流,武后贤之,即拜侍郎。后尝语左右:"往周兴、来俊臣等数治诏狱,朝臣相逮引,一切承反。朕意其枉,更畀近臣临问[4],皆得其手牒不冤,朕无所疑,即可其奏。自俊臣等诛,遂无反者,然则向论死得无冤邪?"崇曰:"自垂拱后,被告者类自诬。当是时,以告言为功,故天下号曰'罗织',[5]甚于汉之钩党。虽陛下使近臣覆讯,彼尚不自保,敢一摇手以悖酷吏意哉!且被问不承,则重罹其惨,如张虔勖、李安静等皆是也。今赖天之灵,发寤陛下,凶竖歼夷,朝廷义安,臣以一门百口保内外官无复反者。陛下以告牒置弗推,后若反有端,臣请坐知而不告。"后悦曰:"前宰相务顺可,陷我为淫刑主,闻公之言,乃得朕心。"赐银千两。

……

开元四年,山东大蝗,民祭且拜,坐视食苗不敢捕。崇奏:"《诗》云:'秉彼蟊贼[6],付畀炎火。'汉光武诏曰:'勉顺时政,劝督农桑。去彼螟蜮[7],以及蟊贼。'此除蝗谊也。且蝗畏人易驱,又田皆有主,使自救其地,必不惮勤。请夜设火,坎其旁,且焚且瘗[8],蝗乃可尽。古有讨除不胜者,特人不用命耳。"乃出御史为捕蝗使,分道杀蝗。汴州刺史倪若水上言:"除天灾者当以德,昔刘聪除蝗不克而害愈甚。"拒御史不应命。崇移书诮之曰:"聪伪主,德不胜祆,今祆不胜德。古者良守,蝗避其境,谓修德可免,彼将无德致然乎?今坐视食苗,忍而不救,因以无年,刺史其谓何?"若水惧,乃纵捕,得蝗十四万石。时议者喧哗,帝疑,复以问崇,对曰:"庸儒泥文不知变。事固有违经而合道,反道而适权者。昔魏世山东蝗,小忍不除,至人相食;后秦有蝗,草木皆尽,牛马至相啖毛。今飞蝗所在充满,加复蕃息,且河南、河北家无宿藏,一不获则流离,安危系之。且讨蝗纵不能尽,不愈于养以遗患乎?"帝然之。黄门监卢怀慎曰:"凡天灾,安可以人力制也!且杀虫多,必戾和气。愿公思之。"崇曰:"昔楚王吞蛭而厥疾瘳[9],叔敖断虺福乃降[10]。今蝗幸可驱,若纵之,谷且尽,如百姓何?杀虫救人,祸归于崇,不以诿公也!"蝗害讫息。

……

八年,授太子少保,以疾不拜。明年卒,年七十二。赠扬州大都督,谥曰文献。十七年,追赠太子太保。

——《新唐书·姚崇传》

[1] 嶲(xī 西)州:今四川西昌。

[2] 下笔成章:即下笔成章科,唐代科举考试科目之一。

[3] 夏官郎中:古代职官名。《周礼》记载周代设置六官,以司马为夏

官,掌军政和军赋。唐武则天时,曾改兵部尚书为夏官,随后仍复旧名。后用为兵部的别称。郎中为各部尚书、侍郎之下的高级官员,清末始废。

［4］畀(bì 必):使,派。

［5］罗织:虚构种种罪名,对无辜者加以诬陷。来俊臣曾作《罗织经》,专述如何罗织罪名,角谋构陷。

［6］螽贼:两种啃吃禾苗的害虫。常用以比喻危害国家人民的人。

［7］螟蟘(yù 玉):螟、蟘为两种危害禾苗的害虫。

［8］瘗(yì 义):埋葬。

［9］"昔楚王"句:贾谊《新书·春秋》记载,楚惠王食寒菹(腌渍的咸菜),有蛭,恐司厨者获罪,乃暗吞之,后以颂王者宽仁待下。

［10］虵:同"蛇"。刘向《新序·杂事》记载,孙叔敖小时候见双头蛇,杀而埋之。

宋璟公事公言

〔解题〕题目系选注者所拟。宋璟(663—737),字广平,今河北邢台市南和县阎里乡宋台人,唐代著名政治家,与姚崇齐名。宋璟品行高尚,爱民恤物;性情刚直,刑赏无私。即使面对的是帝王宠臣,也能够坚持法度的公平与正义,强调令不能出一时,做到制度严明不以人意而转移,实为难能可贵。

宋璟,邢州南和人,其先自广平徙焉,后魏吏部尚书弁七代孙也。父玄抚,以璟贵,赠邢州刺史。璟少耿介有大节,博学,工于文翰。弱冠举进士,累转凤阁舍人[1]。当官正色,则天甚重之。长安中,幸臣张易之诬构御史大夫魏元忠有不顺之言,引凤阁舍人张说令证之。说将入于御前对覆,惶惑迫惧,璟谓曰:"名义至重,神道难欺,必不可党邪陷正,以求苟免。若缘犯颜流贬,芬芳多矣。或至不测,吾必叩阁救子[2],将与子同死。努力,万代瞻仰,在此举也。"说感其言。及入,乃保明元忠,竟得免死。

璟寻迁左御史台中丞。张易之与弟昌宗纵恣益横,倾朝附之。昌宗私引相工李弘泰观占吉凶[3],言涉不顺,为飞书所告。璟廷奏请穷究其状,则天曰:"易之等已自奏闻,不可加罪。"璟曰:"易之等事露自陈,情在难恕,且谋反大逆,无容首免。请勒就御史台勘当,以明国法。易之等久蒙驱使,分外承恩,臣必知言出祸从,然义激于心,虽死不恨。"则天不悦。

内史杨再思恐忤旨,遽宣敕令璟出。璟曰:"天颜咫尺,亲奉德音,不烦宰臣擅宣王命。"则天意稍解,乃收易之等就台,将加鞫问。俄有特敕原之,仍令易之等诣璟辞谢,璟拒而不见,曰:"公事当公言之,若私见,则法无私也。"

……

神龙元年,迁吏部侍郎。中宗嘉璟正直,仍令兼谏议大夫、内供奉,仗下后言朝廷得失。寻拜黄门侍郎。时武三思恃宠执权,尝请托于璟,璟正色谓之曰:"当今复子明辟,王宜以侯就第,何得尚干朝政?王独不见产、禄之事乎[4]?"俄有京兆人韦月将上书讼三思潜通宫掖,将为祸患之渐,三思讽有司奏月将大逆不道,中宗特令诛之。璟执奏请按其罪状,然后申明典宪,月将竟免极刑,配流岭南而死。

中宗幸西京,令璟权检校并州长史,未行,又带本官检校贝州刺史。时河北频遭水潦,百姓饥馁,三思封邑在贝州,专使征其租赋,璟又拒而不与,由是为三思所挤。又历杭、相二州刺史,在官清严,人吏莫有犯者。

……

七年,开府仪同三司王皎卒,及将筑坟,皎子驸马都尉守一请同昭成皇后父窦孝谌故事,其坟高五丈一尺。璟及苏颋请一依礼式,上初从之。翌日,又令准孝谌旧例。璟等上言曰:

> 夫俭,德之恭;侈,恶之大。高坟乃昔贤所诫,厚葬实君子所非。古者墓而不坟,盖此道也。凡人子于哀送之际,则不以礼制为思。故周、孔设齐斩缌免之差[5],衣衾棺椁之度,贤者俯就,私怀不果。且苍梧之野,骊山之徒,善恶分区,图史所载。众人皆务奢靡而独能革之,斯所谓至孝要道也。中宫若以为言,则此理固可敦谕。

在外或云窦太尉坟甚高,取则不远者。纵令往日无极言,其事偶行,令出一时,故非常式。又贞观中文德皇后嫁所生女长乐公主,奏请仪注加于长公主,魏征谏云:"皇帝之姑姊为长公主,皇帝之女为公主,既有'长'字,合高于公主。若加于长公主,事甚不可。"引汉明故事云:"群臣欲封皇子为王,帝曰:'朕子岂敢与先帝子等。'"时太宗嘉纳之。文德皇后奏降中使致谢于征。此则乾坤辅佐之间,绰有余裕。岂若韦庶人父追加王位,擅作酆陵,祸不旋踵,为天下笑。则犯颜逆耳,阿意顺旨,不可同日而言也。

况令之所载,预作纪纲,情既无穷,故为之制度,不因人以摇动,不变法以爱憎。顷谓金科玉条,盖以此也。比来蕃夷等辈及城市闲人,递以奢靡相高,不将礼仪为意。今以后父之宠,开府之荣,金穴玉衣之资,不忧少物;高坟大寝之役,不畏无人。百事皆出于官,一朝亦可以就。而臣等区区不已以闻,谅欲成朝廷之政,崇国母之德,化浃寰区[6],声光竹素。倘中宫情不可夺,陛下不能苦违,即准一品合陪陵葬者,坟高三丈已上,四丈已下,降敕将同陪陵之例,即极是高下得宜。

上谓璟等曰:"朕每事常欲正身以成纲纪,至于妻子,情岂有私?然人所难言,亦在于此。卿等乃能再三坚执,成朕美事,足使万代之后,光扬我史策。"乃遣使赉彩绢四百匹分赐之。

……

史臣曰:履艰危则易见良臣,处平定则难彰贤相。故房、杜预创业之功,不可俦匹。而姚、宋经武、韦二后,政乱刑淫,颇涉履于中,克全声迹,抑无愧焉。

赞曰：姚、宋入用，刑政多端。为政匪易，防刑益难。谏诤以猛，施张用宽。不有其道，将何以安？

——《旧唐书·宋璟传》

［1］凤阁舍人：即中书舍人，掌起草诏令，参与机密。

［2］阁（gé阁）：宫中便殿。亦指古代官署的门，代指官署。

［3］相工：以相术为职业的人。

［4］产、禄之事：产、禄即汉高祖吕后之侄吕产、吕禄。汉惠帝逝世，吕后临朝专权，遂任命吕产、吕禄为将，统领南北军，后二人独揽专权，并谋划叛乱，后被周勃等人铲除。

［5］齐斩：丧服名。指五服中的"齐衰"与"斩衰"。《礼记·檀弓上》："穆公之母卒，使人问于曾子曰：'如之何？'对曰：'申也闻诸申之父曰：哭泣之哀，齐斩之情，饘粥之食，自天子达。'"孔颖达疏："齐斩之情者，齐是为母，斩是为父。父母同情，故答云'之情'也。"《周书·武帝纪上》："齐斩之情，经籍彝训，近代沿革，遂亡斯礼。"缌免：缌服与免服，均丧服之轻者。借指关系较远的族人。免，谓正服以外共承高祖之父的五世孙所服。其服以布广一寸，从项中而前，交于额上，又却向后绕于髻。见《礼记·檀弓上》、《礼记·大传》。明章懋《处士郭公墓志铭》："惟郭氏，兰溪著姓，世居邑之中和坊，族大以强，缌免二千余指。"

［6］浃：沾润，谓施予恩惠。

钱徽无愧于心

〔解题〕题目系选注者所拟。钱徽(755—829),字蔚章或作尉章,浙江吴兴(今浙江湖州)人。钱徽为政清明,不纳贡,不贪墨,廉洁奉公;爱惜百姓,忧国忧民,以道佐君,人品端方,值得敬佩。

钱徽,字蔚章。父起,附见《卢纶传》。徽中进士第,居谷城。谷城令王郢善接侨士游客,以财贷馈,坐是得罪。观察使樊泽视其簿,独徽无有,乃表署掌书记。蔡贼方炽[1],泽多募武士于军。泽卒,士颇希赏,周澈主留事,重擅发军廥[2],不敢给。时大雨雪,士寒冻,徽先冬颁衣絮,士乃大悦。又辟宣歙崔衍府。王师讨蔡,檄遣采石兵会战,戍还,颇骄蹇[3]。会衍病亟,徽请召池州刺史李逊署副使,逊至而衍死,一军赖以安。

入拜左补阙,以祠部员外郎为翰林学士,三迁中书舍人,加承旨。宪宗尝独召徽[4],从容言它学士皆高选,宜预闻机密,广参决,帝称其长者。是时,内积财,图复河湟[5],然禁无名贡献,而至者不甚却。徽恳谏罢之。帝密戒后有献毋入右银台门,以避学士。梁守谦为院使,见徽批监军表语简约,叹曰:"一字不可益邪!"衔之。以论淮西事忤旨,罢职,徙太子右庶子,出虢州刺史。

入拜礼部侍郎。宰相段文昌以所善杨浑之、学士李绅以周汉宾并诿徽求致第籍[6]。浑之者凭子也,多纳古帖秘画于文昌,皆世所宝。徽不能如二人请,自取杨殷士、苏巢。巢者李宗闵婿,殷士者汝士之弟,皆与徽厚。文昌怒,方帅剑南西川,入辞,即奏徽取士以私。访绅及元稹,时稹与宗闵有隙,因是共挤其非。有诏王起、白居易覆试,而黜者过半,遂贬江州刺史。汝士等劝徽出文昌、绅私书自直,徽曰:"苟无愧于心,安事辨证邪?"敕子弟焚书。

初,州有盗劫贡船,捕吏取滨江恶少年二百人系讯,徽按其枉,悉纵去。数日,舒州得真盗。州有牛田钱百万,刺史以给宴饮赠饷者,徽曰:"此农耕之备,可他用哉!"命代贫民租入。转湖州。时宣、歙旱,左丞孔戣请徙徽领宣歙,宰相以其本文辞进,不用。戣曰:"相君宜知天下事,徽江、虢之治不及知,况其它邪?"还,迁工部侍郎,出为华州刺史。

……

徽与薛正伦、魏弘简善,二人前死,徽抚其孤至婚嫁成立。任庶子时,韩公武以赂结公卿,遗徽钱二十万,不纳。或言非当路可无让,徽曰:"取之在义不在官。"时称有公望。

——《新唐书·钱徽传》

[1] 蔡贼:中唐以后,蔡州(今河南汝南)地方军阀和士兵暴虐侵扰百姓,被称为蔡贼。

[2] 廥(kuài 快):堆放秫草的房舍,粮仓。

[3] 謇:骄纵、不顺服。

[4] 宪宗:唐宪宗李纯(778—820),初名李淳,805年,立为太子,改名李纯,805—820年在位,谥号昭文章武大圣至神孝皇帝,庙号宪宗。

[5] 河湟:地名,是黄河与湟水冲积而成的两个谷地,在今青海东部。

[6] 求致第籍:指录取为进士。

薛存诚毅然不可夺

〔解题〕 题目系选注者所拟。薛存诚(生卒年不详),字资明,唐河中宝鼎(今山西万荣县西南)人,贞元元年进士。唐后期朝政腐败,薛存诚任御史中丞时,却能刚正不阿,执法如山,尽于职责,即使面对君主,依然据理抗争,很是难能可贵。

薛存诚,字资明,河中宝鼎人。中进士第。擢累监察御史。元和初,讨刘辟,邮传事丛[1],诏以中人为馆驿使,存诚以为害体甚,奏罢之。转殿中侍御史,累迁给事中。琼林库广籍工徒,存诚曰:"此奸人羼名以避征役[2],不可许。"又神策军与咸阳尉袁儋不平,诬奏之,儋被罚。二敕皆执不下。宪宗悦,遣使劳之,拜御史中丞。浮屠鉴虚者[3],自贞元中关通赂遗,倚宦竖为奸,会坐于𬱟、杜黄裳家事,逮捕下狱。存诚穷劾之,得赃数十万,当以大辟。权近更保救于帝[4],有诏释之,存诚不听。明日,诏使诣台谕曰:"朕须此囚面诘,非赦也。"存诚奏曰:"狱已具,陛下必欲召赦之,请先杀臣乃可。不然,臣不敢奉诏。"鉴虚卒抵死。江西监军高重昌妄劾信州刺史李位谋反,追付仗内诘状。存诚一日三表,请付位御史台。及按,果无实。

未几,复为给事中。会御史中丞阙,帝谓宰相曰:"持宪无易存诚者。"乃复命之。会暴卒,帝悼惜,赠刑部侍郎。存诚性和易,于人无所不容,及当官,毅然不可夺。

——《新唐书·薛存诚传》

［1］邮传：传递文书的驿站。
［2］羼(chàn忏)：本意为群羊杂居，引申为错乱掺杂。
［3］浮屠：佛教用语，有时指和尚。
［4］权近：亲近帝王的权臣。

范质廉慎守法

[**解题**] 题目系选注者所拟。范质(911—964),字文素,大名宗城(今河北清河)人。五代后周时期至北宋初年宰相。范质重视律法,上书建议重修法令,编定后周的《显德刑律统类》;范质为政严谨,遵守法度,耿直廉洁,身居高位却能戒奢以俭,其高尚的道德操守诚可垂范于后世。

范质字文素,大名宗城人。父守遇,郑州防御判官。质生之夕,母梦神人授以五色笔。九岁能属文,十三治《尚书》,教授生徒。

……

质力学强记,性明悟。举进士时,和凝以翰林学士典贡部[1],鉴质所试文字,重之,自以登第名在十三,亦以其数处之。贡闱中谓之"传衣钵"。其后质登相位,为太子太傅,封鲁国公,皆与凝同云。初,质既登朝,犹手不释卷,人或劳之,质曰:"有善相者,谓我异日位宰辅。诚如其言,不学何术以处之。"后从世宗征淮南[2],诏令多出其手,吴中文士莫不惊伏。质每下制敕,未尝破律,命刺史县令,必以户口版籍为急。朝廷遣使视民田,按狱讼,皆延见,为述天子忧勤之意,然后遣之。

世宗初征淮南,驻寿、濠,锐意攻取,且议行幸扬州。质以师老,与王溥泣谏乃止。及再驾扬州,因事怒窦仪,罪在不测。

质入谒请见,世宗意其救仪,起避之。质趋前曰:"仪近臣也,过小不当诛。"因免冠叩头泣下,曰:"臣备位宰相,岂可使人主暴怒,致近臣于死地耶？愿宽仪罪。"世宗意遂解,复坐,即遣赦仪。

质性卞急,好面折人。以廉介自持,未尝受四方馈遗,前后所得禄赐多给孤遗。闺门之中,食不异品。身没,家无余赀。太祖因论辅相[3],谓侍臣曰:"朕闻范质止有居第,不事生产,真宰相也。"太宗亦尝称之曰[4]:"宰辅中能循规矩、慎名器[5]、持廉节,无出质右者,但欠世宗一死,为可惜尔。"从子校书郎杲求奏迁秩,质作诗晓之,时人传诵以为劝戒。

——《宋史·范质传》

[1] 和凝(898—955):字成绩,郓州须昌(今山东东平)人,五代时文学家、法医学家。

[2] 世宗:指后周世宗柴荣(921—959),是五代时期后周皇帝,954—959年在位。

[3] 太祖:宋太祖赵匡胤(927—976),字元朗,涿郡(今河北涿州)人,生于洛阳夹马营。宋朝开国皇帝,960—976年在位,庙号太祖。

[4] 太宗:宋太宗赵光义(939—997),字廷宜,宋朝的第二位皇帝,本名赵匡义,后因避其兄宋太祖名讳改名赵光义,即位后又改名赵炅。976—997年在位,庙号太宗。

[5] 名器:名号与车服仪制。

曹彬仁厚执法

〔解题〕题目系选注者所拟。曹彬(931—999),字国华,真定灵寿(今河北灵寿)人,北宋开国名将。曹彬为将,秉承仁义,爱护百姓,杜绝屠城滥杀,深受百姓爱戴。在手下小吏犯法违纪之时,能够在公允执法的同时兼顾到对人的关怀,曹彬也因温情执法流传于世,并为人称颂。

曹彬,字国华,真定灵寿人。父芸,成德军节度都知兵马使。彬始生周岁,父母以百玩之具罗于席,观其所取。彬左手持干戈,右手持俎豆,斯须取一印,他无所视,人皆异之。及长,气质淳厚。汉乾祐中,为成德军牙将。节帅武行德见其端悫,指谓左右曰:"此远大器,非常流也。"周太祖贵妃张氏,彬从母也。周祖受禅,召彬归京师。隶世宗帐下,从镇澶渊,补供奉官,擢河中都监。蒲帅王仁镐以彬帝戚,尤加礼遇。彬执礼益恭,公府谦集,端简终日,未尝旁视。仁镐谓从事曰:"老夫自谓夙夜匪懈,及见监军矜严,始觉己之散率也。"

显德三年,改潼关监军,迁西上阁门使。五年,使吴越,致命讫即还。私觌之礼[1],一无所受。吴越人以轻舟追遗之,至于数四,彬犹不受。既而曰:"吾终拒之,是近名也。"遂受而籍之以归,悉上送官。世宗强还之,彬始拜赐,悉以分遗亲旧而不留一钱。出为晋州兵马都监。一日,与主帅暨宾从环坐于野,会邻道守将走价驰书来诣[2],使者素不识彬,潜问人曰："孰为曹监军?"有指彬以示之,使人以为绐己,笑曰："岂有国戚近臣,而衣弋绨袍[3]、坐素胡床者乎[4]?"审视之方信。迁引进使。

初,太祖典禁旅,彬中立不倚,非公事未尝造门,群居谦会,亦所罕预,由是器重焉。建隆二年,自平阳召归,谓曰："我畴昔常欲亲汝,汝何故疏我?"彬顿首谢曰："臣为周室近亲,复忝内职,靖恭守位,犹恐获过,安敢妄有交结?"迁客省使,与王全斌、郭进领骑兵攻河东乐平县,降其将王超、侯霸荣等千八百人,俘获千余人。既而贼将攽进率兵来援,三战皆败之。遂建乐平为平晋军。乾德初,改左神武将军。时初克辽州,河东召契丹兵六万骑来攻平晋,彬与李继勋等大败之于城下。俄兼枢密承旨。

……

彬性仁敬和厚,在朝廷未尝忤旨,亦未尝言人过失。伐二国,秋毫无所取。位兼将相,不以等威自异。遇士夫于途,必引车避之。不名下吏,每白事,必冠而后见。居官奉入给宗族,无余积。平蜀回,太祖从容问官吏善否,对曰："军政之外,非臣所闻也。"固问之,唯荐随军转运使沈伦廉谨可任。为帅知徐州日,有吏犯罪,既具案,逾年而后杖之,人莫知其故。彬曰："吾闻此人新娶妇,若杖之,其舅姑必以妇为不利,而朝夕笞詈之,使不能自存。吾故缓其事,然法亦未尝屈焉。"北征之失律也,赵昌言表请行军法。及昌言自延安还,被劾,不得入见。彬在宥府,为请于上,乃许朝谒。

——《宋史·曹彬传》

[1] 私觌(dí):以礼物私相拜会。觌,相见。
[2] 走价:亦作"走介",指供奔走驱驰的杂役、小吏。

〔3〕绨袍:厚缯制成之袍。

〔4〕胡床:亦称"交床"、"交椅"、"绳床",是古时一种可以折叠的轻便坐具,近似今之马扎。

寇准论刑法不公

〔解题〕 题目系选注者所拟。寇准（961—1023），字平仲，华州下邽（今陕西渭南）人。北宋政治家。寇准秉性刚直，下文所载即其于淳化二年（991）论刑法不公揭发王淮一事，从中可见寇准对于刑法严肃性与公正性的坚决维护。

寇准，字平仲，华州下邽人也。父相，晋开运中，应辟为魏王府记室参军。准少英迈，通《春秋》三传。年十九，举进士。太宗取人，多临轩顾问，年少者往往罢去。或教准增年，答曰："准方进取，可欺君邪？"后中第，授大理评事，知归州巴东、大名府成安县。每期会赋役，未尝辄出符移，唯具乡里姓名揭县门，百姓莫敢后期。累迁殿中丞、通判郓州。召试学士院，授右正言、直史馆，为三司度支推官，转盐铁判官。会诏百官言事，而准极陈利害，帝益器重之。擢尚书虞部郎中、枢密院直学士，判吏部东铨。尝奏事殿中，语不合，帝怒起，准辄引帝衣，令帝复坐，事决乃退。上由是嘉之，曰："朕得寇准，犹文皇之得魏徵也。"

淳化二年春，大旱，太宗延近臣问时政得失，众以天数对。准对曰："《洪范》天人之际[1]，应若影响，大旱之证，盖刑有所不平也。"太宗怒，起入禁中。顷之，召准问所以不平状，准曰："愿召二府至，臣即言之。"有诏召二府入，准乃言曰："顷者祖吉、王淮皆侮法受赇，吉赃少乃伏诛；淮以参政沔之弟，盗主守财至千万,止杖,仍复其官,非不平而何?"太宗以问沔,沔顿首谢,于是切责沔,而知准为可用矣。即拜准左谏议大夫、枢密副使,改同知院事。

——《宋史·寇准传》

[1]《洪范》:指《尚书·洪范》,记载了箕子向周武王讲述"洪范九畴",这是帝王治理国家的九种方法。后成为汉代"天人感应"的理论基础。

"水晶灯笼"刘随

〔解题〕题目系选注者所拟。刘随(生卒年不详),字仲豫,开封考城人,北宋官员。刘随一生为官清正廉明,心怀百姓疾苦,不徇私,不畏权贵,被蜀地百姓称为"水晶灯笼",喻其品质清廉宛如水晶澄澈,又赞其目光锐利,洞察奸邪,毫无所隐。

　　刘随,字仲豫,开封考城人。以进士及第,为永康军判官。军无城堞[1],每伐巨木为栅,坏辄以他木易之,颇用民力。随因令环植杨柳数十万株,使相连属,以为限界,民遂得不扰。属县令受赇鬻狱,转运使李士衡托令于随,不从。士衡愤怒,乃奏随苛刻,不堪从政,罢归,不得调。初,西南夷市马入官,苦吏诛索,随为绳按之。既罢,夷人数百诉于转运使曰:"吾父何在?"事闻,乃得调。

　　后改大理寺丞,为详断官[2]。李溥以赃败,事连权贵,有司希旨不穷治,随请再劾之,卒抵溥罪。晁迥荐通判益州,吕夷简安抚川峡,又言其材,以太常博士改右正言[3]。数月,坐尝为开封府发解巡捕官,而不察举人,私以策辞相授,降监济州税,稍徙通判晋州。

　　还朝,迁右司谏,为三司户部判官。随在谏职数言事,尝言:"今之所切,在于纳谏,其余守常安靖而已。"又奏:"频年水旱,咎在执事大臣忿争不和。请察王钦若等所争,为辨曲直。"又因星变言:"国家本支蕃衍,而定王之外,封策未行。

望择贤者,用唐故事,增广嗣王、郡王之封,以慰祖宗意。"时下诏蜀中,选优人补教坊,随以为贱工不足辱诏书。又劾奏江、淮发运使钟离瑾载奇花怪石数十艘,纳禁中及赂权贵。累疏论丁谓奸邪,不宜还之内地;胡则,谓之党,既以罪出陈州,不当复进职。王钦若既死,诏塑其像茅山,列于仙官。随言:"钦若赃污无忌惮,考其行,岂神仙耶?宜察其妄。"又言:"李维以词臣求换武职,非所以励廉节。"前后所论甚众。

帝既益习天下事[4],而太后犹未归政,随请军国常务,专禀帝旨,又谏太后不宜数幸外家,太后不悦。会随请外,出知济州,改起居郎。久之,迁尚书刑部员外郎,入兼侍御史知杂事。上言:"比年庶官侥幸请托,或对见之际,涕泗祈恩,或绩效甚微,衔鬻要赏[5]。亦有藩翰之臣,位尊职重,表章不逊,请求麈厌。按察之司,燕安顾望,以容奸为大体,以举职为近名,以巧诈为贤,以恬退为拙。以至贪残者渎于货财,老疾者不知止足。请行申儆之法[6]。"朝廷为下诏戒中外。

未几,权同判吏部流内铨,以长定格从事,吏不得为奸。改三司盐铁副使。使契丹,以病足痹,辞不能拜。及还,为有司劾奏,夺一官,出知信州,徙宜州,再迁工部郎中、知应天府。召为户部副使,改天章阁待制,不旬日卒。

随与孔道辅、曹修古同时为言事官,皆以清直闻。随临事明锐敢行,在蜀,人号为"水晶灯笼"。初,使契丹还,会贬,而官收所得马十五乘。既卒,帝怜其家贫,赐钱六十万。

——《宋史·刘随传》

[1] 堞(dié 蝶):城墙上的齿型矮墙。

[2] 详断官:宋代官职名,属大理。宋初,大理正、丞、评事分掌断狱。后以明习法令之常参官兼大理正,明法令之未常参官兼丞,称详断官,后并

废正、丞之名。

〔3〕右正言:宋端拱初改左右补阙为左右司谏,左右拾遗为左右正言。

〔4〕帝:宋仁宗赵祯(1010—1063),初名赵受益,宋真宗赵恒第六子,宋朝第四位皇帝,1022—1063年在位,庙号仁宗。

〔5〕衒鬻:炫耀卖弄。

〔6〕申儆:训诫。

包拯执法如山

〔解题〕题目系选注者所拟。包拯(999—1062),字希仁,庐州合肥(今合肥肥东)人,是我国历史上富有传奇色彩的人物,以清正廉明,不畏权势,执法如山而为后世传颂。

包拯,字希仁,庐州合肥人也。始举进士,除大理评事,出知建昌县。以父母皆老,辞不就。得监和州税,父母又不欲行,拯即解官归养。后数年,亲继亡,拯庐墓终丧[1],犹裴徊不忍去[2],里中父老数来劝勉。久之,赴调,知天长县。有盗割人牛舌者,主来诉。拯曰:"第归[3],杀而鬻之。"寻复有来告私杀牛者,拯曰:"何为割牛舌而又告之?"盗惊服。徙知端州,迁殿中丞。端土产砚,前守缘贡,率取数十倍以遗权贵。拯命制者才足贡数,岁满不持一砚归。

寻拜监察御史里行,改监察御史。时张尧佐除节度、宣徽两使,右司谏张择行、唐介与拯共论之,语甚切。又尝建言曰:"国家岁赂契丹,非御戎之策。宜练兵选将,务实边备。"又请重门下封驳之制,及废锢赃吏,选守宰,行考试补荫弟子之法。当时诸道转运加按察使,其奏劾官吏多摭细故,务苛察相高尚,吏不自安,拯于是请罢按察使。

去使契丹,契丹令典客谓拯曰:"雄州新开便门,乃欲诱我叛人,以刺疆事耶?"拯曰:"涿州亦尝开门矣,刺疆事何必开便门哉?"其人遂无以对。

历三司户部判官，出为京东转运使，改尚书工部员外郎、直集贤院，徙陕西，又徙河北，入为三司户部副使。秦陇斜谷务造船材木，率课取于民；又七州出赋河桥竹索，恒数十万，拯皆奏罢之。契丹聚兵近塞，边郡稍警，命拯往河北调发军食。拯曰："漳河沃壤，人不得耕，邢、洺、赵三州民田万五千顷，率用牧马，请悉以赋民。"从之。解州盐法率病民，拯往经度之，请一切通商贩。

除天章阁待制[4]、知谏院。数论斥权幸大臣，请罢一切内除曲恩。又列上唐魏郑公三疏，愿置之坐右，以为龟鉴。又上言天子当明听纳，辨朋党，惜人才，不主先入之说，凡七事；请去刻薄，抑侥幸，正刑明禁，戒兴作，禁妖妄。朝廷多施行之。

除龙图阁直学士、河北都转运使。尝建议无事时徙兵内地，不报。至是，请："罢河北屯兵，分之河南兖、郓、齐、濮、曹、济诸郡，设有警，无后期之忧。借曰戍兵不可遽减，请训练义勇，少给糇粮，每岁之费，不当屯兵一月之用，一州之赋，则所给者多矣。"不报。徙知瀛州，诸州以公钱贸易，积岁所负十余万，悉奏除之。以丧子乞便郡，知扬州，徙庐州，迁刑部郎中。坐失保任，左授兵部员外郎、知池州。复官，徙江宁府，召权知开封府，迁右司郎中。

拯立朝刚毅，贵戚宦官为之敛手，闻者皆惮之。人以包拯笑比黄河清，童稚妇女，亦知其名，呼曰"包待制"。京师为之语曰："关节不到，有阎罗包老。"旧制，凡讼诉不得径造庭下。拯开正门，使得至前陈曲直，吏不敢欺。中官势族筑园榭，侵惠民河，以故河塞不通，适京师大水，拯乃悉毁去。或持地券自言有伪增步数者，皆审验劾奏之。

迁谏议大夫、权御史中丞。奏曰："东宫虚位日久，天下以为忧,陛下持久不决,何也?"仁宗曰:"卿欲谁立?"拯曰:"臣不才备位,乞豫建太子者,为宗庙万世计也。陛下问臣欲谁立,是疑臣也。臣年七十,且无子,非邀福者。"帝喜曰:"徐当议之。"请裁抑内侍,减节冗费,条责诸路监司,御史府得自举属官,减一岁休暇日,事皆施行。

张方平为三司使,坐买豪民产,拯劾奏罢之;而宋祁代方平,拯又论之;祁罢,而拯以枢密直学士权三司使。欧阳修言:"拯所谓牵牛蹊田而夺之牛,罚已重矣,又贪其富,不亦甚乎!"拯因家居避命,久之乃出。其在三司,凡诸管库供上物,旧皆科率外郡,积以困民。拯特为置场和市,民得无扰。吏负钱帛多缧系[5],间辄逃去,并械其妻子者,类皆释之。迁给事中,为三司使。数日,拜枢密副使。顷之,迁礼部侍郎,辞不受,寻以疾卒,年六十四。赠礼部尚书,谥孝肃。

拯性峭直,恶吏苛刻,务敦厚,虽甚嫉恶,而未尝不推以忠恕也。与人不苟合,不伪辞色悦人,平居无私书,故人、亲党皆绝之。虽贵,衣服、器用、饮食如布衣时。尝曰:"后世子孙仕宦,有犯赃者,不得放归本家,死不得葬大茔中[6]。不从吾志,非吾子若孙也。"初,有子名繶,娶崔氏,通判潭州,卒。崔守死,不更嫁。拯尝出其媵[7],在父母家生子,崔密抚其母,使谨视之。繶死后,取媵子归,名曰綖。有奏议十五卷。

——《宋史·包拯传》

[1] 庐墓:古人于父母或师长死后,服丧期间在墓旁搭盖小屋居住,守护坟墓,以尽孝心。

[2] 裴徊:即徘徊。

[3] 第:副词,姑且。

[4] 天章阁待制:天章阁,宋朝阁名。宋真宗天禧四年(1020)下令营

建,以奉真宗御集御书。次年,阁成。宋仁宗天圣八年(1030)置天章阁侍制。景祐四年(1037)置天章阁侍讲。

[5] 缧(léi雷):捆绑犯人的黑色绳索,引申为捆绑,拘禁。

[6] 茔(yíng赢):坟墓。

[7] 出:遣归。媵(yìng硬):妾,小妻。

马默刚严疾恶

〔解题〕题目系选注者所拟。马默(1020—1100),字处厚,单州成武(今山东成武)人,幼时家中贫困,出外苦学,后登进士第,任临濮县尉。因受推荐被任为监察御史。马默为人疾恶如仇,敢于直言,对于国家法令的公平与正义坚决维护,对枉法之徒绝不姑息。

马默,字处厚,单州成武人。家贫,徒步诣徂徕从石介学[1]。诸生时以百数,一旦出其上。既而将归,介语诸生曰:"马君他日必为名臣,宜送之山下。"

登进士第,调临濮尉,知须城县。县为郓治所,郓吏犯法不可捕,默趋府,取而杖之客次,阖府皆惊。曹佾守郓,心不善也,默亦不为屈。后守张方平素贵,掾属来前,多闭目不与语。见默白事,忽开目熟视久之,尽行其言,自是诿以事。治平中,方平还翰林,荐为监察御史裹行,遇事辄言无顾。方平间遣所亲傲之曰:"言太直,得无累举者乎?"默谢曰:"辱知之深,不敢为身谋,所以报也。"

……

刑部郎中张师颜提举诸司库务,绳治不法,众吏惧摇,飞语谗去之。默力陈其故,以为:"恶直丑正,实繁有徒。今将去积年之弊,以兴太平,必先官举其职。宜崇奖师颜,厉以忠勤,则尸素括囊之徒[2],知所劝矣。"

……

除知登州。沙门岛囚众,官给粮者才三百人,每益数,则投诸海。砦主李庆以二年杀七百人[3],默责之曰:"人命至重,恩既贷其生,又从而杀之,不若即时死乡里也。汝胡不以乏粮告,而颛杀之如此[4]?"欲按其罪,庆惧,自缢死。默为奏请,更定《配岛法》凡二十条,溢数而年深无过者移登州,自是多全活者。其后苏轼知登州,父老迎于路曰:"公为政爱民,得如马使君乎?"

徙知曹州,召为三司盐铁判官。以默与富弼善,且论新法不便,出知济、兖二州。还,提举三司帐司。为神宗言用兵形势[5],及指画河北山川道里,应对如流。神宗喜,将用之,大臣滋不悦,以提点京东刑狱。

默性刚严疾恶,部吏有望风投檄去者。金乡令以贿著,其父方执政,诒书曰:"马公素刚,汝有过,将不免。"令惧,悉取不义之物焚撤之。改广西转运使,会安化等蛮岁饥内寇,默上平蛮方略,以为"胜负不在兵而在将。富良宵遁,郭逵怯懦;邕城陷没,苏缄老谬;归仁铺覆军,陈曙先走;昆仑关丧师,张守节不战,侬智高破亡,因狄青之智勇;欧希范之诛灭,乃杜杞之方略,此足验矣"。

以疾求归,知徐州。属城利国监苦吴居厚之虐,默皆革之。召为司农少卿。司马光为相,欲尽修祖宗法,问默以复乡差衙前法如何?默曰:"不可。如常平,自汉为良法,岂宜尽废?去其害民者可也。"其后役人立为一州一县法,常平提举官省归提刑司,颇自默发之。

……

久之,告老,提举鸿庆宫[6]。绍圣时,坐附司马光,落待制致仕。元符三年,复之。卒,年八十。绍兴中,以其子纯请,赠开府仪同三司,加赠太保。

——《宋史·马默传》

[1] 石介:字守道,号徂徕先生,兖州奉符(今山东泰安)人,宋代思想家、文学家。

[2] 尸素括囊:尸素,即尸位素餐,指空占职位,不尽职守之人。括囊,结扎袋口,比喻缄口不言。

[3] 砦(zhài债):同"寨"。

[4] 颛(zhuān专):通"专",专擅。

[5] 宋神宗赵顼(1048—1085),初名仲针,宋英宗赵曙长子,北宋第六位皇帝,1067—1085年在位,庙号神宗。

[6] 鸿庆宫:宋代宫殿,原名圣祖殿,是宋太祖赵匡胤在宋朝南京(今河南商丘)所建的赵宋宗庙。主管鸿庆宫事务的官员名称为提举。

石公弼正直廉洁

[解题] 题目系选注者所拟。石公弼(1061—1115),字国佐,初名公辅,新昌(属今浙江绍兴)人。宋元祐六年(1091)进士。累迁殿中侍御史、左司谏。石公弼正直廉洁,铁面无私,为官清廉,秉公执法,坚持公平正义。

石公弼,字国佐,越州新昌人。登进士第,调卫州司法参军[1]。淇水监牧马逸,食人稻,为田主所伤。时牧法至密,郡守韩宗哲欲坐以重辟。公弼当此人无罪,宗哲曰:"人伤官马,奈何无罪?"公弼曰:"禽兽食人食,主者安得不御,御之岂能无伤?使上林虎豹绝槛害人。可无杀乎?今但当惩圉者,民不可罪。"宗哲怒,以属吏。既而使者来虑囚,如公弼议。获嘉民甲与乙斗,伤指;病小愈,复与丙斗,病指流血死。郡吏具狱,两人以他物伤人,当死。公弼以为疑,驳而鞫之,乃甲捽丙发,指脱瘢中风死,非由击伤也。两人皆得免。

章惇求太学官,或荐公弼,使往见。谢曰:"丞相资侮人,见者阿意苟容,所不忍也。"再调涟水丞。供奉高公备纲舟行淮[2],以溺告。公弼曰:"数日无风,安有是?"使尉核其所载,钱失百万。呼舟人物色之,乃公备与寓客妻通,杀其夫,畏事觉,所至窃官钱赂其下,故诡为此说。即收捕穷治,皆服辜。

知广德县,召为宗正寺主簿。入见,言:"朝廷比日所为,直词罕闻,颂声交至,未有为陛下廷争可否者。愿崇忠正以销谀佞，通谏争以除壅蔽。"徽宗善之[3]。擢监察御史，进殿中侍御史。三舍法行[4]，士子计等第，颇事告讦。公弼言："设学校者，要以仁义渐摩，欲人有士君子之行。顾使之相告讦，非所以建学本意也。"又言："删定敕令官、寺监丞簿，比多以执政近臣子弟为之，未有资考，不习政事。请一切汰遣，以开寒畯之路[5]。"从之。

由右正言改左司谏。论东南军政之敝，以为"有兵之籍，无兵之技。以太半之赋，养无用之兵，异日惧有未然之患"。其后睦盗起，如其言。太史保章正朱汝楫冒奉得罪，而内侍失察者皆不坐。公弼言："是皆矫称诏旨，安得勿论？请自今中旨虽不当覆者，亦令有司审奏。"

……

水官赵霆建开直河议，谓自此无水忧，已而决坏钜鹿，法当斩。霆善交结，但削一官，犹为太仆少卿。公弼论为失刑，霆坐贬。京西转运使张徽言欲因方田籍增立汝、襄、邓三州税，公弼以为"方田之制，奠天下之地征，正欲均其赋耳，而徽言掊克重敛，民何以堪？"诏罢之。遂劾蔡京罪恶，章数十上，京始罢。又言吏员猥冗，庚元丰旧制[6]。于是堂选归吏部者数千员，罢宫庙者千员、都水知埽六十员，县非大郡悉省丞，在京茶事归之户部，诸道市舶归之转运司，仕涂为清。

……

张商英入相，欲引为执政，何执中、吴居厚交沮之。以枢密直学士知扬州。群不逞为侠于闾里[7]，自号"亡命社"。公弼取其魁桀痛治[8]，社遂破散。江贼巢穴菰芦中[9]，白昼出剽，吏畏不敢问。公弼严赏罚督捕，尽除之。改述古殿直学士、知襄州。蔡京再辅政，罗致其罪，责秀州团练副使，台州安置。逾年，遇赦归。卒，年五十五。后三岁,复其官。

——《宋史·石公弼传》

[1] 司法参军:宋代官职名,掌刑法。

[2] 纲:唐、宋时期成批运送的货物。

[3] 徽宗:宋徽宗赵佶(1082—1135),宋朝第八位皇帝,1100年登基,1125年,金军兵临城下,匆匆禅位给太子赵桓。1126年,赵桓改元靖康,当年,金军攻破汴京,第二年,将赵佶、赵桓掳到北方,后流放到五国城(今黑龙江依兰县)。1135年,赵佶死于五国城,庙号徽宗。

[4] 三舍法:北宋王安石变法科目之一,用学校教育取代科举考试,把太学分为外舍、内舍、上舍三等,"上等以官,中等免礼部试,下等免解"。

[5] 畯:通"俊"。

[6] 戾:违背,违反。

[7] 不逞:失意,不得志。

[8] 桀:凶悍,横暴。

[9] 菰:多年生草本植物,长于池沼,开紫红色小花。

盛德清风崔与之

〔解题〕题目系选注者所拟。崔与之（1158—1239），字正子，一字正之，号菊坡。南宋名臣。崔与之为官公正清廉，以"无以嗜欲杀身，无以货财杀子孙，无以政事杀百姓，无以学术杀天下后世"为座右铭，不存私心，不谋私利，德威并施，百姓诚服，被文天祥誉为"盛德清风，跨映一代"。

崔与之，字正子，广州人。父世明，试有司连黜，每曰"不为宰相则为良医"，遂究心岐、黄之书[1]，贫者疗之不受直。与之少卓荦有奇节，不远数千里游太学。绍熙四年举进士，广之士繇太学取科第自与之始。

授浔州司法参军。常平仓久弗葺，虑雨坏米，撤居廨瓦覆之[2]。郡守欲移兑常平之积，坚不可，守敬服，更荐之。调淮西提刑司检法官。民有窘于豪民逋负[3]，殴死其子诬之者，其长欲流之，与之曰："小民计出仓猝，忍使一家转徙乎？况故杀子孙，罪止徒。"卒从之。知建昌之新城，岁适大歉，有强发民廪者，执其首，折手足以徇，盗为止，劝分有法，贫富安之。开禧用兵，军旅所需，天下骚然[4]，与之独买以系省钱。吏告月解不登，曰："宁罢去。"和籴令下，与之独以时贾籴，令民自概。通判邕州，守武人，苛刻，衣赐不时给，诸卒大哄。漕司檄与之摄守，叛者帖然，乃密访其首事一人斩之，阖郡以宁。擢发遣宾州军事，郡政清简。

寻特授广西提点刑狱,遍历所部,至浮海巡朱崖,秋毫无扰州县,而停车裁决,奖廉劾贪,风采凛然。朱崖地产苦蕒[5],民或取叶以代茗,州郡征之,岁五百缗[6]。琼人以吉贝织为衣衾,工作皆妇人,役之有至期年者,弃稚违老,民尤苦之。与之皆为榜免。其他利病,罢行甚众。琼之人次其事为《海上澄清录》。岭海去天万里,用刑惨酷,贪吏厉民,乃疏为十事,申论而痛惩之。高惟肖尝刻之,号《岭海便民榜》。广右僻县多右选摄事者,类多贪黩,与之请援广东循、梅诸邑,减举员赏格,以劝选人。熙宁免役之法,独不及海外四州,民破家相望。与之议举行未果,以语颜棫,棫守琼,遂行之。

召为金部员外郎,时郎官多养资望,不省事,与之钜细必亲省决,吏为欺者必杖之,莫不震栗。金南迁于汴,朝议疑其进迫,特授直宝谟阁[7]、权发遣扬州事、主管淮东安抚司公事。宁宗宣引入内[8],亲遣之,奏选守将、集民兵为边防第一事。既至,浚濠广十有二丈,深二丈。西城濠势低,因疏塘水以限戎马。开月河,置钓桥。州城与堡砦城不相属,旧筑夹土城往来,为易以甓。因滁有山林之阻,创五砦[9],结忠义民兵,金人犯淮西,沿边之民得附山自固,金人亦疑设伏,自是不敢深入。

……

理宗即位[10],授充显谟阁直学士、知潭州、湖南安抚使,辞,提举西京嵩山崇福宫。迁焕章阁学士、知隆兴府、江西安抚使,又辞,授徽猷阁学士、提举南京鸿庆宫。端平初,帝既亲政,召为吏部尚书,数以御笔起之,皆力辞。金亡,朝廷议取三京,闻之顿足浩叹。继而授端明殿学士、提举嵩山崇福宫,亦辞,俄授广东经略安抚使兼知广州。

先是,广州摧锋军远戍建康,留四年,也撤戍归,未逾岭,就留戍江西，又四年，转战所向皆捷，而上功幕府，不报，求撤戍，又不报，遂相率倡乱，纵火惠阳郡，长驱至广州城，声言欲得连帅洎幕属甘心焉。与之家居，肩舆登城，叛兵望之，俯伏听命，晓以逆顺祸福，其徒皆释甲，而首谋数人，惧事定独受祸，遂率之遁去，入古端州以自固。至是，与之闻命亟拜，即家治事，属提刑彭铉讨捕，潜移密运，人无知者。俄而新调诸军毕集，贼战败请降，桀黠不悛者戮之，其余分隶诸州。

帝于是注想弥切，拜参知政事，拜右丞相，皆力辞。乃访以政事之孰当罢行，人才之孰当用舍？与之力疾奏："天生人才，自足以供一代之用，惟辨其君子小人而已。忠实而有才者，上也；才虽不高，而忠实有守者，次也。用人之道，无越于此。盖忠实之才，谓之有德而有才者也。若以君子为无才，必欲求有才者用之，意向或差，名实无别，君子、小人消长之势，基于此矣。陛下励精更始，擢用老成，然以正人为迂阔而疑其难以集事，以忠言为矫激而疑其近于好名，任之不专，信之不笃。或谓世数将衰，则人才先已凋谢，如真德秀、洪咨夔、魏了翁，方此柄用，相继而去，天意固不可晓。至于敢谏之臣，忠于为国，言未脱口，斥逐随之，一去而不可复留，人才岂易得，而轻弃如此。陛下悟已往而图方来，昨以直言去位者亟加峻擢，补外者蚤与召还，使天下明知陛下非疏远正人，非厌恶忠言，一转移力耳。陛下收揽大权，悉归独断。谓之独断者，必是非利害，胸中卓然有定见，而后独断以行之。比闻独断以来，朝廷之事体愈轻，宰相进拟多沮格不行，或除命中出，而宰相不与知，立政造命之原，失其要矣。大抵独断当以兼听为先，傥不兼听而断，其势必至于偏听，实为乱阶，威令虽行于上，而权柄潜移于下矣。"

又曰："边臣主和，朝廷虽知，而未尝明有施行。忧边之士，剀切而言[11],一鸣辄斥,得非朝廷亦阴主之乎？假使和而可保,亦当议而行之可也。"又曰："比年以变故层出,盗贼跳梁,雷雹震惊,星辰乖异,皆非细故。京城之灾,七年而两见,岂数万户生灵皆获罪于天者。百姓有过,在予一人,此陛下所当凛凛,惟有求直言可以裨助君德,感格天心。"又曰："戚畹、旧僚[12],凡有丝发夤缘者,孰不乘间伺隙以求其所大欲,近习之臣,朝夕在侧,易于亲昵,而难于防闲。司马光谓'内臣不可令其采访外事,及问以群臣能否',盖干预之门自此始也。若谓其所言出于无心,岂知爱恶之私,因此而入,其于圣德,宁无玷乎？"帝览奏嘉叹,趣召愈力,控辞至十有三疏。

嘉熙三年,乃得致仕,以观文殿大学士提举洞霄宫。自领乡郡,不受廪禄之入,凡奉余皆以均亲党。薨时年八十有二,遗戒不得作佛事。累封至南海郡公,谥清献。

——《宋史·崔与之传》

[1] 岐、黄之书:泛指医学书籍。

[2] 廨(xiè谢):古代官吏办公的地方。

[3] 逋负:拖欠赋税、债务。

[4] 骚然:扰乱,动荡不安。

[5] 蓼(dēng登):一种草本植物。

[6] 缗(mín民):量词,通常一千文为一缗。

[7] 直宝谟阁:南宋官职名,特恩以授鸿儒。

[8] 宁宗:宋宁宗赵扩(1168—1224),宋朝的第十三位皇帝,1194—1224年在位。

[9] 砦:村寨,一般指由营垒发展成的居民点。

[10] 理宗:宋理宗赵昀(1205—1264),南宋第五位皇帝,宋太祖赵匡胤之子赵德昭九世孙,原名赵与莒,1224—1264年在位。

[11] 剀:中肯,切实。

[12] 戚畹:犹戚里,借指外戚、亲戚邻里,或帝王外戚聚居的地方。

耶律楚材辅仁胜杀

〔解题〕题目系选注者所拟。耶律楚材(1190—1244),字晋卿,号玉泉老人,法号湛然居士,契丹族,蒙古帝国时期杰出的政治家、宰相,金国尚书右丞耶律履之子。在其执政期间,耶律楚材以维护国家稳定,拯救百姓为己任,对于贪污腐败、违法乱纪者予以严惩。整肃法规制度,屹立如中流砥柱,堪称治世良臣之楷模。

耶律楚材,字晋卿,辽东丹王突欲八世孙。父履,以学行事金世宗,特见亲任,终尚书右丞。楚材生三岁而孤,母杨氏教之学。及长,博极群书,旁通天文、地理、律历、术数及释老、医卜之说,下笔为文,若宿构者。金制,宰相子例试补省掾。楚材欲试进士科,章宗诏如旧制。问以疑狱数事,时同试者十七人,楚材所对独优,遂辟为掾。后仕为开州同知。

贞祐二年,宣宗迁汴,完颜福兴行尚书事,留守燕,辟为左右司员外郎。太祖定燕[1],闻其名,召见之。楚材身长八尺,美髯宏声。帝伟之,曰:"辽、金世仇,朕为汝雪之。"对曰:"臣父祖尝委质事之,既为之臣,敢仇君耶!"帝重其言,处之左右,遂呼楚材曰吾图撒合里而不名,吾图撒合里,盖国语长髯人也。

……

己丑秋,太宗将即位[2],宗亲咸会,议犹未决。时睿宗为太宗亲弟[3],故楚材言于睿宗曰:"此宗社大计,宜早定。"睿宗曰："事犹未集,别择日可乎?"楚材曰:"过是无吉日矣。"遂定策,立仪制,乃告亲王察合台曰："王虽兄,位则臣也,礼当拜。王拜,则莫敢不拜。"王深然之。及即位,王率皇族及臣僚拜帐下。既退,王抚楚材曰:"真社稷臣也。"国朝尊属有拜礼自此始。时朝集后期应死者众,楚材奏曰:"陛下新即位,宜宥之。"太宗从之。

中原甫定,民多误触禁网,而国法无赦令。楚材议请肆宥,众以为迂,楚材独从容为帝言。诏自庚寅正月朔日前事勿治。且条便宜一十八事颁天下,其略言:"郡宜置长吏牧民,设万户总军,使势均力敌,以遏骄横。中原之地,财用所出,宜存恤其民,州县非奉上命,敢擅行科差者罪之。贸易借贷官物者罪之。蒙古、回鹘、河西诸人,种地不纳税者死。监主自盗官物者死。应犯死罪者,具由申奏待报,然后行刑。贡献礼物,为害非轻,深宜禁断。"帝悉从之,唯贡献一事不允,曰:"彼自愿馈献者,宜听之。"楚材曰:"蠹害之端,必由于此。"帝曰:"凡卿所奏,无不从者,卿不能从朕一事耶?"

太祖之世,岁有事西域,未暇经理中原,官吏多聚敛自私,赀至巨万,而官无储偫[4]。近臣别迭等言:"汉人无补于国,可悉空其人以为牧地。"楚材曰:"陛下将南伐,军需宜有所资,诚均定中原地税、商税、盐、酒、铁冶、山泽之利,岁可得银五十万两、帛八万匹、粟四十余万石,足以供给,何谓无补哉?"帝曰:"卿试为朕行之。"乃奏立燕京等十路征收课税使,凡长贰悉用士人[5],如陈时可、赵昉等,皆宽厚长者,极天下之选,参佐皆用省部旧人。辛卯秋,帝至云中,十路咸进廪籍及金帛陈于廷中,帝笑谓楚材曰:"汝不去朕左右,而能使国用充足,南国之臣,复有如卿者乎?"对曰:"在彼者皆贤于臣,臣不才,故留燕,为陛下用。"帝嘉其谦,赐之酒。即日拜中书令,事无巨细,皆先白之。

……

有二道士争长,互立党与,其一诬其仇之党二人为逃军,结中贵及通事杨惟忠,执而虐杀之。楚材按收惟忠。中贵复诉楚材违制,帝怒,系楚材;既而自悔,命释之。楚材不肯解缚,进曰:"臣备位公辅,国政所属。陛下初令系臣,以有罪也,当明示百官,罪在不赦。今释臣,是无罪也,岂宜轻易反覆,如戏小儿?国有大事,何以行焉!"众皆失色。帝曰:"朕虽为帝,宁无过举耶?"乃温言以慰之。楚材因陈时务十策,曰:信赏罚,正名分,给俸禄,官功臣,考殿最,均科差,选工匠,务农桑,定土贡,制漕运。皆切于时务,悉施行之。

太原路转运使吕振、副使刘子振,以赃抵罪。帝责楚材曰:"卿言孔子之教可行,儒者为好人,何故乃有此辈?"对曰:"君父教臣子,亦不欲令陷不义。三纲五常,圣人之名教,有国家者莫不由之,如天之有日月也。岂得缘一夫之失,使万世常行之道独见废于我朝乎!"帝意乃解。

富人刘忽笃马、涉猎发丁、刘廷玉等以银一百四十万两扑买天下课税[6],楚材曰:"此贪利之徒,罔上虐下,为害甚大。"奏罢之。常曰:"兴一利不如除一害,生一事不如省一事。任尚以班超之言为平平耳[7],千古之下,自有定论。后之负谴者,方知吾言之不妄也。"帝素嗜酒,日与大臣酣饮,楚材屡谏,不听,乃持酒槽铁口进曰:"曲蘖能腐物[8],铁尚如此,况五脏乎!"帝悟,语近臣曰:"汝曹爱君忧国之心,岂有如吾图撒合里者耶?"赏以金帛,敕近臣日进酒三钟而止。

自庚寅定课税格,至甲午平河南,岁有增羡,至戊戌,课银增至一百一十万两。译史安天合者,谄事镇海,首引奥都剌合蛮扑买课税,又增至二百二十万两。楚材极力辨谏,至声色俱厉,言与涕俱。帝曰:"尔欲搏斗耶?"又曰:"尔欲为百姓哭耶?姑令试行之。"楚材力不能止,乃叹息曰:"民之困穷,将自此始矣!"

……

楚材当国日久,得禄分其亲族,未尝私以官。行省刘敏从容言之,楚材曰:"睦亲之义,但当资以金帛。若使从政而违法,吾不能徇私恩也。"

……

癸卯五月,荧惑犯房,楚材奏曰:"当有惊扰,然讫无事。"居无何,朝廷用兵,事起仓卒,后遂令授甲选腹心[9],至欲西迁以避之。楚材进曰:"朝廷天下根本,根本一摇,天下将乱。臣观天道,必无患也。"后数日乃定。后以御宝空纸付奥都剌合蛮,使自书填行之。楚材曰:"天下者先帝之天下。朝廷自有宪章,今欲紊之,臣不敢奉诏。"事遂止。又有旨:"凡奥都剌合蛮所建白,令史不为书者,断其手。"楚材曰:"国之典故,先帝悉委老臣,令史何与焉?事若合理,自当奉行,如不可行,死且不避,况截手乎!"后不悦。楚材辨论不已,因大声曰:"老臣事太祖、太宗三十余年,无负于国,皇后亦岂能无罪杀臣也!"后虽憾之,亦以先朝旧勋,深敬惮焉。

甲辰夏五月,薨于位,年五十五。皇后哀悼,赙赠甚厚。后有谮楚材者,言其在相位日久,天下贡赋,半入其家。后命近臣麻里扎覆视之,唯琴阮十余[10],及古今书画、金石、遗文数千卷。至顺元年,赠经国议制寅亮佐运功臣、太师、上柱国,追封广宁王,谥文正。子铉、铸。

——《元史·耶律楚材传》

[1] 太祖:孛儿只斤·铁木真(1162—1227),蒙古帝国的奠基人,尊号

成吉思汗,1206—1227 年在位。1265 年十月,元世祖忽必烈追尊成吉思汗庙号为太祖。

〔2〕太宗:孛儿只斤·窝阔台(1186—1241),蒙古帝国大汗,史称"窝阔台汗"。元太祖成吉思汗的第三子。1229—1241 年在位,庙号太宗。

〔3〕睿宗:孛儿只斤·拖雷(1193—1232),成吉思汗第四子。成吉思汗去世后,拖雷监国,直至 1229 年窝阔台即位。1232 年率军击败金军,在回军途中病逝。其长子孛儿只斤·蒙哥即位后追上尊号,谥"英武皇帝",庙号"睿宗"。

〔4〕偫(zhì 至):储备。

〔5〕长贰:长官的副手。

〔6〕扑买:投标夺买,是宋元时期政府向商人、民户出卖某种征税权或其他权力的制度。

〔7〕"任尚"句:指班超秉持"宽小过,总大纲"的原则治理西域,政绩卓著。其后任者反其道而治,造成了西域诸境的反叛。

〔8〕曲糵(niè 聂):指酒或者酒曲。

〔9〕后:指乃马真后(?—1246),名脱列哥那,乃买真氏,是窝阔台的皇妃,在窝阔台去世以后摄政长达 5 年。

〔10〕琴阮:即阮琴,相传为阮咸所制,形似月琴。后世泛指弦乐器。

杨惟中一相负任天下

〔解题〕题目系选注者所拟。杨惟中(1205—1259),字彦诚,元代政治家。西宁路弘州(今张家口阳原)人。杨惟中身居高位,刚正严明,虽"本非好杀",对待贪赃枉法,危害百姓的恶徒,却依然能够以铁腕厉行法纪,以儆效尤,治绩显著,天下无不畏其勇而怀其仁。

杨惟中,字彦诚,弘州人。金末,以孤童子事太宗,知读书,有胆略,太宗器之。年二十,奉命使西域三十余国,宣畅国威,敷布政条,俾皆籍户口属吏,乃归,帝于是有大用意。

皇子阔出伐宋,命惟中于军前行中书省事。克宋枣阳、光化等军,光、随、郢、复等州,及襄阳、德安府,凡得名士数十人,收伊、洛诸书送燕都,立宋大儒周惇颐祠[1],建太极书院,延儒士赵复、王粹等讲授其间,遂通圣贤学,慨然欲以道济天下。拜中书令,太宗崩,太后称制,惟中以一相负任天下。

定宗即位[2],平阳道断事官斜彻横恣不法[3],诏惟中宣慰,惟中按诛之。金亡,其将武仙溃于邓州,余党散入太原、真定间,据大明川,用金开兴年号,众至数万,剽掠数千里,诏会诸道兵讨之,不克。惟中仗节开谕,降其渠帅,余党悉平。

宪宗即位[4],世祖以太弟镇金莲川[5],得开府专封拜。乃立河南道经略司于汴梁,奏惟中等为使,俾屯田唐、邓、申、裕、嵩、汝、蔡、息、亳、颍诸州。初,灭金时,以监河桥万户刘福为河南道总管,福贪鄙残酷,虐害遗民二十余年。惟中至,召福听约束,福称疾不至,惟中设大梃于坐[6],复召之,使谓福曰:"汝不奉命,吾以军法从事。"福不得已,以数千人拥卫见惟中,惟中即握大梃击仆之。数日福死,河南大治。迁陕右四川宣抚使。时诸军帅横侈病民,郭千户者尤甚,杀人之夫而夺其妻,惟中戮之以徇[7],关中肃然。语人曰:"吾非好杀,国家纲纪不立,致此辈贼害良民,无所控告,虽欲不去,可乎!"

岁己未,世祖总统东师,奏惟中为江淮京湖南北路宣抚使,俾建行台,以先启行,宣布恩信,蒙古、汉军诸帅并听节制。师还,卒于蔡州,年五十五。中统二年,追谥曰忠肃公。

——《元史·杨惟中传》

[1] 周敦颐(1017—1073):又名周元皓,原名周敦实,字茂叔,谥号元公,号濂溪先生,北宋文学家、哲学家,是宋明理学的开创者。

[2] 定宗:孛儿只斤·贵由,窝阔台长子,体弱多病,在位不满两年,后元世祖忽必烈追谥为定宗。

[3] 断事官:官职名。元初,中书省与枢密院皆有断事官掌刑政狱讼,无定员,中书、尚书二省分立时,断事官随省并置。

[4] 宪宗:孛儿只斤·蒙哥(1209—1259),拖雷的长子,忽必烈之兄,贵由死后即位为蒙古大汗,后元世祖忽必烈追谥为宪宗。

[5] 世祖:孛儿只斤·忽必烈(1215—1294),成吉思汗第四子托雷第四子,元朝的开国皇帝。1260年,忽必烈即蒙古汗位,1271年,建国号大元,定都大都(今北京)。

[6] 梃(tǐng 挺):棍棒。

[7] 徇:对众宣示。

曹伯启奉身清约

〔解题〕题目系选注者所拟。曹伯启(1255—1333),字士开。济宁砀山(今安徽砀山)人。曹伯启为官耿介清廉,对待贪腐,毫不姑息;对待百姓,则宽厚仁爱。敢于谏诤,即使面对上司威压,依然能够依律行事,遵守法律的公平与正义;并参与修订《大元通制》,提出对五刑进行修改。史称其人秉性庄肃,奉身清约。

曹伯启,字士开,济宁砀山人。弱冠,从东平李谦游,笃于问学。至元中,历仕为兰溪主簿,尉获盗三十,械徇诸市,伯启以无左验,未之信;俄得真盗,尉以是黜。累迁常州路推官,豪民黄甲,恃财杀人,赂佃客诬伏,伯启谳得其情[1],遂坐甲杀人罪。迁河南省都事、台州路治中,御史潘昂霄、廉访使王俣交荐,擢拜西台御史,改都事。关陕自许衡倡道学[2],教多士,伯启请建祠立学,以表其绩,朝议是之。泾阳民诬其尹不法,伯启核实,抵民罪。四川廉访佥事阔阔木以苛刻闻,伯启纠黜之。

延祐元年,升内台都事,迁刑部侍郎。丞相铁木迭儿专政,一日,召刑曹官属问曰:"西僧讼某之罪,何为久弗治?"众莫敢对,伯启从容言曰:"犯在赦前。"丞相虽甚怒,莫之夺也。宛平尹盗官钱,铁木迭儿欲并诛守者,伯启执不可,杖遣之。八番帅擅杀,起边衅,朝廷已用帅代之矣,命伯启往诘其事。

次沅州,道梗,伯启恐兵往则彼惊,将致乱,乃遣令史杨鹏单骑往喻新帅,备得其情,止奏坐前帅擅兴罪,边民以安。大同宣慰使法忽鲁丁,扑运岭北粮,岁数万石,肆为欺罔,累赃巨万,朝廷遣使督征,前后受赂,皆反为之游言,最后伯启往,其人已死,喻其子弟曰:"负官钱,虽死必征。与其纳赂于人,曷若偿之于官。第条汝父所赂之数[3],官为征之。"诸受赂者皆惧,而潜归赂于其子,为钞五百余万缗,民之逋负而无可理者[4],即列上与免之。出为真定路总管,治尚宽简,民甚安之。

延祐五年,迁司农丞,奉旨至江浙议盐法,罢检校官,置六仓于浙东、西,设运盐官,输运有期,出纳有次,船户、仓吏盗卖漏失者有罚。归报,著为令。寻拜南台治书侍御史,因言:"扬清激浊,属在台宪,诸被枉赴诉者,实则直之,妄则加论可也。今讼冤一切不问,岂风纪定制乎?"俄去位。

英宗立,召拜山北廉访使,时敕建西山佛宇甚亟,御史观音保等以岁饥请缓之,近臣激怒上听,遂诛言者。伯启曰:"主上聪明睿断,是不可以不净。"乃劾台臣缄默,使昭代有杀谏臣之名[5],帝为之悚听。俄拜集贤学士、御史台侍御史。有诏同刊定《大元通制》[6],伯启言:"五刑者,刑异五等,今黥杖徒役于千里之外,百无一生还者,是一人身备五刑,非五刑各底于人也。法当改易。"丞相是之,会伯启除浙西廉访使,不果行。

泰定初,引年北归,优游乡社,硕人贤之,表所居为曹公里。伯启性庄肃,奉身清约,在中台,所奖借名士尤多;为侍读学士,考试国子,首取吕思诚、姚绂。云南佥事范震言宰臣欺上罔下,不报,范饮恨死,伯启具其事,书于太史。真州知州吕世英以刚直获罪,伯启白其枉,进擢风宪。其好彰善率类此。

天历中,起伯启为淮东廉访使、陕西诸道行御史台中丞,使驿敦遣,伯启喟然曰:"吾年且八十,尚忘知止之戒乎!"终不起,一时被命者,因相继去位,天下之士高之。至顺三年,长子震亨卒于毗陵,伯启往拊之;明年二月,卒于毗陵,年七十九。有诗文十卷,号《汉泉漫稿》,《续集》三卷,行世。子六人,孙十人,皆显仕。

——《元史·曹伯启传》

［1］谳(yàn厌):审判定罪。
［2］许衡(1209—1281):字仲平,号鲁斋。怀庆路河内(今河南焦作)人。元初著名理学家、教育家。
［3］第条:逐条说明。
［4］逋负:拖欠债务、税款。
［5］昭代:政治清明的时代,常用来颂扬本朝。
［6］《大元通制》:1323年,元英宗颁布的元朝正式法典。

"冰壶玉尺"黄溍

〔解题〕 题目系选注者所拟。黄溍（1277—1357），字晋卿，一字文潜，婺州路义乌（今浙江义乌）人，元代著名史官、文学家、书法家、画家。被尊为元代的"儒林四杰"。黄溍其人清风高节，如冰壶玉尺，纤尘不染。且秉性刚直，对于贪赃枉法之徒毫不姑息，他严于执法，疾恶如仇的个性与其文辞学识一并为世所称颂，足以光耀后世。

黄溍，字晋卿，婺州义乌人。母童氏，梦大星坠于怀，乃有娠，历二十四月始生溍。溍生而俊异，比成童，授以书诗，不一月成诵。迨长，以文名于四方。

中延祐二年进士第，授台州宁海丞。县地濒盐场，亭户恃其不统于有司[1]，肆毒害民；编户隶漕司及财赋府者，亦谓各有所凭，横暴尤甚。溍皆痛绳以法，吏以利害白，弗顾也。民有后母与僧通而酖杀其父者，反诬民所为，狱将成，溍变衣冠阴察之，具知其奸伪，卒直其冤。恶少年名在盗籍者，而谋为劫夺，未行，邑大姓执之，图中赏格。初无获财左验，事久不决，溍为之疏剔，以其狱上，论之如本条，免死者十余人。

迁两浙都转运盐使司石堰西场监运，改诸暨州判官。巡海官舸，例以三载一新，费出于官，而责足于民[2]。有余，则总其事者私焉。溍撙节浮蠹[3]，以余钱还民，欢呼而去。奸民以伪钞钩结党与，胁攘人财，官若吏听其谋，挟往新昌、天台、宁海、东阳诸县,株连所及数百家,民受祸至惨。郡府下溍鞫治,溍一问,皆引伏,官吏除名,同谋者各杖遣之。有盗系于钱唐县狱,游民赂狱吏私纵之,假署文牒,发其来为向导,逮捕二十余家。溍访得其情,以正盗宜傅重议,持伪文书来者又非州民,俱械还钱唐,诬者自明。

……

溍天资介特,在州县唯以清白为治,月俸弗给,每鬻产以佐其费。及升朝行,挺立无所附,足不登巨公势人之门,君子称其清风高节,如冰壶玉尺,纤尘弗污。然刚中少容,触物或弦急霆震,若未易涯涘,一旋踵间,煦如阳春。溍之学,博极天下之书,而约之于至精,剖析经史疑难,及古今因革制度名物之属,旁引曲证,多先儒所未发。文辞布置谨严,援据精切,俯仰雍容,不大声色,譬之澄湖不波,一碧万顷,鱼鳖蛟龙,潜伏不动,而渊然之光,自不可犯。所著书,有《日损斋稿》三十三卷、《义乌志》七卷、《笔记》一卷。

——《元史·黄溍传》

[1]亭户:古代盐户的一种,转制官盐。因煮盐的所在称亭场,故名亭户。

[2]责足于民:指不足的费用由百姓补足。

[3]撙节:抑制,节制。浮蠹:靡费,空耗。

宋本高抗不屈

〔解题〕 题目系选注者所拟。宋本(1281—1334),字诚夫,大都(今北京)人。善为古文辞,峻洁刻厉。由朱甲妻女案、李牢山子渎职案可以窥见宋本公正严明,廉洁奉公的高洁品性,史称其高抗不屈,持论坚正,制行纯白,不可干以私,诚然可佩。

宋本,字诚夫,大都人。自幼颖拔异群儿,既成童,聚经史穷日夜读之,句探字索,必通贯乃已。尝从父祯官江陵,江陵王奎文,明性命义理之学,本往质所得,造诣日深。善为古文,辞必己出,峻洁刻厉,多微辞。年四十,始还燕。

至治元年,策天下士于廷,本为第一人,赐进士及第,授翰林修撰。泰定元年春,除监察御史,首言:"逆贼铁失等虽伏诛,其党枢密副使阿散,身亲弑逆,以告变得不死,窜岭南,乞早正天讨。"国制,范黄金为太庙神主,仁宗室盗竟窃去,本言:"在法,民间失盗,捕之违期不获犹治罪,太常失典守,及在京应捕官,皆当罢去。"又言:"中书宰执,日趋禁中,固宠苟安,兼旬不至中堂,壅滞机务,乞戒饬臣僚,自非入宿卫日,必诣所署治事。"皆不报。

逾月,调国子监丞。夏,风烈地震,有旨集百官杂议弭灾之道。时宿卫士自北方来者,复遣归,乃百十为群,剽劫杀人桓州道中。既逮捕,旭灭杰奏释之。蒙古千户使京师,宿邸中,适民间朱甲妻女车过邸门,千户悦之,并从者夺以入,朱泣诉于中书,旭灭杰庇不问。本适与议,本复抗言:"铁失余党未诛,仁庙神主盗未得,桓州盗未治,朱甲冤未伸,刑政失度,民愤天怨,灾异之见,职此之由。"辞气激奋,众皆耸听。冬,移兵部员外郎。二年,转中书左司都事。会议招抚溪洞民,故将李牢山之子尝假兵部尚书,从诸王帅兵征郁林州猺民,李在道纳妾,留不进,兵败归,枢密副使王卜邻吉台言:"李平猺有功,当迁官。"本言:"李弃军娶妾,逗挠军期,宜亟置诸法,况可官邪!"王色沮,乃不敢言。

旭灭杰死,左丞相倒剌沙当国得君,与平章政事乌伯都剌,皆西域人,西域富贾以其国异石名曰瓓者来献,其估巨万,或未酬其直;诸尝有过,为司宪褫官[1],或有出其门下者。三年冬,乌伯都剌自禁中出,至政事堂,集宰执僚佐,命左司员外郎胡彝以诏稿示本,乃以星孛地震赦天下[2],仍命中书酬累朝所献诸物之直,擢用自英庙至今为宪台夺官者。本读竟,白曰:"今警灾异,而畏献物未酬直者愤怨,此有司细故,形诸王言,必贻笑天下。司宪褫有罪者官,世祖成宪也,今上即位,累诏法世祖,今擢用之,是废成宪而反汗前诏也,后复有邪佞赃秽者,将治之邪?置不问邪?"宰执闻本言,相视叹息罢去。明日,宣诏竟,本遂称疾不出。

……

本性高抗不屈,持论坚正,制行纯白,不可干以私,而笃朋友之义,坚若金铁,人有片善,称道不少置,尤以植立斯文自任。知贡举,取进士满百人额;为读卷官,增第一甲为三人。父官南中,贫,卖宅以去。居官清慎自持,饘粥至不给[3]。本未弱冠,聚徒以养亲,殆二十年,历仕通显,犹僦屋以居[4]。及卒,非赙赠几不能给棺敛[5],执绋者近二千人,皆缙绅大夫、门生故吏及国子诸生,未尝有一杂宾,时人荣之。本所著有《至治集》四十卷,行于世。谥正献。

——《元史·宋本传》

[1] 褫(chǐ 耻):革除。
[2] 星孛(bèi 贝):彗星。
[3] 饘(zhān 詹):稠粥。
[4] 僦(jiù 就):租赁。
[5] 赙(fù 付):拿钱帮助别人办丧事。

"冷面寒铁"周新

〔**解题**〕题目系选注者所拟。周新（？—1413），明代广东南海（今佛山市南海区）人，初名志新，字日新。周新是明朝一位带有传奇色彩的名臣，他以决疑断狱闻名于世，能于疑难案件中抽丝剥茧，明察秋毫；而对于贪赃枉法之徒则绝不姑息，刚正耿直，宁折不弯。身受不白之冤之时，即使面对君主的权威，宁肯杀身成仁，所谓生为直臣，死当做直鬼，最终用生命践行了自己毕生的操守与信念。

周新，南海人。初名志新，字日新。成祖常独呼"新"[1]，遂为名，因以志新字。洪武中以诸生贡入太学。授大理寺评事，以善决狱称。

成祖即位，改监察御史。敢言，多所弹劾。贵戚震惧，目为"冷面寒铁"。京师中至以其名怖小儿，辄皆奔匿。巡按福建，奏请都司卫所不得凌府州县，府卫官相见均礼，武人为之戢。改按北京。时令吏民罪徒流者耕北京闲田，监禁详拟，往复待报，多瘐死[2]。新请从北京行部或巡按详允就遣，以免淹滞。从之。且命畿内罪人应决者许收赎。帝知新，所奏无不允。

还朝，即擢云南按察使。未赴，改浙江。冤民系久，闻新至，喜曰："我得生矣。"至果雪之。初，新入境，群蚋迎马头[3]，迹得死人榛中，身系小木印。新验印，知死者故布商。密令广市布,视印文合者捕鞫之,尽获诸盗。一日,视事,旋风吹叶坠案前,叶异他树。询左右,独一僧寺有之。寺去城远,新意僧杀人。发树,果见妇人尸。鞫实,磔僧[4]。一商暮归,恐遇劫,藏金丛祠石下,归以语其妻。旦往求金不得,诉于新。新召商妻讯之,果商妻有所私。商骤归,所私尚匿妻所,闻商语,夜取之。妻与所私皆论死。其他发奸擿伏,皆此类也。

新微服行部,忤县令。令欲拷治之,闻廉使且至,系之狱。新从狱中询诸囚,得令贪污状。告狱吏曰:"我按察使也。"令惊谢罪,劾罢之。永乐十年,浙西大水,通政赵居任匿不以闻,新奏之。夏原吉为居任解。帝命覆视,得蠲振如新言[5]。嘉兴贼倪弘三劫旁郡,党数千人,累败官军。新督兵捕之,列木栅诸港汊。贼陆走,追蹑之桃源,絷以献。当是时,周廉使名闻天下。

锦衣卫指挥纪纲使千户缉事浙江,攫贿作威福。新欲按治之,遁去。顷之,新赍文册入京[6],遇千户涿州,捕系州狱。脱走诉于纲,纲诬奏新罪。帝怒,命逮新。旗校皆锦衣私人,在道榜掠无完肤。既至,伏陛前抗声曰:"陛下诏按察司行事,与都察院同。臣奉诏擒奸恶,奈何罪臣?"帝愈怒,命戮之。临刑大呼曰:"生为直臣,死当作直鬼!"竟杀之。

他日,帝悔,问侍臣曰:"周新何许人?"对曰:"南海。"帝叹曰:"岭外乃有此人,枉杀之矣!"后帝若见人绯衣立日中,曰"臣周新已为神,为陛下治奸贪吏"云。后纪纲以罪诛,事益白。

妻有节操。新未遇时,缝纫自给。及贵,偶赴同官妻内宴,荆布如田家妇。诸妇惭,尽易其衣饰。新死无子。妻归,贫甚。广东巡抚杨信民曰:"周志新当代第一人,可使其夫人终日馁耶？"时时赒给之[7]。妻死，浙人仕广东者皆会葬。

——《明史·周新传》

[1] 成祖：明成祖朱棣(1360—1424)，明太祖第四子，大明第三位皇帝，1402—1424年在位。

[2] 瘐(yǔ宇)：囚犯在狱中因饥寒致病。

[3] 蚋(ruì锐)：一种吸血的昆虫，黑色，体长2—5毫米，幼虫居于水中。

[4] 磔(zhé哲)：凌迟之刑。

[5] 蠲(juān捐)振：同"蠲赈"，免除租税，救急灾民。

[6] 赍(jī基)：拿东西给人。

[7] 赒(zhōu周)：周济，救济。

林俊持正不避嫌

〔**解题**〕题目系选注者所拟。林俊（1452—1527），字待用，号见素、云庄，莆田人。成化十四年（1478）进士，历任云南按察副使，南京右佥都御史兼督操江，湖广、四川巡抚，工部尚书，刑部尚书等职，嘉靖元年（1522）加太子太保。隆庆元年（1567），追赠为少保，谥贞肃。林俊为人刚直敢谏，廉正忠诚，疾恶如仇，爱才如渴，以礼进退，即使面对皇权威压，朝臣倾轧，历事四朝，始终一节。

林俊，字待用，莆田人。成化十四年进士。除刑部主事，进员外郎。性侃直[1]，不随俗浮湛。事涉权贵，尚书林聪辄属俊治之。上疏请斩妖僧继晓并罪中贵梁芳，帝大怒[2]，下诏狱考讯。后府经历张黻救之[3]，并下狱。太监怀恩力救，俊得谪姚州判官，黻师宗知州。时言路久塞，两人直声震都下，为之语曰："御史在刑曹，黄门出后府。"寻以正月朔星变，帝感悟，复俊官，改南京。

弘治元年用荐擢云南副使。鹤庆玄化寺称有活佛，岁时集士女万人，争以金涂其面。俊命焚之，得金悉以偿民逋[4]。又毁淫祠三百六十区，皆撤其材修学宫。干崖土舍刀怕愈欲夺从子宣抚官[5]，劫其印数年。俊檄谕之，遂归印。进按察使。五年调湖广。以雨雪灾异上疏陈时政得失。又言德安、安陆建王府及增修吉府，工役浩繁，财费巨万，民不堪命。乞循宁、襄、德府故事,一切省俭,勿用琉璃及白石雕阑,请著为例。不从。九年引疾,不待报径归。

……

俊在军,与总督洪钟议多左。中贵子弟欲冒从军功,辄禁止。御史俞缁走避贼,而佥事吴景战殁。缁惭,欲委罪俊,遂劾俊累报首功,贼终不灭;加凿井毁寺,逐僧徒,迫为贼。于是俊前后被切责。比方四败,贼且尽,俊辞加秩及赏,乞以旧职归田。诏不许辞秩,听其致仕。言官交请留,不报。俊归,士民号哭追送。时正德六年十一月也。

世宗即位[6],起工部尚书,改刑部。在道数引疾,不许。因请帝亲近儒臣,正其心以出号令,用浑朴为天下先。初诏所革,无迁就以废公议。既抵京师,会暑月经筵辍讲,举祖宗勤学故事以谏。俊时年已七十,寓止朝房,示无久居意。数为帝言亲大臣,勤圣学,辨异端,节财用。朝有大政,必侃侃陈论,中外想望其风采。

中官葛景等奸利事觉,为言官所纠,诏下司礼监察讯。俊言内臣犯法,法司不得讯,是宫府异体也。乞下法司公讯,以诏平明之治。都督刘晖下狱,俊当以交结朋党律,言与许泰同罪,请斩以谢天下。廖鹏、廖铠、齐佐、王瓛论死,屡诏缓刑,俊乞亟行诛。又劾谷大用占民田万余顷。皆不听。中官崔文家人李阳凤索匠师宋钰贿不获,嗾文杖之几死[7],下刑部治未决,而中旨移镇抚司。俊留不遣,力争不纳。明日又奏,帝怒责陈状。俊言:"祖宗以刑狱付法司,以缉获奸盗付镇抚。讯鞫既得,犹必付法司拟罪。未有夺取未定之囚,反付推问者。文先朝漏奸,罪不容诛,兹复干内降。臣不忍朝廷百五十年纪纲,为此辈坏乱。"帝惮其言直,乃不问。

俊以耆德起田间,持正不避嫌,既屡见格,遂乞致仕。诏加太子太保,给驿赐隶廪如制[8]。

俊数争"大礼",与杨廷和合。尝上言推尊所生有不容已之情,有不可易之礼,因辑尧、舜至宋理宗事凡十条,以上。及"大礼"议定,得罪者或杖死。四年秋,俊从病中上书言:"古者鞭扑之刑,辱之而已,非欲糜烂其体肤而致之死也,又非所以加于士大夫也。成化时,臣及见廷杖二三臣,率容厚棉底衣,重毡叠裹,然且沉卧,久乃得痊。正德朝,逆瑾窃权,始令去衣,致末年多杖死。臣又见成化、弘治时,惟叛逆、妖言、劫盗下诏狱,始命打问。他犯但言送问而已。今一概打问,亦非故事。自去岁旧臣斥逐殆尽,朝署为空。乞圣明留念,既去者礼致,未去者慰留。硕德重望如罗钦顺、王守仁、吕柟、鲁铎辈,宜列置左右。臣衰病待尽,无复他望,敢效古人遗表之意,敬布犬马之心。"帝但下所司而已。又明年,疾革,复上书请懋学隆孝,任贤纳谏,保躬导和,且预辞身后恤典,遂卒。年七十六。

——《明史·林俊传》

[1] 侃:刚直。

[2] 帝:明宪宗朱见深(1447—1487),初名朱见濡,明朝第八位皇帝,明英宗朱祁镇长子,1464—1487年在位。

[3] 后府:指后军都督府,明代五军都督府之一。经历:官职名,执掌出纳文书。

[4] 逋:指所欠赋税债务。

[5] 干崖:干崖宣抚司,治所在今云南盈江。土舍:土司的属官,一般是土司的直系亲属,官位亦世袭。从子:侄子。

[6] 世宗:明世宗朱厚熜(1507—1567),明宪宗之孙,明朝第十一位皇帝,1521—1566年在位,年号嘉靖。

[7] 嗾(sǒu叟):教唆,指使。

[8] 隶廪:仆人和粮食。

青 天 海 瑞

〔解题〕 题目系选注者所拟。海瑞(1514—1587),字汝贤,号刚峰,海南琼山(今属海口市)人。是明代杰出的政治家,历史上有名的清官,以刚直不阿、执法如山、力除腐败、整饬纲纪而闻名。其任职时,禁绝反腐,澄清吏治,面对违法违纪的恶势力,毫无畏惧,疾恶如仇。由其奏疏可以见其对于刑法清明严正的重要性的充分认识。与此同时,他自奉甚俭,甚可称之为清苦。被百姓称为海青天。

海瑞,字汝贤,琼山人[1]。举乡试。入都,即伏阙上《平黎策》,欲开道置县,以靖乡土。识者壮之。署南平教谕。御史诣学宫,属吏咸伏谒,瑞独长揖,曰:"台谒当以属礼,此堂,师长教士地,不当屈。"迁淳安知县。布袍脱粟[2],令老仆艺蔬自给。总督胡宗宪尝语人曰:"昨闻海令为母寿,市肉二斤矣。"宗宪子过淳安,怒驿吏,倒悬之。瑞曰:"曩胡公按部,令所过毋供张。今其行装盛,必非胡公子。"发橐金数千,纳之库,驰告宗宪,宗宪无以罪。都御史鄢懋卿行部过,供具甚薄,抗言邑小不足容车马。懋卿恚甚。然素闻瑞名,为敛威去,而属巡盐御史袁淳论瑞及慈谿知县霍与瑕。与瑕,尚书韬子,亦抗直不诡懋卿者也。时瑞已擢嘉兴通判,坐谪兴国州判官。久之,陆光祖为文选,擢瑞户部主事。

时世宗享国日久,不视朝,深居西苑,专意斋醮。督抚大

吏争上符瑞,礼官辄表贺。廷臣自杨最、杨爵得罪后,无敢言时政者。四十五年二月,瑞独上疏曰:

……

帝得疏,大怒,抵之地,顾左右曰:"趣执之[3],无使得遁!"宦官黄锦在侧曰:"此人素有痴名。闻其上疏时,自知触忤当死,市一棺,诀妻子,待罪于朝,僮仆亦奔散无留者,是不遁也。"帝默然。少顷复取读之,日再三,为感动太息,留中者数月。尝曰:"此人可方比干,第朕非纣耳。"会帝有疾,烦懑不乐,召阁臣徐阶议内禅,因曰:"海瑞言俱是。朕今病久,安能视事。"又曰:"朕不自谨惜,致此疾困。使朕能出御便殿,岂受此人诟詈耶?"遂逮瑞下诏狱,究主使者。寻移刑部,论死。狱上,仍留中。户部司务何以尚者,揣帝无杀瑞意,疏请释之。帝怒,命锦衣卫杖之百,锢诏狱,昼夜榜讯。越二月,帝崩,穆宗立[4],两人并获释。

……

万历初[5],张居正当国,亦不乐瑞,令巡按御史廉察之。御史至山中视,瑞设鸡黍相对食,居舍萧然,御史叹息去。居正惮瑞峭直,中外交荐,卒不召。十二年冬,居正已卒,吏部拟用左通政。帝雅重瑞名,畀以前职[6]。明年正月召为南京右佥都御史,道改南京吏部右侍郎,瑞年已七十二矣。疏言衰老垂死,愿比古人尸谏之义,大略谓:"陛下励精图治,而治化不臻者,贪吏之刑轻也。诸臣莫能言其故,反借待士有礼之说,交口而文其非。夫待士有礼,而民则何辜哉?"因举太祖法剥皮囊草及洪武三十年定律枉法八十贯论绞,谓今当用此惩贪。其他规切时政,语极剀切[7]。独劝帝虐刑,时议以为非。御史梅鹍祚劾之。帝虽以瑞言为过,然察其忠诚,为夺鹍祚俸。

帝屡欲召用瑞,执政阴沮之,乃以为南京右都御史。诸司素偷惰,瑞以身矫之。有御史偶陈戏乐,欲遵太祖法予之杖。百司惴恐,多患苦之。提学御史房寰恐见纠摘,欲先发,给事中钟宇淳复怂恿,寰再上疏丑诋。瑞亦屡疏乞休,慰留不允。十五年,卒官。

——《明史·海瑞传》

［1］琼山:地名,今海南海口市琼山区。
［2］脱粟:糙米。
［3］趣(cù促):赶快,从速。
［4］穆宗:明穆宗朱载垕(hòu后)(1537—1572),明朝第十二位皇帝,1566—1572年在位。
［5］万历:明神宗朱翊钧(1563—1620),明朝第十三位皇帝,明穆宗朱载垕第三子,1572—1620年在位。
［6］畀(bì必):给。
［7］剀切:恳切,切中事理。

陈瑸清介公慎

〔**解题**〕 题目系选注者所拟。陈瑸(1656—1718),字文焕,号眉川,海康(今属广东雷州市)人。陈瑸一生清正耿直,勤谨为公,曾疏议废加耗、惩贪官、禁滥刑、置社仓、崇积谷、崇节俭、兴书院、饬武备等,奉己克俭,清廉卓绝,被康熙帝称誉为苦行老僧[1]。

　　陈瑸,字眉川,广东海康人。康熙三十三年进士,授福建古田知县。古田多山,丁田淆错,赋役轻重不均,民逋逃迁徙,黠者去为盗。瑸请平赋役,民以苏息。调台湾,台湾初隶版图,民骁悍不驯。瑸兴学广教,在县五年,民知礼让。四十二年,行取,授刑部主事,历郎中,出为四川提学道佥事。清介公慎,杜绝苞苴。上以四川官吏加派厉民,诏戒饬,特称瑸廉。未几,用福建巡抚张伯行荐,调台湾厦门道。新学宫建朱子祠於学右,以正学厉俗,镇以廉静,番、民帖然[2]。在官应得公使钱,悉屏不取。

　　五十三年,超擢偏沅巡抚[3]。莅任,劾湘潭知县王爱溱纵役累民,长沙知府薛琳声徇庇不纠劾,降黜有差。寻条奏禁加耗,除酷刑,崇积谷,置社仓,崇节俭,禁馈送[4],先起运,兴书院,饬武备,停开采,凡十事。诏嘉勉,谕以躬行实践,勿骛虚名。旋入觐,奏言:"官吏妄取一钱,即与百千万金无异。人所以贪取,皆为用不足。臣初任知县,即不至穷苦,不取一钱,亦自足用。"比退,上目之曰:"此苦行老僧也!"

寻调抚福建,上谕廷臣曰:"朕见瑸,察其举止言论,实为清官。瑸生长海滨,非世家大族,无门生故旧,而天下皆称其清。非有实行,岂能如此?国家得此等人,实为祥瑞。宜加优异,以厉清操。"陛辞,上问:"福建有加耗否?"瑸奏:"台湾三县无之。"上曰:"火耗尽禁,州县无以办公,恐别生弊端。"又曰:"清官诚善,惟以清而不刻为尚。"瑸为治,举大纲,不尚烦苛。修建考亭书院及建阳、尤溪朱子祠,疏请御书榜额,并允之。复疏言:"防海贼与山贼异,山贼啸聚有所,而海贼则出没靡常。台湾、金、厦防海贼,又与沿海边境不同,沿海边境患在突犯内境,而台、厦患在剽掠海中。欲防台、厦海贼,当令提标及台、澎水师定期会哨,以交旗为验。商船出海,令台、厦两汛拨哨船护送。又令商船连环具结,遇贼首尾相救,不救以通同行劫论罪。"下部议,以为繁琐,上韪其言[5],命九卿再议,允行。

是年冬,兼摄闽浙总督。奉命巡海,自赍行粮[6],屏绝供亿[7]。捐谷应交巡抚公费,奏请充饷。上曰:"督抚有以公费请充饷者,朕皆未之允。盖恐准令充饷,即同正项钱粮,不肖者又於此外婪取,重为民累。"令瑸遇本省需款拨用。瑸又请以司库余平赏赉兵役[8],命遵前旨。广东雷州东洋塘堤岸,海潮冲激,侵损民田,瑸奏请修筑,即移所贮公项及俸钱助工费。堤岸自是永固,乡人蒙其利。五十七年,以病乞休,诏慰留之。未几,卒於官。遗疏以所贮公项余银一万三千有奇充西师之费[9]。命以一万佐饷,余给其子为葬具。寻谕大学士曰:"陈瑸居官甚优,操守极清,朕所罕见,恐古人中亦不多得也。"追授礼部尚书,荫一子入监读书,谥清端。

瑸服御俭素,自奉惟草具粗粝。居止皆于厅事,昧爽治事,夜分始休。在福建置学田,增书院学舍,聘主讲,人文日盛。雍正中,入祀贤良祠。乾隆初,赐其孙子良举人;子恭员外郎,官至知府。

——《清史稿·陈瑸传》

[1] 康熙帝:爱新觉罗·玄烨(1654—1722),清朝第四位皇帝,年号康熙,1661—1722年在位,后世称为康熙帝,庙号圣祖。

[2] 帖然:服帖顺服。

[3] 偏沅巡抚:雍正二年改为湖南巡抚。

[4] 餽:同"馈",馈赠。

[5] 韪:赞同。

[6] 赍:携带。

[7] 供亿:供给。

[8] 赏赉:赏赐。

[9] 有奇(jī 机):有零头。

施世纶聪强果决

〔解题〕 题目系选注者所拟。施世纶（1659—1722），字文贤，号浔江，福建晋江县衙口乡（现晋江市龙湖镇衙口村）人，祖籍河南固始。清靖海侯施琅之子，清代名臣，以清廉秉正著称。对于奸徒，以法禁之；对于百姓，施惠及之。既具才干且清廉无私，刚毅果决，民间素有"施青天"之美誉。

施世纶，字文贤，汉军镶黄旗人，琅仲子。康熙二十四年，以荫生授江南泰州知州。世纶廉惠勤民，州大治。二十七年，淮安被水，上遣使督堤工，从者数十辈，驿骚扰民，世纶白其不法者治之。湖北兵变，官兵赴援出州境，世纶具刍粮，而使吏人执梃列而待，兵有扰民，立捕治，兵皆敛手去。二十八年，以承修京口沙船迟误，部议降调。总督傅腊塔疏陈世纶清廉公直，上允留任。擢扬州知府。扬州民好游荡，世纶力禁之，俗为变。三十年八月，海潮骤涨，泰州范公堤圮[1]，世纶请捐修。三十二年，移江宁知府。三十五年，琅卒，总督范成勋疏以世纶舆情爱戴，请在任守制；御史胡德迈疏论，世纶乃得去官，复居母丧。岁余，授苏州知府，仍请终制，辞不赴。三十八年，既终制，授江南淮徐道。

……

四十四年，迁太仆寺卿。四十五年，坐湖南任内失察营兵掠当铺，罢职。三月，授顺天府府尹，疏请禁司坊擅理词讼、奸徒包揽捐纳、牙行霸占货物[2]、流娼歌舞饮宴,饬部议,定为令。四十八年,授左副都御史,兼管府尹事。四十九年,迁户部侍郎,督理钱法。寻调总督仓场。五十四年,授云南巡抚,未行,调漕运总督。世纶察运漕积弊,革羡金,劾贪弁[3],除蠹役,以严明为治。岁督漕船,应限全完,无稍愆误。

时西陲用兵,转输饷运,自河南达陕西。陕西旱饥,五十九年,上命世纶诣陕西佐总督鄂海督军饷,并令道中勘河南府至西安黄河輓运路径[4],并察陕西现存谷石数目陈奏。世纶乃溯河西上,疏言:"河南府孟津县至陕西太阳渡,大小数十余滩,纤道高低不等,或在河南,或在河北。渑池以下,舟下水可载粮三百余石,上水载及其半;渑池以上,河流高迅,仅可数十石。自砥柱至神门无纤道,惟路旁石往往有方眼,又有石鼻,从前輓运,其迹犹存。自陕州至西安府,河水平稳,俱有輓运路径。谨绘图以闻。"又言:"河南府至陕州三门,今乃无舟。请自太阳渡以下改车运,太阳渡至西安府党家马头舟行为便。党家马头入仓复改车运,谷二十万石都银十万三千两有奇。但运谷二十万,止得米十万。请令河南以二谷易一米,则运价可省其半。若虑米难久贮,请照例出陈易新。"奏入,上念陕西灾,发帑金五十万[5],并令酌发常平仓谷;又以地方官吏大半在军前,令选部院司官诣陕西,命世纶总其事。世纶令分十二路察贫民,按口分给,远近皆遍。六十年春,得雨,灾渐澹。上命世纶还理漕事。六十一年四月,以病乞休,温旨慰留,令其子廷祥驰驿省视。五月,卒。遗疏请随父琅葬福建,上允之,诏奖其清慎勤劳,予祭葬。

世纶当官聪强果决,摧抑豪猾,禁戢胥吏[6]。所至有惠政,民号曰"青天"。在江宁以忧归,民乞留者逾万。既不得请,人出一钱建两亭府署前,号一文亭。官府尹,步军统领托合齐方贵幸,出必拥驺从[7]。世纶与相值,拱立道旁俟。托合齐下舆惊问,世纶抗声曰:"国制,诸王始具驺从。吾以为诸王至,拱立以俟,不意为汝也!"将疏劾,托合齐谢之乃已。赈陕西,陕西积储多虚耗,将疏劾。鄂海以廷祥知会宁,语微及之,世纶曰:"吾自入官,身且不顾,何有于子?"卒疏言之。鄂海坐罢去。

——《清史稿·施世纶传》

[1] 圮(pǐ痞):毁。
[2] 牙行:古代抽取佣金促成买卖双方交易的商行。
[3] 弁:清代指基层武官。
[4] 輓:运输。
[5] 帑(tǎng躺)金:国库所藏钱币。
[6] 禁戢(jí集):禁止;杜绝。胥吏:办理文书的小官吏。
[7] 驺从:古时贵族官僚出门时所带骑马的侍从。

关　键　词

三纲八目

语出《大学》。三纲：明明德，亲民，止于至善。八目：格物、致知、诚意、正心、修身、齐家、治国、平天下。三纲八目以修身为本，"格致诚正"是修身的方法，强调通过内省的、慎独式的道德自律，不断完善个人的道德修养，即荀子所谓圣者尽伦。"齐治平"则是修己的向外拓展，是将个人完善的道德修养与境界率先示范于他人，进而建立一种公平合理的和谐大同社会，所体现的是儒家自身关怀与现实关怀的统一，即所谓王者尽制。三纲八目由近及远，由己及人，条理分明，层次清晰，是对儒家所倡导的内圣外王之道的最精当系统的阐发，协调统一了个体价值与社会价值、内在修养与外在事功的关系，体现了儒家理想最核心的内容。

克己复礼

语出《论语》："颜渊问仁。子曰：克己复礼为仁。一日克己复礼，天下归仁焉！为仁由己，而由人乎哉？"克己，东汉郑融曰"约身也"，训克为约。其后范宁训其为责："克，责也。复礼谓责己复礼也。"北宋邢昺训其为胜："谓能胜去嗜欲反复于礼也。"克，当作克制、约束讲；克己，指克制自己不符合礼的欲望，约束自己不符合礼的行止。复礼，孔安国训"复"为反："复，反也，身能反礼，则为仁矣。"礼，学者多有不同看法，有人认为礼就是指周礼，有人认为礼指孔子心目中的礼，还有人认为礼指一般意义上的礼仪规范。实际上,孔子所说礼,即是以周礼为代表的德治文化传统。孔子一向尊崇周礼,曾言:"周监于二代,郁郁乎文哉,吾从周!"在孔子心目中,周礼是蕴含着忠恕、均平、仁惠的内在精神与道德情感在内的完备的社会制度和道德规范,是孔子心目中礼的最高存在。值得注意的是,复礼不是简单机械地恢复践行周礼的外在形式,而是遵循周礼所内蕴的"礼"的丰富内涵与意蕴,从而达到天下为公的文化境界,并最终构建一个和谐的大同社会。简言之,所谓克己复礼,是指克制或约束自己的私欲,通过对礼仪制度的践行使自己的行止符合蕴含了周礼内在精神的礼仪规范。作为儒家伦理思想与政治思想的核心命题之一,克己复礼与儒家所强调的修身具有内在的一致性,强调的是严格的道德自律与责任担当,是儒家修身的重要法门,是帮助我们处理个人与他人、个人与社会等多种关系的重要方法。

法家

先秦诸子百家之一,是提倡以明法、峻法、严刑为核心思想的重要学派。战国时期亦称之为刑名、刑名之学。其思想源头可上溯夏商时期的理官,法家在《汉书·艺文志》列为"九流"之一。代表人物有李悝、商鞅、慎到、申不害、韩非子等。《庄子·天下》说:"公而不党,易而无私……古之道术有在于是者。彭蒙、田骈、慎到闻其风而悦之。"已经将法家诸人相提并论。《荀子·非十二子》亦将田骈、慎到归纳为一类,但是并未冠以法家之名:"尚法而无法,下修而好作……是慎到、田骈也。"《淮南子·要略》列举了《管子》之书、申不害的刑名之书与商鞅之法。直至汉司马谈《论六家要旨》明确提出法家概念,言"法家不别亲疏,不殊贵贱,一断于法……故曰严而少恩。若尊主卑臣,明分职不得相逾越,虽百家弗能改也"。

法家的政治主张,概括言之,包括法、术、势三大方面。在韩非之前商鞅重"法",申不害重"术",慎到重"势",韩非则认为三者缺一不可,提出了法、术、势相结合的系统理论。法,指由君主统一公布施行的法律、法令;术,指君主的统治之术;势,指君主的权势、势力。法家是先秦诸子百家中与法律实践结合最密切的一家,主张"法治",提出并制定推行了一套较为完备的"法治"理论与方法。在法理学方面,从法律的起源、本质、作用到法律同政治、时代风尚、伦理道德的关系等诸多方面均有理论建树,对中国古代法学与法制的发展做出了重要贡献。

法不阿贵

语出《韩非子·有度》:"法不阿贵,绳不挠曲。法之所加,智者弗能辞,勇者弗敢争。刑过不避大臣,赏善不遗匹夫。"韩非子是先秦时期法家的集大成者,师承荀子,但依据《史记·老子韩非子列传》的论述,其思想实际脱胎于黄老道家。韩非子立足于君主本位立场,以君主独尊、君主专制和集权为目标。"法"字(灋)从水从廌,本义为如水之平,基本含义是均平、平等。韩非视法为公器,认为"法"是绝对的权威,应不别亲疏,不分贵贱,一断于法,所以又将"法"强调地称作"公法"。他所提出的法不阿贵,明确地体现了法律以客观正义为目的这一根本属性,同时强调了法律所具有的普遍使用的平等性。这种对于法律性质的探讨与论述,涉及了法的强制性、稳定性等多个方面,奠定了中国传统法律思想的法理基础。

亲亲相容隐

容隐指建立在亲属之间相互信任和依赖基础上的互助关系,国家的法律应该保护亲属之间的亲情,不能强迫亲人之间互相告发和指证。容隐制度最早在先秦的儒家经典中有所表述。《论语·子路》载:叶公语孔子曰:"吾党有直躬者,其父攘羊,而子证之。"孔子曰:"吾党之直者异于是。父为子隐,子为父隐,直在其中矣。"至汉代引儒家经典决狱,汉宣帝地节四年(公元前66年)下诏:"父子之亲,夫妇之道,天性也。虽有患祸,犹蒙死而存之。诚爱结于心,仁厚之至也,岂能违之哉! 自今,子首匿父母、妻匿夫、孙匿大父母,皆勿坐。其父母匿子、夫匿妻、大父母匿孙,罪殊死,皆上请廷尉以闻。"使容隐制度正式入律。到唐代,容隐制度已很详备,《唐律·名例》规定"诸同居,若大功以上亲及外祖父母外孙,若孙之妇,夫之兄弟及兄弟妻,有罪相为隐"。

亲亲相容隐应对的是情与法的对立这一道德两难问题,而这一制度的最终价值取向则体现了对最基本的人性人权的维护,内在所秉持的慎刑原则充分体现了法律的人性化。《孟子·公孙丑上》曾言:"所以谓人皆有不忍人之心者,今人乍见孺子将入于井,皆有怵惕恻隐之心,非所以内交于孺子之父母也,非所以要誉于乡党朋友也,非恶其声而然也。"所谓不忍人之心,即是人内心深处的道德自觉。亲亲相容隐的制度所契合的,正是儒家学者所重视的道德自觉。也就是说,在儒家的意识形态构建中,子为父隐,父为子隐,具备天然的道德层面的正当性。在儒家学者看来,唯有建立在人的真实本性基础上的道德,才能够成为真正意义上的具有普世性的道德准则。由于儒家意识形态在我国传统社会发展历程中长期处于主导地位,其所倡导的基本精神与价值取向被引入到我国传统法律体系之内,成为我国传统法律思想的基础。

引经决狱

引经决狱是产生于汉武帝时期的一种断狱方式,这种断狱方式要求司法官吏在审理案件过程中,以儒学经义作为分析案情、认定犯罪的根据,并按经义的精神解释和适用法律。所谓"经义",即儒家经典阐述的关于人和社会的具体思想、观点。汉代"引经决狱"者常引用的儒家经典主要有《诗》、《书》、《易》、

《礼》、《春秋》五经,尤以《公羊春秋》为主,故又将"引经决狱"称为"春秋决狱"。春秋决狱具有规范的判例解释,并非随心所欲的引用经义。董仲舒著有《春秋决狱》,已佚。《汉律考》辑有六条佚文,从中可以看出引经决狱所遵从的是"原心定罪"原则,重视行为的心理动机,并充分体现了儒家一贯的德主刑辅、慎刑恤狱的思想。引经决狱,开启了中国法律儒家化的历程,系统地将儒家的思想观念、价值取向引入法律体系之内。由此,儒家所倡导的伦理道德的基本精神成为我国古代法律制度的基本准则。"引经决狱"是人类法律文化史上最系统、最广泛地引伦理入法律的文化现象,是我国传统法律文化中最为特殊与独有的一个现象。